U0462832

权威·前沿·原创

皮书系列为
"十二五""十三五"国家重点图书出版规划项目

"三农"互联网金融蓝皮书
BLUE BOOK OF
"TRI-AGRICULTURE" INTERNET FINANCE

中国"三农"互联网金融
发展报告（2017）

ANNUAL REPORT ON THE DEVELOPMENT OF
"TRI-AGRICULTURE" INTERNET FINANCE IN CHINA (2017)

主　编／李勇坚　王　弢

社会科学文献出版社
SOCIAL SCIENCES ACADEMIC PRESS（CHINA）

图书在版编目（C!P）数据

中国"三农"互联网金融发展报告. 2017 / 李勇坚，
王弢主编. －－北京：社会科学文献出版社，2017.12
（"三农"互联网金融蓝皮书）
ISBN 978 - 7 - 5201 - 2071 - 5

Ⅰ. ①中… Ⅱ. ①李… ②王… Ⅲ. ①互联网络 - 应
用 - 农村金融 - 研究报告 - 中国 - 2017 Ⅳ.
①F832.35 - 39

中国版本图书馆 CIP 数据核字（2017）第 317950 号

"三农"互联网金融蓝皮书

中国"三农"互联网金融发展报告（2017）

主　　编 / 李勇坚　王　弢

出 版 人 / 谢寿光
项目统筹 / 邓泳红　吴　敏
责任编辑 / 宋　静

出　　版 / 社会科学文献出版社·皮书出版分社（010）59367127
　　　　　地址：北京市北三环中路甲 29 号院华龙大厦　邮编：100029
　　　　　网址：www.ssap.com.cn
发　　行 / 市场营销中心（010）59367081　59367018
印　　装 / 北京季蜂印刷有限公司

规　　格 / 开　本：787mm × 1092mm　1/16
　　　　　印　张：22.25　字　数：336 千字
版　　次 / 2017 年 12 月第 1 版　2017 年 12 月第 1 次印刷
书　　号 / ISBN 978 - 7 - 5201 - 2071 - 5
定　　价 / 98.00 元

皮书序列号 / PSN B - 2016 - 560 - 1/1

本书如有印装质量问题，请与读者服务中心（010 - 59367028）联系

版权所有 翻印必究

《中国"三农"互联网金融
发展报告（2017）》
编 委 会

主　　　任　夏杰长

副 主 任　李勇坚　张　璇　王　弢　陆奇捷

编辑委员会　（排名不分先后）

王　倩　史庆伟　张彬斌　曹　超　李丰丽

吕亚楠　徐　杨　杨　莹　俞景峰　何佳婧

聂丽琴　陆碧波　刘开宇　姜　源　赵京桥

主要编撰者简介

李勇坚 中国社会科学院财经战略研究院互联网经济研究室主任，研究员，教授，博士后合作导师，经济学博士。主要研究领域为互联网经济、服务经济等。曾参与国家"十一五""十二五""十三五"服务业发展规划研究编制工作，参与《国务院办公厅关于加快发展高技术服务业的指导意见》、《关于促进分享经济发展的指导性意见》(2017)、《服务业创新发展大纲（2017~2025年)》(2017)、《国家数字经济发展战略纲要》(2018)等文件的起草与研讨工作。承担中央多项与新经济相关的交办课题。与央视财经频道合作发布了《2017年中国电子商务半年报》《2017年中国电商年度发展年报》。曾与翼龙贷联合推出了《中国"三农"互联网金融发展报告（2016)》。在国家核心期刊上发表论文50余篇。主要著作包括《即将来临的大逆转：在金融危机中抄底与重生》《旧富与新贵：2010~2030世界强国排行榜》《一半是通胀、一半是升值》等。

王 弢 中国科学院研究生院博士，北京农业职业学院副教授，主要研究领域为农业经济学、农业产业规划与人力资源开发等。主持教育部、北京市等省部级社会科学研究课题5项，农业部、商务部、北京市农委等部门和企业横向研究课题10余项，出版《农村经济管理实务》《北京现代农业会展研究》等专著和教材8部，在省部级以上学术刊物发表论文20余篇。

摘　要

　　本报告对 2016～2017 年"三农"互联网金融发展情况进行了分析。2016 年,"三农"互联网金融交易额达到 400 亿～450 亿元,较 2015 年增长 250% 以上,占全部网络借贷交易额的比重达到 2% 以上。"三农"互联网金融商业模式开始多元化,除了 P2P 网络借贷外,开始从生产金融扩展到消费金融、供应链(产业链)金融、融资租赁、分期购买、公益型助农金融产品等多个领域。

　　报告依托翼龙贷提供的 20 多万户农户的大数据,对"三农"互联网金融的社会经济贡献进行了实证分析,并从社会结构变迁、经济发展理论视角建立了"三农"互联网金融服务于乡村经济社会发展的理论模型。本报告还对"三农"互联网金融监管政策、"三农"互联网金融服务实体经济的社会责任体系建设、基于农村借款人视角的金融消费者保护、"三农"互联网金融与农村征信体系整合等问题进行了专题研讨。最后报告还整理了"三农"互联网金融领域重要事件及数据。

Abstract

This report made a comprehensive analysis of the "*Tri-Agriculture*" *Internet Finance* in 2016 – 2017. In 2016, the scale of "*Tri-Agriculture*" *Internet Finance* in China added up to 40 – 45 billion yuan, 250 percent up than 2015, accounting for more than 2 percent of the total amount of P2P online lending transactions. The business model of "*Tri-Agriculture*" *Internet Finance* is diversified, in addition to the online P2P lending, from production finance to consumer finance, supply chain (industrial chain) finance, finance lease, purchase on installment, public welfare financial products, and focuses on consumer finance and crowdfunding.

Depending on more than 200 thousands'data of peasant households provided by YILONGDAI (www. eloancn. com), the report made empirical analysis on the social and economic contribution of "*Tri-Agriculture*" *Internet Finance*. The report built up a theoretical model to analyze the role of "*Tri-Agriculture*" *Internet Finance* on rural development from the angle of social structure change and economic development. This report also made speficic analysis on the regulation policies on "*Tri-Agriculture*" *Internet Finance*, the social responsibility of "*Tri-Agriculture*" *Internet Finance* servicing real economy, financial consumer protection based on rural borrowers, the integration of "*Tri-Agriculture*" *Internet Finance* and rural credit information system. The report also compiled the important events and data of "*Tri-Agriculture*" *Internet Finance*.

目　录

Ⅲ 实践篇

Ⅳ 政策篇

Ⅴ 专题报告

Ⅵ 附 录

皮书数据库阅读使用指南

CONTENTS

I General Report

II Theory Reports

Ⅲ Practice Reports

Ⅳ Policy Reports

V Special Topic Reports

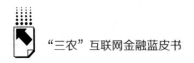
VI Appendices

总 报 告

General Report

B.1

2016～2017年"三农"互联网
金融发展：回顾、总结与展望

李勇坚　张璇　王弢　陆奇捷*

摘　要： 本报告对2016～2017年"三农"互联网金融发展情况进行了
　　　　 较为全面的分析。2016年，"三农"互联网金融仍保持较快
　　　　 增长速度。据不完全统计，已有29家P2P平台号称专注于
　　　　 "三农"领域，全年网络借贷交易额达到400亿～450亿元，
　　　　 较2015年增长250%以上，占全部网络借贷交易额的比重达
　　　　 到2%以上。从业务模式看，由生产金融开始向消费金融、
　　　　 供应链（产业链）金融、融资租赁、分期购买、公益型助农

＊ 李勇坚，研究员，教授，博士后合作导师，博士，中国社会科学院财经战略研究院互联网经
济研究室主任，主要研究方向为互联网经济、服务经济等；张璇，联想控股成员企业翼龙贷
董事长、联合创始人；王弢，博士，北京农业职业学院副教授，主要研究领域为农业经济学、
农业产业规划与人力资源开发等；陆奇捷，翼龙贷总裁。

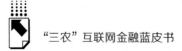

金融产品等各个领域切入；以翼龙贷为代表的行业企业根据政策以及发展环境变化开始战略升级。进入 2017 年后，互联网金融政策环境趋紧，增长率有所下降。到 2020 年，预计我国"三农"互联网金融仍保持较快的增长，在"三农"金融领域占比将继续上升。

关键词：　"三农"　互联网金融　金融监管

　　2016 年是"三农"互联网金融快速发展的一年。这一年关于"三农"金融、互联网金融的各种政策开始发力，各类互联网金融企业大举进入"三农"领域。在国家政策层面，2016 年中央一号文件《关于落实发展新理念加快农业现代化实现全面小康目标的若干意见》首次提出"三农"领域"互联网金融"概念①。2016 年 4 月，农业部、国家发改委、中央网信办等 8 部门联合发布《"互联网＋"现代农业三年行动实施方案》，要求网络借贷平台发挥支农助农作用②。8 月，《网络借贷信息中介机构业务活动管理暂行办法》等行业基础法律政策文件开始颁布实施，互联网金融监管框架基本形成。

　　在政策执行层面，2016 年 4 月，各大部委开始对互联网金融的各种业态进行分类整顿，并于 10 月下发了一系列政策文件，互联网金融从整体上开始进入规范发展期。行业监管趋严，平台数量从高速增长向零增长乃至负增长转变。

---

① 中央一号文件的第五部分第 24 条中提及引导互联网金融、移动金融在农村规范发展。开展农村金融综合改革试验，探索创新农村金融组织和服务。全面推进农村信用体系建设。强化农村金融消费者风险教育和保护。
② 该文件明确提出，鼓励构建面向"三农"的互联网金融服务平台，运用大数据等技术创新信用评估方式，降低服务门槛和风险，突破物理网点限制，通过 POS 机、手机银行、网上银行和网络借贷平台等方式为农业经营主体提供电子化金融服务。

在研究层面，2016年首次出版了《中国"三农"互联网金融发展报告》①，对"三农"互联网金融的基本概念、基础理论以及主要数据等进行了分析。

在"三农"互联网金融的产品方面，互联网金融开始切入"三农"金融各个领域，由农业生产性资金产品向消费金融、供应链（产业链）金融、融资租赁、分期购买、公益型助农金融产品等各个产品切入；在企业层面，行业领军企业翼龙贷进行了战略升级，保持持续增长态势；蚂蚁金服、京东金融等互联网巨头加大"三农"领域的战略性投入，希望金融、农泰金融等开始向"三农"领域的互联网金融平台发力，还有部分互联网金融平台也开始转型关注"三农"领域，据不完全统计，已有29家P2P平台号称专注于"三农"互联网金融，全年"三农"领域的网络借贷交易额达到400亿～450亿元，较2015年增长了250%以上，占全部网络借贷交易额的比重达到2%以上。

一 2016～2017年"三农"互联网金融发展回顾

（一）"三农"互联网金融发展的环境

2016～2017年，"三农"互联网金融领域发展条件日益成熟，给行业快速发展带来了很多有利条件，同时，由于互联网金融行业整体发展面临的共性问题，"三农"互联网金融健康发展政策环境发生了一些变化。

1. 我国互联网用户规模庞大，农村网络使用基础条件日益成熟，为"三农"互联网金融发展提供了良好基础条件

截至2017年6月，中国网民规模达7.51亿人，互联网用户数量高居全

---

① 李勇坚、王弢主编《中国"三农"互联网金融发展报告（2016）》，社会科学文献出版社，2016。

球第一，互联网渗透率超过全球平均水平及亚洲平均水平。2016 年至 2017 年 6 月网民数量增长 6291 万人，增长率为 9.2%①。用手机上网的网民数量为 6.95 亿人，手机网民占比达到 95% 以上，手机网民成为网民数量增长的最重要来源。

根据中国宽带发展联盟发布的 2017 年二季度《中国宽带普及状况报告》提供的数据②，截至 2017 年二季度，我国固定宽带家庭用户数累计达到 30607.3 万户，普及率达到 69.1%；较上年同期提高 12.5 个百分点，移动宽带（3G 和 4G）用户数累计达到 108266.2 万户（包含基础电信企业和移动转售业务服务提供商的移动宽带用户），移动宽带用户普及率超过3/4，达到 78.3%，和发达国家水平接近，较上年同期提升了 14.5 个百分点。我国移动宽带的快速普及，不但缩小了我国在网络基础设施方面与发达国家的差距，也使我国城乡互联网普及的基础条件得到了很好的保障。

互联网基础设施的快速发展，为各类互联网应用提供了良好的基础，这也是“三农”互联网金融发展的一个大背景。

2. “三农”领域互联网应用快速普及，为“三农”互联网金融发展提供了良好的用户基础与氛围

农村地区的网民数量在快速提升，基础设施在不断完善，促进了“三农”领域互联网应用快速普及。截至 2017 年 6 月，我国农村网民数量达到 2.01 亿人，网民占全体农村居民的比重达到 34%。预计 2018 年中国农村网民规模将达 2.4 亿人。

根据相关统计数据，截至 2015 年底，我国乡镇 100% 实现了通宽带，农村地区互联网宽带接入端口超过 1.3 亿个。截至 2016 年 5 月底，全国行政村通光缆比例超过 80%，宽带接入能力超过 12M 的行政村比例超过 50%，农村地区 FTTH 端口占 FTTH 总端口的比例达到 31.6%。

---

① 中国互联网络信息中心：第 39 次《中国互联网络发展状况统计报告》，第 40 次《中国互联网络发展状况统计报告》，http：//www. cnnic. net. cn/。

② 中国宽带发展联盟：2017 年二季度《中国宽带普及状况报告》，http：//www. sohu. com/a/ 165322530_ 735021。

在农村地区网络基础设施快速发展的同时，各类互联网应用也在"三农"领域快速普及。2016年，农村网购用户超过1亿人，网络消费支出金额为4823亿元。抽样调查显示，在农村居民中，超过4/5（84.4%）的受调查者接受网购，并愿意在网上购买服装、日用品等，还有相当一部分农村居民愿意在网上购买大件商品，这说明互联网的应用已在农村区域获得认可。根据商务部提供的数据①，2016年，我国农村网上零售销售规模达到8945.4亿元，增长速度超过50%，远远超过全部网购市场的增长率（26.2%）。农村网络零售额在全国网络零售额中的占比持续提升，达到17.34%。2017年1～9月农村实现网络零售额8361.4亿元，约占全国网络零售额的17.14%，同比增长38.3%。其中实物型网络零售额5072.1亿元，服务型网络零售额3289.4亿元。另外，2015年，我国农产品网络销售约为1000亿元，占全部农产品市场总额的比重不到5%（4.5%），2016年达到1588.7亿元②，占比约为6%，增长率超过50%。农村网店达832万家，占全网的25.8%，带动就业人数超过2000万人。

电子商务作为互联网在"三农"领域的最基础应用，其快速发展使农民开始对互联网相关应用趋于认同，也为互联网金融等新兴业态在"三农"领域快速发展带来了发展基础与应用氛围。

3. 互联网金融的规范发展，以及互联网金融本身的属性，使其能够在"三农"领域获得高速成长

在"三农"领域，一二三产融合发展是一个趋势。这种三次产业跨产业、跨行业、跨主体、跨地区的大融合，决定了其对金融需求是灵活多样的，是跨越时空的。而互联网金融具有小额分散、跨越时空、灵活多变、响应快速等多种特点，很好地契合了"三农"领域对金融的需求特点。2016年以来，随着对互联网金融的整顿，其发展环境大大优化，这将使互联网金

---

① 《2016年我国农村网络零售额近9000亿元》，http：//news.163.com/17/0307/11/CEU0UAO2000187VI.html。

② 以下关于农村电商的数据来源于中国国际电子商务中心研究院《中国农村电子商务发展报告（2016～2017）》，作者感谢李鸣涛研究员提供了报告的全文。

融在"三农"领域保持持续快速发展。从中央的政策精神看,要求互联网、金融等虚拟经济形态都要通过与实体经济的深度融合实现服务于实体经济的目标①,"三农"互联网金融的资金需求方大多数都从事农业及相关产业,是互联网、金融服务于实体经济的典型表现,也是"三农"互联网金融未来具有较好发展前景的重要原因。

从支付领域看,截至 2017 年 6 月,我国使用网上支付的用户规模达到 5.11 亿人,半年内增加了 3654 万人,渗透率为 68%,半年提升了 3.1 个百分点。手机支付用户快速增长,达到 5.02 亿人,渗透率达到 69.4%。手机支付向线下支付领域的快速渗透,极大地丰富了支付场景,有 61.6% 的网民在线下实体店购物时使用手机支付结算。而且,手机支付在农村地区也快速普及,使用率达到 31.7%。从整体上看,农村地区在信用卡支付等方面,受限于设备、用户体验等诸多因素,与城市地区有着一定的差距。而手机支付应用,突破了现有物理限制,在农村地区将获得较快发展。

从发展迅速的 P2P 网络借贷看,在 2016 年国家对其进行规范与整治的大背景下,其仍保持着快速发展的趋势。根据网贷天眼发布的《2016 年网贷年度报告》数据,2016 年,全国累计网贷平台达到 4624 家,截至年末,保持正常运营的平台为 1914 家,较 2015 年末有所下降,从整体上看,遭到淘汰的平台超过平台总数的一半。全年累计成交额达到 20213 亿元,较上一年增长超过 100%。网贷投资人数达到 2350 万人,较上一年增长 74%。在国家大力规范与整治的情况下,问题平台数量较 2015 年大幅度增加,达 1297 家。而根据一些研究机构的预测,到 2017 年底,平台数量仍大幅度减少,或跌至 1200 家②。截至 2017 年 10 月底,P2P 网贷行业历史累计成交量达到 57812.89 亿元,上年同期历史累计成交量为 29650.33 亿元,上升幅度达到 94.98%。

平台数量减少,而成交量大幅度上升,这说明行业开始脱离"野蛮生长"阶段,步入"优胜劣汰"的良性竞争阶段,在国家大力整顿下,P2P

---

① 例如,十九大报告提出"增强金融服务实体经济能力""推动互联网、大数据、人工智能和实体经济深度融合"。

② http://www.p2peye.com/thread-924399-1-1.html。

行业的发展环境将日益改善，行业形象将得到提升，为未来行业的快速成长打下了较好的基础。

众筹作为互联网金融重要业态，2016年也保持较高增长速度。据人创咨询统计，截至2016年12月底，我国处于运营状态的众筹平台共有543家，较2015年底增加了260家，增长率为92%。物权型平台有163家，权益型平台有154家，互联网非公开股权融资型平台有134家，综合型平台有80家，公益型平台有12家。值得注意的是，2016年以来，物权型平台发展异军突起，其家数超过权益型平台。截至2016年6月底，众筹总项目数为22434个，成功项目数为15256个，成功项目融资额达到79.76亿元。值得注意的是，在股权型融资项目中，农业板块的融资成功率非常低，2016年上半年，农业类股权众筹项目成功了4个，失败了9个，成功率为30.77%。预期总融资额为2.06亿元，成功项目实际总融资额为0.13亿元，融资完成率为6.31%。可见，农业类众筹项目并不适用于股权型众筹。而在权益型筹资项目中，共有2851个项目进行了众筹，占全部项目的比重为29%，共筹集资金2.38亿元。从项目整体看，农业众筹项目已获得市场的青睐，成为权益型众筹中项目最多的一个产业门类。

4. 国家对互联网金融进行规范与整治，使"三农"互联网金融有了一个更好的政策法治环境

从整体看，2016年是国家对互联网金融进行全面规范与整治的元年[①]，这一年国家出台了一系列政策，大量互联网金融企业开始转型，以P2P网络借贷为代表的互联网金融平台绝对数量开始减少。

在行业整治方面，从2016年4月开始，相关部委就对互联网金融进行全面摸底。总体路线是先摸底，再整治。其目的是防止错杀，为合规经营的互联网金融模式与平台创造一个更好的发展环境，因此特别强调了"分类处置"的思路。2016年10月13日，国务院办公厅公布了《互联网金融风险专项整治工作实施方案》（以下简称《实施方案》），对互联网金融风险专

---

① 关于互联网金融整治方面的具体情况，请参见本书相关章节。

项整治工作进行全面部署安排；十几个部委同步公布了6个细分领域文件，包括非银支付、跨界资管、网络借贷、股权众筹、互联网保险和互联网金融广告等，使整治行动进一步深入。

与此同时，2016年3月，中国互联网金融协会正式成立。之后，协会在信息披露等诸多方面，出台了一系列行业自律文件，对互联网金融行业规范发展起到了很好的作用。

在P2P网络借贷方面，2016年8月17日，银监会、工业和信息化部、公安部、国家互联网信息办公室等监管部门联合发布了《网络借贷信息中介机构业务活动管理暂行办法》。该暂行办法是我国P2P网络借贷行业监管的第一部系统性政策文件，对P2P网络借贷进行了系统规范。

也应该看到，在规范与整治的同时，国家的相关政策对"三农"互联网金融是抱支持态度的。2016年的中央一号文件首次强调了"互联网金融"在"三农"领域的重要作用。之后，八部委联合发布的《"互联网＋"现代农业三年行动实施方案》明确鼓励网络借贷平台在"三农"领域拓展。农业部也提出了要加强农村地区手机应用的培训工作，为农村开展互联网相关业务打下了良好的基础。2016年12月21日，《农业部办公厅关于与相关单位共同推进农民手机应用技能培训工作的通知》明确，"三农"互联网金融的代表企业翼龙贷成为推进农民手机应用技能培训的合作单位。

作为互联网金融的重要组成部分，众筹受到了高度关注。在2016年的政府工作报告中，国务院总理李克强提出，鼓励打造众筹平台，发挥众筹等新机制对创新创业的支撑作用。这是政府工作报告连续第三年提及互联网金融。之后，国家"十三五"规划将"众筹"正式作为创新创业的一个重要组成部分。

在国际合作领域，促进数字普惠金融①成为各国的共识。2016年9月的

---

① 2005年，联合国提出了"普惠金融体系"（或称为"包容性金融体系"，Inclusive Financial System），以有效的方式使金融服务惠及每一个人，尤其是那些通过传统金融服务体系难以获得金融服务的弱势群体。2010年《G20创新性普惠金融原则》推动了最初的努力和政策行动。

杭州G20峰会上，中国人民银行提交了《G20数字普惠金融高级原则》[1]，随即，G20财长和央行行长会议通过了《G20数字普惠金融高级原则》，这项原则是全球范围内第一份关于数字普惠金融的国际性高级原则。这意味着以互联网金融的模式推进普惠金融发展，已成为各国的共识。

从整体上看，通过规范与整治，互联网金融行业秩序得以正规化，为未来互联网金融持续健康发展创造了良好条件，而"三农"互联网金融发展的现实（如小额分散、服务于实体经济等），与这些政策所确定的原则是高度一致的，这决定了"三农"互联网金融将在规范与整治之后，获得更大的发展潜力。

虽然发展环境整体向好，但"三农"互联网金融在实际发展过程中，仍面临着一些现实的困难。主要包括农村网民占比低，提升慢。截至2017年6月，农村网民仅为2.01亿人，较2016年底基本没有增长。与城镇相比，城镇的互联网普及率为69.4%，而农村地区仅为34%，二者绝对差距为35.4个百分点。而2015年底，该差距仅为34.2个百分点。从国际发展环境看，对互联网金融模式发展前景的看法开始出现分歧。一方面，进入2017年后，大批互联网金融企业开始集中在美国上市，包括信而富（2017年4月28日上市）、趣店（2017年10月18日上市）、和信贷（2017年11月3日上市）、拍拍贷（2017年11月10日上市）、简普科技（2017年11月16日上市）等。另一方面，P2P行业的领头企业Lending Club股价出现了大幅波动。Lending Club于2014年12月以90亿美元的估值上市，它在2015年的股价一度升至24美元，市值高达150亿美元，到2016年时，最低下跌至3.44美元，目前为4～5美元，市值缩水了80%[2]。而2015年12月18日在美国纽交所挂牌上市的宜人贷，开盘价为10.07美元；之后出现了大幅下跌，最低时曾下探到3.35美元；之后，宜人贷又出现了一波暴涨行

---

[1] 《G20数字普惠金融高级原则》的8条内容分别是：倡导利用数字技术推动普惠金融发展；平衡好数字普惠金融发展中的创新与风险；构建恰当的数字普惠金融法律监管框架；扩展数字金融服务基础设施；采取尽责的数字金融措施保护消费者；重视消费者数字技术知识和金融知识的普及；促进数字金融服务的客户身份识别；监测数字普惠金融进展。

[2] 2017年11月16日，Lending Club的股价为4.27美元。

情,到 2016 年 8 月时最高超过 42 美元;在此以后,又出现了一定的下跌;从 2017 年 4 月,又开始上涨,目前维持在 40 美元左右①。股价的波动,说明投资者对互联网金融前景的看法开始出现分歧。

(二)2016~2017年"三农"互联网金融发展的几个特点

从整体上看,2015 年是"三农"互联网金融规模化发展的第一年,在这一年,"三农"互联网金融的模式开始形成,一些巨头开始进入"三农"互联网金融领域。而到 2016 年,"三农"互联网金融在国家对互联网金融进行大力整治的背景下,因其"小额分散""面向草根"等特性,开始获得较大的发展空间,大量互联网金融平台开始进入"三农"互联网金融领域。2017 年,"三农"互联网金融在政策趋紧的背景下,仍然持续增长。

1. 进入"三农"互联网金融领域的平台持续增加

2015 年,据我们的观察,专注"三农"互联网金融的互联网金融平台大约有 15 家。到 2016 年,大量互联网金融平台开始涉足"三农"业务。据第三方机构的数据,其业务范围内包括"三农"业务的 P2P 网贷平台达到 335 家,而专注"三农"领域的 P2P 网贷平台有 29 家②。我们进行估计测算,这 29 家公司在 2016 年的交易额为 600 亿元左右③,其中行业代表企业翼龙贷的交易额为 252 亿元,占全部市场份额的 40% 左右。另外,2015 年,除了翼龙贷外,没有其他互联网金融平台在"三农"领域的交易额超过 10 亿元,而到 2016 年,据我们观察,至少有 9 家互联网金融平台在"三农"领域的交易额超过 10 亿元④。

---

① 2017 年 11 月 16 日,宜人贷的股价为 40.47 美元。
② 《"三农"能否成为 P2P 网贷的下一片蓝海》,http://www.weiyangx.com/230304.html。
③ 在这些互联网金融平台中,并非全部交易额都与"三农"领域有关。因此,600 亿元的数据并非 2016 年"三农"互联网金融平台的交易数据。
④ 这九家平台分别为翼龙贷、蚂蚁金服、京东金融、农金圈(理财农场、农发贷)、希望金融、农泰金融、可溯金融、安润金融、惠农聚宝。另外,信用宝可能接近 10 亿元,但是由于其数据为平台整体交易数据,因此,无法推算出平台在"三农"领域的数据。由于没有一家平台只做"三农"领域的 P2P 业务,因此,我们根据实地调研与公开资料对这些平台在"三农"领域的具体数据进行了估计。我们估计的数据不同于平台整体的数据。

2. 支持的产业日趋多元化

2015 年底，国务院办公厅发布了《关于推进农村一二三产业融合发展的指导意见》（国办发〔2015〕93 号），该意见指出，农村地区一二三产融合发展将是未来农业繁荣、农民增收的重要途径，因此，"三农"领域的互联网金融平台，其业务也由单纯的农林牧渔等农业产业，向农村二三产转型。以翼龙贷为例，2016 年，该平台撮合借款新增金额中，42% 的直接投向传统的种植业，其余部分大都投向了农村地区的二三产业，尤其是便利农村居民生活的一些服务业态。2015 年，翼龙贷的 100 多亿元交易额中，98% 以上投向"三农"领域，在 2016 年的 252 亿元交易额中，投向"三农"领域的比重下降到 90% 以下，这说明平台服务产业多元化是一种普遍的趋势。

3. 业态持续进化

"三农"互联网金融通过前几年在农村地区的摸索发展，到 2016 年时，其业态开始持续进化，除了原来占主导地位的农业生产性资金融通、临时资金周转等业态外，互联网消费金融、供应链（产业链）金融、融资租赁、分期购买、公益型助农金融产品等也开始发力，其成长速度加快。

互联网支付加大了向农村领域渗透的力度。第三方支付平台如支付宝、微信支付等，在农村地区的渗透率正在快速增加（见表1）。

表1　农村互联网用户数量

年份	农村网民数量（亿人）	网购的农村用户（亿户）	互联网支付农村用户（亿户）	网银农村用户（亿户）
2013	1.76	0.55	0.45	0.4
2014	1.78	0.77	0.62	0.57
2015	1.96	0.92	0.93	0.71
2016	2.01	1.03	1.05	0.88

注：网银农村用户数量是按人计算的用户数，不是网银的开户数量。

资料来源：由课题组成员聂丽琴整理。

　　除了信用借贷外，由于农村各类财产权利的确权、相关政策的破冰，抵押类借贷开始增加。自2015年开始的"两权"（农村土地承包经营权和农民住房财产权）抵押贷款试点由传统金融领域向互联网金融领域拓展。预计在未来一段时间，以"两权"抵押为核心的各种创新抵押模式将会在农村地区获得快速增长。

　　还有一个值得注意的现象是传统金融机构开始利用互联网技术在农村地区发力。2016年G20杭州峰会通过了《G20数字普惠金融高级原则》。其重点是传统金融机构与互联网技术结合发展数字普惠金融。2017年中央一号文件也提出，鼓励金融机构积极利用互联网技术，为农业经营主体提供小额存贷款、支付结算和保险等金融服务。作为中央赋予面向"三农"总体定位的国有控股大型上市银行——中国农业银行正抓住数字普惠金融发展机遇，积极创新产品、渠道和商业模式，不断提升农村普惠金融服务能力和水平。重点是抓住互联网在县域农村普及推广机遇，积极创新线上金融服务平台，深入实施金穗惠农通工程，大力构建物理网点、自助银行、惠农通工程和互联网平台"四位一体"的农村服务渠道体系。中国邮政储蓄银行采取的办法是借鉴互联网思维，打造"三个银行"，构建"三个体系"，利用互联网的特点，为"三农"领域提供更为便捷与适用的金融服务。网商银行作为传统金融机构与互联网结合的代表，依托"三农"电子商务数据，在"三农"领域发力，据估计，其在"三农"领域的借款余额超过100亿元。

　　传统金融机构也借助互联网快速发展支付业务。据不完全统计，共有4037家银行业金融机构和41家非银行支付机构在农村地区提供互联网支付服务。央行发布的《2016年农村地区支付业务发展总体情况》显示，农村网银用户达到4.29亿户，其中，手机银行用户数达到3.73亿户，全年手机支付达到23.40万亿元，增长率超过70%；从整体上看，在农村互联网支付业务中，手机支付业务一枝独秀。

　　4. 在扶贫等领域开始发挥更大作用

　　2016年是"十三五"扶贫攻坚的第一年。诸多互联网金融平台也开始进入扶贫领域。除了以宜信宜农贷为代表的公益型互联网金融扶贫模式外，以翼龙贷为代表的商业性互联网金融平台，开始利用互联网的优势，全面进入扶贫领域，为扶贫事业做出了一定的贡献。据不完全统计，2016年，翼龙贷的业务共覆盖180个国家扶贫工作重点县，向42627个借款户（次）输送资金25.16亿元，平均利率为15.83%，平均借款规模为59026.14元（见表2、表3）。

表2　翼龙贷在国家扶贫工作重点县域的业务情况

借款金额	1万元以下	1万～5万元	5万～10万元	10万元及以上	合计
借款笔数(个)	7	9194	32274	1152	42627
占比(%)	0.02	21.57	75.71	2.70	100

资料来源：翼龙贷。

从表2的数据可以看出，在翼龙贷平台上，贫困地区的借款额97%以上处于10万元以下，其中3/4以上处于5万～10万元的区间。这一金额性质其实符合贫困地区的生产生活特征。据我们实地调研，2016年，在贫困地区大约每增加3万元生产资金注入，就能解决1个人员的就业问题[①]，那么，在翼龙贷平台的帮助下，为贫困地区注入了25.16亿元资金，可以解决8万多人的就业问题，这对贫困地区的精准脱贫具有重要意义。

表3　翼龙贷在各省份扶贫工作重点县的业务情况

省份	借款分布区间(个)				总笔数(个)	平均单笔金额(元)	占总笔数的比重(%)	占总金额的比重(%)
	1万元以下	1万～5万元	5万～10万元	10万元及以上				
云南省	0	101	146	0	247	47975.71	0.58	0.47
内蒙古自治区	5	2949	13780	68	16802	57685.27	39.42	38.52
四川省	0	227	196	37	460	62067.39	1.08	1.13
宁夏回族自治区	1	295	591	1	888	53506.53	2.08	1.89
安徽省	0	27	200	21	248	67566.94	0.58	0.67

① 当然，由于农业生产的特性，这种就业有可能是季节性的，但是，即使这种季节性的就业，对于扶贫事业也是有着非常明显的帮助。参见本书相关章节的论述。

续表

省份	借款分布区间(个)				总笔数(个)	平均单笔金额(元)	占总笔数的比重(%)	占总金额的比重(%)
	1万元以下	1万~5万元	5万~10万元	10万元及以上				
山西省	0	476	2342	115	2933	62153.36	6.88	7.25
江西省	1	383	997	119	1500	64300.00	3.52	3.83
河北省	0	1258	5294	308	6860	61009.29	16.09	16.63
河南省	0	748	5219	229	6196	65736.40	14.54	16.19
湖北省	0	81	97	12	190	50105.26	0.45	0.38
湖南省	0	9	28	9	46	76739.13	0.11	0.14
甘肃省	0	136	455	17	608	56739.14	1.43	1.37
重庆市	0	198	348	59	605	65221.49	1.42	1.57
陕西省	0	2030	1643	45	3718	42857.58	8.72	6.33
黑龙江省	0	276	938	112	1326	68842.38	3.11	3.63
总计	7	9194	32274	1152	42627	59026.14	100.00	100.00

资料来源：翼龙贷。

宜农贷自 2009 年推出伊始就专注农村扶贫事业[①]。宜农贷以公益借贷的方式向农村妇女提供低息（年化 2%）的资金支持[②]。截至 2016 年 12 月，宜农贷累计资助农村居民 21598 位，累计爱心出借人 168730 位，累计出借金额 230483800 元，合作机构 24 家，覆盖全国 13 个省份。

根据《中国普惠金融发展报告（2016）》提供的数据，在"三农"领域平均每增加贷款 1 元，可以增加人均收入 0.2018 元，贷款 1.1 万元，其收入增长相当于增加 1 个外出务工人员给家庭带来的人均纯收入，或人均增加3.2 亩耕地带来的纯收入。按照 2016 年"三农"互联网金融交易额 400 亿元计算，直接为"三农"领域增收 80 亿元。

---

① 关于宜农贷方面的资料，作者感谢宜信研究院胡安子女士提供了大量一手资料。

② 根据宜信的官方资料，宜农贷倡导一种全新的公益模式。不同于为满足受助者短期基本生存需求而进行的单向施予，宜农贷让爱心人士将富余资金出借给低收入农民，爱心出借人仅收取预期 2% 的年化感恩收益，帮助有发展意愿、有生产能力的低收入农户自主创业，实现可持续发展。

（三）2016年"三农"互联网金融的主要数据估计

我们观察了"三农"领域的主要互联网金融平台的交易情况，并对其他涉足"三农"领域的互联网金融平台在"三农"领域的交易额进行了估计，得到了2016年"三农"互联网金融（P2P）的交易额。据估计，2016年，号称专注于"三农"互联网金融的平台①总体交易额P2P部分约为600亿元。考虑到这些平台也从事"三农"以外的业务，同时，考虑到还有300余家P2P平台从事"三农"业务，综合这两方面的数据，我们估计，2016年，"三农"互联网金融总体交易额为400亿～450亿元，较2015年增长250%左右，这一增长速度高于我们在上一本蓝皮书中的预期（在此前的蓝皮书中，我们预期2016年的交易额为200亿～300亿元，增长速度为100%～150%）。

表4 2015～2016年主要"三农"互联网金融平台"三农"领域业务量（P2P）

序号	平台名称	在"三农"领域的主要业务	成立年份	2015年业务金额（"三农"领域）	2016年业务金额（"三农"领域）
1	翼龙贷	以合作的方式，主要从事"三农"领域无抵押无担保信用借款，大部分借款面向农村种植业与养殖业	2007	100亿元	160亿～200亿元
2	农金圈（理财农场、农发贷）	主要产品包括农优宝、种植贷等第三方担保借款	2015	—	40亿元
2	希望金融	依托新希望集团的供应链，"惠农贷"和"应收贷"	2015	9亿元	25亿元
3	蚂蚁金服	互联网纯信用借款——旺农贷，支持农村淘宝合伙人创业	2015	约1亿元	—

---

① 我们重点关注的平台包括翼龙贷、蚂蚁金服、希望金融、京东金融、宜信、农金圈（理财农场、农发贷）、沐金农、爱财狼（"惠农聚宝"）、安润金融、大麦理财、恒昌财富、花果金融、惠农宝、开鑫贷（惠农贷）、可溯金融、领鲜金融、绿化贷、农分期、农泰金融、农信互联猪联网、融租E投、三农金服、杉易贷、什马金融、信用宝、自由财富。其中，蚂蚁金服、京东金融、宜信、开鑫贷、恒昌财富等不是专注于"三农"领域的互联网金融平台，但是，其交易额较大，故我们进行重点考察，而农信互联猪联网主要与传统金融机构合作，但因其实体交易与互联网相关，故也列入考察范围。

续表

序号	平台名称	在"三农"领域的主要业务	成立年份	2015 年业务金额("三农"领域)	2016 年业务金额("三农"领域)
4	京东金融	依托"先锋京农贷"和"仁寿京农贷"	2015	约 1 亿元	约 10 亿元
5	可溯金融	优农企融贷、优企供应通、优企供应贷、正大项目集等	2014	—	10 亿~15 亿元
6	农泰金融	农业供应链金融	2015	—	约 20 亿元
7	宜信集团	"爱社员农民专业合作社云服务平台"、一般 P2P 借款、农机融资租赁	2009	约 2 亿元	2 亿~3 亿元
8	宜信	宜农贷	2009	小于 1 亿元	小于 1 亿元
9	其他平台	—	—	小于 10 亿元	小于 100 亿元
	合计	—	—	120 亿~130 亿元	400 亿~450 亿元

注：本表由作者根据公开网络信息估算了这些平台在"三农"领域的实际交易量，估算的交易量不同于平台总体交易量。另外，部分平台信息披露不完整，估计可能存在偏差。

资料来源：作者根据网络公开资料整理、估算。

由于进入"三农"领域的平台数量增加，行业代表企业翼龙贷虽然增长速度非常快，但其市场份额仍趋于下降，由 2015 年的 80% 下降到 2016 年的 40%~45%。正如我们在《中国"三农"互联网金融发展报告（2016）》中所指出的，"三农"金融的缺口高达 3.02 万亿元，是互联网金融的蓝海。因此，大量平台进入该领域，是符合我们预期的。

（四）互联网金融在"三农"领域各个行业发展情况[①]

互联网金融大规模进入"三农"领域后，已渗透到"三农"领域的各个行业。我们根据翼龙贷 2016 年新增撮合借款进行分析发现，在大农业（农、林、牧、渔）领域，输送资金最多的行业是牧业，在整个大农业中的

[①] 由于"三农"互联网金融缺乏权威的统计数据，而且，根据我们的分析，翼龙贷在整个"三农"互联网金融中占据了绝对主导地位，因此，在进行行业与区域分析时，我们使用的是翼龙贷的数据，原始数据可参见附录 B13。

比重达到41%，而种植业输送资金金额占比为37%。我们认为，牧业占比超过种植业的原因在于，种植业的政策性金融支持力度较大，金融需求较牧业而言不是特别迫切。另外，渔业占比最低，这与渔业本身的特点有关，根据我们实地调研，渔业的产品可视化程度较低，在借款过程中，不可控风险较大，因此，互联网金融平台出于风险考虑，对这部分业务做得较少。经济林类占比也较低，这与经济林类周期较长有关。

表5 互联网金融在大农业领域的分布

单位：万元

01 农业		02 林业		03 畜牧业		04 渔业	
分类	借款金额	分类	借款金额	分类	借款金额	分类	借款金额
粮食作物类	42654.17	经济林业类	87346.17	大型牲畜类	147093.72	水产养殖类	22013.67
经济作物类	17547.19	—	—	小型牲畜类	29910.26	—	—
果类	54641.72	—	—	禽类	26800.73	—	—
蔬菜作物类	48926.32	—	—	特种养殖类	1233.70	—	—
药用作物类	4203.19	—	—	其他畜牧业	971.40	—	—
花卉类	3060.30	—	—				
其他种植类	11917.85	—	—				
合计	182950.74	合计	87346.17	合计	206009.80	合计	22013.67

注：本表中的行业分类参照国民经济行业分类（详见 http://www.stats.gov.cn/tjsj/tjbz/hyflbz/），其中个别行业分类进行了调整。农业分为粮食作物类（小麦、玉米、水稻）、经济作物类（茶类、烟草类）、果类（水果、核桃）、蔬菜作物类、药用作物类、花卉类和其他种植类。畜牧业分为大型牲畜类（牛、羊、马、驴、骆驼）、小型牲畜类（猪、兔、犬）、禽类（鸡、鸭、鹅、鸽子）、特种养殖类（狐狸、貂）和其他畜牧业。

资料来源：翼龙贷。

通过在农村地区的实地调研与对农村消费结构的分析，可以看出，当前农村存在大量的服务供给缺口（指需求真实存在而供给跟不上的服务内容），这使农村生活服务业相对不发达，据测算，农村居民在生活服务消费方面与城市的差距是3.4倍，这远远高于城乡居民收入差距（约2.5倍）。在相关政策支持下，近几年农村生活服务业建设方面开始有了一些进展，很多资本也开始进入农村生活服务领域，因此，我们也关注了互联网金融对农村生活服务业建设的作用。2016 年，翼龙贷撮合的借款中，在农村生活服务业领域的达到 74 亿元，其中，58% 分布在批发零售业，8% 分布在餐饮业，34% 分布在居民服务和其他服务业。值得注意的是，在批发零售业中车类占比最高，这反映了近几年汽车在农村地区快速普及，对汽车的相关服务需求也在快速增加，使对此方面的资金需求也增加。机器设备类居于第二位。

表6 互联网金融在农村生活服务业中的分布

单位：万元

批发零售业		住宿和餐饮业		居民服务和其他服务业	
分类	借款金额	分类	借款金额	分类	借款金额
百货类	35074.59	餐饮类	58922.68	装修类	111836.40
服装类	43239.75	—	—	婚庆类	3324.74
生活用品类	75017.67	—	—	其他类	136044.67
车类	130818.87	—	—	—	—
家电类	12169.93	—	—	—	—
电脑数码类	6626.40	—	—	—	—
箱包皮草类	5131.00	—	—	—	—
机器设备配件类	119487.74	—	—	—	—
电子商务类	1861.19	—	—	—	—
合计	429427.14	合计	58922.68	合计	251205.81

注：本表中的行业分类参照国民经济行业分类（详见 http：//www. stats. gov. cn/tjsj/tjbz/hyflbz/）。

资料来源：翼龙贷，由姜源整理计算。

（五）各个区域"三农"互联网金融发展情况

"三农"互联网金融在全国大部分地级市都已有发展。以翼龙贷为例，截至 2016 年底，翼龙贷共计在全国 176 个地级市、4 个直辖市开展业务。其中新增借款规模位于前列的两个地级市都分布在内蒙古，即通辽市与赤峰市，二者新增借款额均超过 5000 万元，互联网金融在破除地域限制方面的作用正在逐渐发挥。

表7　互联网金融在各个省份的分布

单位：万元

省份	新增借款额	省份	新增借款额
河北省	168857	天津市	13809
内蒙古自治区	164751	安徽省	13283
河南省	158530	宁夏回族自治区	13247
山西省	101023	湖北省	12689
浙江省	87227	广东省	10140
江西省	78071	吉林省	9174
福建省	76943	北京市	8897
江苏省	56120	重庆市	4729
山东省	53599	上海市	4115
辽宁省	36130	云南省	3527
陕西省	30696	贵州省	1990
黑龙江省	24891	海南省	1076
湖南省	19942	广西壮族自治区	957
四川省	19571	西藏自治区	22
甘肃省	15494	合计	1189500

资料来源：翼龙贷。

从具体区域看，翼龙贷在青海、新疆等地仍没有布局网点，通过对这些地区的实际调研发现，已有区域性平台在这些地区开展业务，这说明"三农"互联网金融已经覆盖全国。

（六）对投资人的样本分析

我们以翼龙贷为样本，对"三农"领域 P2P 网络借贷的投资人的特征进行了分析。从年龄看，平均年龄在 40 岁左右，男性比女性更年轻，从投资者数量来看，男性和女性之比是 72∶28，但是，女性投资者平均单次投资超过 1 万元，而男性仅为 5000 余元，男性投资者平均投资次数仅为 70 次，而女性投资者达到 88 次,这说明女性投资者一旦选择了网络借贷,将更偏爱这种投资方式。因此,尽管女性投资者人数较少,但是从总体投资金额看,男性与女性的总投资额基本上差不多。

表 8 投资人性别特征

分类	平均投资次数(次)	平均单次投资金额(元)	人群占比(%)	平均年龄(岁)	人均投资额(元)	投资额占比(%)
合计	75.44	6995.56	100.00	40.44	527768.35	100.00
男性	70.42	5211.73	72.00	39.91	367016.82	50.07
女性	88.36	10651.42	28.00	41.80	941129.42	49.93

资料来源:翼龙贷。

从投资金额看,投资金额在 1 万~10 万元的投资者人数最多,占了 30%,其次是 10 万~50 万元,占了 28.33%,而投资金额在 1 万元以下的投资者也占了 19%。从整体来看,投资在 50 万元以下的投资者达到 77.33%,这说明在"三农"领域的投资者,在人数上仍以小额投资者为主。但是,从投资金额看,100 万元以上的投资者占据了绝对优势,达到全部金额的 2/3。

表 9 投资人投资金额特征

投资金额	平均投资次数(次)	平均单次投资金额(元)	人群占比(%)	平均年龄(岁)	人均投资额(元)	投资额占比(%)
5000 元以下	5.35	315.19	14.33	33.86	1685.91	0.05
5000~1 万元	4.43	1620.97	4.67	44.57	7178.57	0.06
1 万~5 万元	23.17	1037.59	18.00	35.37	24037.52	0.82
5 万~10 万元	34.36	1994.20	12.00	39.81	68522.86	1.56
10 万~50 万元	75.00	3459.20	28.33	44.38	259440.24	13.93
50 万~100 万元	109.91	6701.81	11.67	39.83	736624.52	16.28
100 万~300 万元	151.88	10396.43	8.33	47.84	1579009.56	24.93
300 万~1000 万元	327.00	12679.15	1.67	39.20	4146080.60	13.09
1000 万元以上	1399.67	11039.00	1.00	50.33	15450913.79	29.28
合计	75.44	6995.56	100.00	40.44	527768.35	100.00

资料来源:翼龙贷。

从投资次数看，平均投资次数最多的是黑龙江省，为163.5次，投资额最高的是浙江与北京，二者基本没有区别，合计占了全部投资的60%以上。单次投资金额差距较大，从几百元到几万元都有，这说明了P2P网络借贷的确是一种能够降低投资门槛的投资工具。

表10 投资者的地域特征

省份	平均投资次数（次）	平均单次投资金额（元）	人群占比（%）	平均年龄（岁）	人均投资额（元）	投资额占比（%）
安徽省	83.18	1583.19	3.67	40.73	131692.45	0.91
北京市	123.28	8651.53	15.33	41.02	1066583.22	30.99
福建省	73.83	2768.15	4.00	33.50	204381.88	1.55
甘肃省	91.00	3031.69	0.67	39.50	275883.50	0.35
广东省	35.71	6676.19	7.00	34.14	238435.19	3.16
广西壮族自治区	97.25	832.29	1.33	32.50	80940.50	0.20
海南省	6.00	2900.00	0.67	44.00	17400.00	0.02
河北省	38.00	21136.81	3.33	34.80	803198.60	5.07
河南省	64.11	1713.61	3.00	45.22	109861.56	0.62
黑龙江省	163.50	1158.02	0.67	40.50	189337.00	0.24
湖北省	74.54	3708.42	4.33	36.62	276419.62	2.27
湖南省	10.60	23875.47	1.67	35.20	253080.00	0.80
江苏省	46.68	6964.22	8.33	43.76	325089.84	5.13
江西省	41.17	4609.30	2.00	41.33	189749.50	0.72
辽宁省	52.83	4705.29	2.00	34.17	248596.33	0.94
内蒙古自治区	8.33	3448.00	1.00	31.00	28733.33	0.05
山东省	31.53	5741.32	5.00	39.13	181042.93	1.72
山西省	53.40	1575.51	3.33	36.30	84132.20	0.53
陕西省	43.00	6103.89	2.33	47.14	262467.29	1.16
上海市	125.06	4702.46	5.33	42.38	588101.11	5.94
四川省	7.88	6533.37	2.67	44.63	51450.25	0.26
天津市	57.13	10507.77	2.67	43.38	600256.25	3.03

省份	平均投资次数(次)	平均单次投资金额(元)	人群占比(%)	平均年龄(岁)	人均投资额(元)	投资额占比(%)
新疆维吾尔自治区	30.25	2204.79	1.33	35.25	66695.00	0.17
云南省	30.33	29154.81	1.00	48.67	884362.67	1.68
浙江省	119.55	9112.55	14.67	45.14	1089364.38	30.27
重庆市	58.13	7479.17	2.67	39.75	434726.50	2.20
总计	75.44	6995.56	100.00	40.44	527768.35	100.00

资料来源：翼龙贷。

(七)对借款人的样本分析

我们以翼龙贷为样本，对"三农"领域 P2P 网络借贷的借款人的样本进行了分析。从年龄看，平均年龄在 38 岁左右，这比投资者平均年龄要年轻 2 岁，这说明了"三农"互联网金融网络借贷有利于年轻人创业。从借款人性别来看，男性借款人占据了绝对主导地位，占比为 85.67%，女性借款人较少，仅为 14.33%。与投资人行为特征相似的一点就是，女性的单次借款金额要高于男性。

表 11　借款人性别特征

性别	占总人数的比重(%)	占总金额的比重(%)	平均每人借款(元)	平均年龄(岁)
男	85.67	80.69	61295.72	38.20
女	14.33	19.31	87674.42	38.44
合计	100.00	100.00	65076.67	38.23

资料来源：翼龙贷。

从借款人的家庭收入特征看，借款人家庭收入分布最多的区间是 12.1 万～24 万元，其次是 6.1 万～12 万元，二者合计占了 72% 左右。这说明了 P2P 网络借贷在"三农"领域的发展填补了现有金融服务的缺口。据调查，在 6.1 万～24 万元的收入区间，在现有的农村金融体系下，获得正规金融机构贷款比较难。而高于这一收入水平后，在银行等正规金融机构具备了信用记录、资金流水等资料，更便利于其从正规金融机构获得资金支持。通过实地访谈，我们进一步发现，在收入高于24万元的借款户中，绝大多数都在银行有借款，网络借贷只是其一个资金补充来源。另外，值得注意的是，也有部分收入低于6万元的家庭可以获得借款。

表12　借款人家庭收入特征

家庭年均所得合计	男性占比（％）	女性占比（％）	占总人数的比重（％）	占总金额的比重（％）	平均借款额（元）	平均年龄（岁）
2.1万~6万元	90.91	9.09	3.67	1.84	32727.27	37.36
6.1万~12万元	81.40	18.60	28.67	21.33	48430.23	36.56
12.1万~24万元	89.15	10.85	43.00	39.65	60000.00	38.49
24.1万~40万元	88.10	11.90	14.00	19.71	91619.05	39.50
40万元及以上	78.13	21.88	10.67	17.47	106562.50	40.34

资料来源：翼龙贷。

从借款额看，99%的借款人借款额处于20万元以下，这说明"三农"互联网金融满足监管部门的"小额分散"要求，接近2/3的借款人金额在5万~10万元，这也说明了农业的借款需求特征。

表13　借款额特征

借款额	占总人数的比重（％）	占总金额的比重（％）	平均每人借款（元）	年龄（岁）
0~5万元	27.33	13.64	32475.61	37.79
5万~10万元	65.67	64.59	64010.15	37.73
10万~20万元	6.00	11.78	127777.78	43.11
20万元及以上	1.00	9.99	650000.00	54.00

资料来源：翼龙贷。

二　"三农"互联网金融的业态进化

随着"三农"互联网金融的规模持续扩张，互联网金融开始切入"三农"各个领域，由农业生产性资金融通、综合性金融服务产品向消费金融、供应链（产业链）金融、融资租赁、农户联保贷、分期购买、公益型助农金融产品等各个产品扩张，出现了多种业态。

（一）综合性金融服务

随着互联网金融在"三农"领域的扩展，其产品类型不断扩充，已有平台在"三农"领域提供综合性金融服务。作为"三农"互联网金融的行业代表企业翼龙贷已从主要为"三农"提供信用借款，向综合性"三农"金融服务转型。在业务模式方面，翼龙贷持续提升细分市场专业经营能力，从具体产品类型看，已覆盖"三农"经营性需求、产业集群融资、供应链金融等领域。截至 2016 年 12 月底，翼龙贷债权端产品平均借款额度为 4 万~5 万元，"三农"产品业务占比超过 80%，借款用户超过 22 万户，业务覆盖中国近 1300 个区县，截至 2016 年底，累计成交额超过 500 亿元，2016 年全年完成交易额 252 亿元。

（二）融资租赁与分期

融资租赁是一种新型的、国家支持的"三农"领域融资方式。有一部分平台将融资租赁与互联网结合，发展了一种重要的互联网金融形式①。

从我国"三农"领域发展趋势看，随着社会经济的进步，农业产业化、农民职业化、农村社区化将成为一种重要趋势。农业产业化决定了对农业机械、农资、土地承包经营权流转等各个方面的资金需求大幅度增加。随着农业生产规模的不断扩大，各类新型农业经营主体不断涌现。截至 2016 年 10 月底，全国依法登记的农民合作社达 174.9 万家，东部占 31.8%，中部占 27.5%，西部占 28.3%，东北地区占 12.4%。其中种植业、养殖业、服务业占比分别为 53%、28%、8%。截至 2015 年底，全国在县级以上农业部

---

① 受 2015 年底开始发酵的"e 租宝"事件影响，各界对在线融资租赁产生较多的误解。其实，"e 租宝"的本质不是商业模式的问题，而是利用互联网金融概念的一种赤裸裸的诈骗行为。因此，以"e 租宝"为案例来否定在线融资租赁商务模式，是一种误解。

门纳入名录管理的家庭农场超过45万户，占全国87.7万户家庭农场的一半。这些新型农业经营主体，对资金的需求日益增加，但是，现有的金融方案往往难以就此进行实质性的解决。2015年中央一号文件明确提出"开展大型农机具融资租赁试点"，融资租赁开始成为"三农"资金需求的一种有前景的解决方案。2016年中央一号文件更是提出"发展农村金融租赁业务"。P2P网贷平台与融资租赁的合作主要是农机融资租赁业务，融资租赁公司负责农村融资租赁资产端的开拓，平台负责资金端的开拓。以融租E投为例，就是与狮桥融资租赁（中国）有限公司进行深度合作，狮桥融资租赁将农机的收益权转让给平台，同时为平台提供回购担保。农机分期付款与融资租赁具有某些方面的相似性。

从运营现实看，在"三农"领域的互联网融资租赁具有明显的优势：第一，融资租赁过程中，物权不发生转移，因此，融资不需要新的抵押物；第二，融资租赁的额度取决于租赁物的价值，可以高于银行贷款额度，也可以高于P2P网络借贷的额度[1]；第三，在期限与首付款比例等方面，融资租赁具有更多的灵活性。从政策上看，融资租赁也获得了相关政策的认可。2015年8月，国务院办公厅发布的《关于加快融资租赁业发展的指导意见》（国办发〔2015〕68号），明确了对农机融资租赁的支持政策[2]，这个政策解决了融资租赁模式购买农机所涉及的补贴问题。同年，银监会与农业部联合发布的《关于金融支持农业规模化生产和集约化经营的指导意见》提出，大力发展涉农租赁业务，鼓励金融租赁公司将支持农业机械设备推广、促进农业现代化作为涉农业务重点发展领域，积极创新涉农租赁新产品。农业部又出台了《关于推动金融支持和服务现代农业发展的通知》，鼓励推动组建主要服务"三农"的融资租赁公司，开展大型农业机械设备、设施的融资

---

[1] 以"三农"互联网金融的代表企业翼龙贷为例，该平台上的P2P借款的平均额度为6万～7万元。

[2] 该意见明确指出，"鼓励融资租赁公司支持现代农业发展，积极开展面向种粮大户、家庭农场、农业合作社等新型农业经营主体的融资租赁业务，解决农业大型机械、生产设备、加工设备购置更新资金不足问题"，"通过融资租赁方式获得农机的实际使用者可享受农机购置补贴"。

租赁服务。《国务院办公厅关于推进农村一二三产业融合发展的指导意见》（国办发〔2015〕93号）也明确提出，对农村产业融合发展的融资租赁业务予以政策方面的支持。

在具体实践中，由于融资租赁涉及牌照问题，互联网金融平台从事该行业的不多。在"三农"领域，主要是宜信租赁[①]。自2012年以来，宜信租赁创新融资模式，率先在农业机械行业开展面向农民的小微农机租赁业务。目前，宜信租赁业务范围覆盖全国20多个省份，涉及农机设备约14个大类180种，租赁机型可满足农业生产耕、种、收全流程需求。目前，宜信租赁的重点放在了粮食烘干塔等粮食专业装备方面。

在分期付款方面，农分期是国内较早涉足农机、农资、土粮流转资金分期的互金企业，农分期主要面对农业种植大户、合作社等新型农业经营主体，其中农机产品涵盖拖拉机、插秧机、收割机等，产品来自线下合作经销商，农资产品包括种子、农药和化肥。用户平均借款额度约为8万元。

从整体来看，我国农机与农资市场规模均在万亿元以上，融资租赁与分期付款在解决新型农业经营主体购置农机、农资等方面的资金需求方面，能够发挥一定的作用，这种商业模式在理论上将有一定的发展前景。但是，在实际运营过程中，融资租赁受限于市场准入等相关方面的政策，发展空间受到限制。

（三）供应链（产业链）金融

2016年，供应链金融成为互联网金融平台争相进入的一个品类。而在"三农"领域，由于一二三产融合发展的特性[②]，供应链金融称为"产业链"金融更为合适。《国务院办公厅关于推进农村一二三产业融合发展的指

---

① 互联网金融平台融租E投主要从事融资租赁业务，其中涵盖部分"三农"领域的融资租赁模式。

② 例如，《国务院办公厅关于推进农村一二三产业融合发展的指导意见》（国办发〔2015〕93号）指出，推进农村一二三产业（以下简称"农村产业"）融合发展，是拓宽农民增收渠道、构建现代农业产业体系的重要举措，是加快转变农业发展方式、探索中国特色农业现代化道路的必然要求。

导意见》（国办发〔2015〕93 号）就此提出了相关的政策措施，意见明确提出，鼓励金融机构与新型农业经营主体建立紧密合作关系，推广产业链金融模式。在这个文件里，使用的就是"产业链金融"的概念。

目前，供应链金融主要是依赖应收账款、商业票据、银行票据等进行融资，互联网供应链金融融资模式主要为应收账款融资模式（因为票据有贴现功能）。供应链金融必须依托供应链内部的核心企业，金融机构或互联网金融平台将与核心企业进行深度合作，对核心企业掌握的关于农业产业链的信息进行融合与挖掘，对信用与风险等因素进行量化评估，再利用互联网实现对这些元素的变现，从而实现为"三农"领域注入资金。供应链金融在一定程度上缓解了"三农"金融领域的信息不对称问题，将有利于对资金用途进行全面监管，确保资金服务于"三农"领域的实体经济，同时，通过将核心企业的信用放大，实现了其信用的资本化过程，有利于降低金融运行成本。在供应链金融基础上，可以为上下游的中小企业、农户等解决其整套金融需求问题（如支付结算、保险、信用融资等）。

从风控角度而言，供应链金融需要利用供应链关系控制资金流向，确保资金不被挪用，借助供应链核心企业提供的数据、信用、信息、产业资源等，确保资金的安全。而平台通过将资金嵌入产业链中，建立起与供应链相适应的风险模型，将有利于提升自身的风控能力。在本质上，"三农"互联网金融在切入供应链过程中，要实现产业链、物流链、资金链、业务链和数据链的高度整合，依托供应链金融系统产生的真实的产业数据和贸易数据，通过各类大数据的建模分析，精准评估，为平台的理财用户有效控制风险。在本质上，这种互联网金融与"三农"供应链金融融合的模式有两种，第一种是供应链核心企业依托自身的资源，掌控上下游的资金需求，打造资产端，并通过互联网平台募集资金，满足这些资金需求。在这种模式下，供应链金融的风险主要取决于核心企业自身的实力以及对上下游企业的控制力度。希望金融与诺普信旗下的农发贷，都是采取核心企业自己提供互联网金融服务的模式。从本质上看，京东金融也属于依托其营销平台进而提供金融服务的模式。第二种模式是独立的互联网金融平台与供应链核心企业的合作。如农泰金融、沐金农等企业的"三农"供应链金融，均属于这种模式。

希望金融依托新希望30余年的农村市场积淀和千亿级产业集群，已成为"三农"领域供应链金融的领先者。2016年，预计希望金融在"三农"领域的交易额突破20亿元。农泰金融依托农药领域的上市公司诺普信，研发了经销商贷、零售店贷、种植贷、收购贷等多品类产品，帮助农资经销商、农资零售店、家庭农场、种植大户等优质客户解决购买农资产品时的资金难题。沐金农以粮贸场景切入"三农"金融领域，重点打造依托土地承包经营权抵押的网络借贷产品以及短期借款产品，其整体规模仍然不大。农发贷以农资消费场景切入，为各类新兴农业经营主体提供资金支持。

从整体上看，产业链金融依托农业产业链，在一二三产融合发展背景下，农业产业链金融将具有更大的空间。但是，农业产业链金融过分依赖于产业链内部的核心企业，平台企业在推进产业链金融时，需要对核心企业的资源、信用等进行高度关注。同时，由于规模较大的核心企业数量是有限的，这也决定了农业产业链金融的竞争也将日趋激烈。

（四）农村消费金融

消费金融也是2016年互联网金融领域的一个热点，2017年，消费金融在互联网金融领域出现了爆发式增长。根据零壹财经发布的《2016中国消费金融年度发展报告》① 数据，2016年P2P消费金融平台的资产合约991亿元，同比增长90.9%，且从资产类别占比来看，近四年，消费金融资产在P2P整体资产中的占比分别为1.03%、3.4%、5.33%、5.04%，据测算，2017年P2P消费金融资产将为2000亿元左右。

从P2P消费金融所涉及的具体行业看，3C/数码、装修、三农P2P渗透率最高。三农P2P消费金融（购买种子、农具及其他消费）主要为农民的生产消费提供小额融资服务，累计规模约105亿元（其中，2016年前三季

---

① 《2016中国消费金融年度发展报告》（文字版），零壹财经，http://www.01caijing.com/news/13338.htm。

度交易规模约为 55 亿元），单笔金额为 7.53 万元；该领域内的领先企业是翼龙贷，2016 年前三季度交易规模达到 44.6 亿元，占全行业的比重超过 80%①。在"三农"消费的其他领域，也出现了一些专业化的平台，如理财农场，植根于"农资消费金融"和"供应链金融"，截至 2016 年底，线上成交额已超 64 亿元，资金所投向的"三农"项目已覆盖全国 27 个省份，南至三亚、北至呼伦贝尔、东至牡丹江、西至喀什，已辐射超过 2000 多万亩耕地面积。什马金融以电动车、摩托车垂直领域为切入点，以其重点产品什马分期和供应链金融产品信用贷致力于服务农村人群。可溯金融将农产品数据追溯、电子商务与互联网金融进行整合，形成一个综合性的"三农"互联网金融平台。截至 2016 年底，可溯金融促成交易额接近 30 亿元。

业内普遍认为，消费金融是一个新蓝海。"三农"领域的消费金融前景也得到了诸多关注。"三农"消费金融发展的核心点在于要把握农村生产生活一体化的现状，更多地关注农村生产生活场景，利用互联网金融拓展农村市场。

值得关注的是，2017 年发展火爆的现金贷也在农村地区快速发展。现金贷业务有利于缓解生产生活过程中的一些亟须用钱的情景，但是，从调研的一些案例看，在某些农村地区，现金贷有恶性发展的趋势，即很多农民用户利用各个平台之间信息不交互的特点，在平台之间重复借款，这可能在未来带来坏账的爆发。

（五）众筹

在众筹模式出现之后，很多业内人士认为，农业众筹能够较好地解决农产品生产、销售、运输过程中的信息不对称问题，能够对农产品的质量安全提供更全面的保证，能够满足都市人士对田园生活的追求，因此，是一个较有前景的"三农"互联网金融发展模式。但是，在 2015 年，农业众筹经历了一个低谷，专业农业众筹网站大家种与尝鲜众筹相继关闭，有机有利等众

---

① 通过与翼龙贷相关部门核实，该数据为第三方独立数据，并非翼龙贷官方数据。

筹网站也陷入困境。在一些大型平台进入的背景下，2016年农业众筹保持着较快的增长速度。

首先，继大家种、尝鲜众筹等专业农业众筹网站关停之后，2016年几乎没有再上线农业专业众筹网站。之所以出现这种情况，是因为农业众筹每个项目金额较小，周期长，成功率较低①，专业从事农业众筹运营难度较大，利益空间较小。而农业物权类项目，如土地众筹等，虽然得到了广泛的关注，但是，受到了现有的土地政策、社会诚信环境等诸多因素的影响，其规模一直无法扩大。正是这些原因，使农业众筹网站难以获得快速发展。

其次，农业权益类项目受到了更多的关注。据不完全统计，在2016年的权益型筹资项目中，共有2851个农业项目进行了众筹，占全部项目的比重为29%，共筹集资金2.38亿元。从项目数量整体看，农业众筹项目已获得市场的青睐，成为权益型众筹中项目最多的一个产业门类。但是，生产周期长、信息不对称等仍将冲击农业权益类众筹项目。例如，2016年中，众筹金额超过百万元的"村官樱桃"项目，因其产品来源、众筹者身份等诸多问题，受到了广泛质疑。

与此相对应，农业股权众筹也获得了较快的发展。根据《2017年互联网众筹行业现状与发展趋势报告》提供的数据，截至2016年底，全国正常运营的众筹平台共计415家，其中互联网非公开股权融资平台共计118家。从平台融资项目来看，2016年中国互联网非公开股权融资平台新增项目共计3268个，同比减少4264个，降幅达56.6%；2016年新增项目成功融资额共计52.98亿元，同比增加1.08亿元，涨幅为2.1%②。其中，农业类众

---

① 从现有的众筹项目看，权益类农业众筹虽然项目众多，但每单平均金额不到10万元，一般在万元左右，项目规模小，导致单一项目管理成本占比较高，这也是专业农业众筹网站难以成功的原因。而农业股权类众筹，受限于农业本身的高风险特性（农业有三重风险，第一重是自然风险，即农业生产容易受到自然因素的影响，第二重是市场风险，农产品的价格波动非常大，市场风险高，第三重是政治风险，农产品的国际贸易等，容易受到政治因素的影响），股权类众筹难以获得市场的认可。例如，2016年上半年，农业类股权众筹项目成功了4个，失败了9个，成功率为30.77%。预计总融资额为2.06亿元，成功项目实际总融资额为0.13亿元，融资完成率为6.31%。

② 《2017互联网众筹行业现状与发展趋势报告发布》，科学网，2017年1月10日。

筹在 2016 年迎来快速发展，农业类众筹平台共成功筹资 3.69 亿元，远超 2015 年全年的 1.67 亿元①。

再次，农业众筹仍将在主流众筹网站获得发展空间。从发展现状看，农业众筹的特点（项目平均金额小、生产周期长、分布地域广、受自然条件等影响较大、信息不对称问题严重等），决定了农业众筹虽然项目多，但专业化的农业众筹网站难以在短期内壮大成熟，农业众筹将在两个方面发展：在专业网站方面，未来的模式将是以"小毛驴市民农园"为代表的集农业体验、农产品预售、休闲等于一体的类农业众筹网站。在主流众筹网站方面，这些众筹网站将增加农业频道或其他特色品牌。2016 年，综合性众筹网站已在农业方面推出一些特色产品或品牌。例如，点筹网推出了点筹农场，众筹网的农业频道加速发展，淘宝众筹在农业众筹方面加大力度，京东将原有的"三农"相关众筹整合，推出了"恋乡村"系列。这些主流众筹网站，占据了农业众筹市场份额的 80% 以上。

最后，现有的农业众筹模式将受到生鲜电商等相关电商模式的冲击。从本质上看，现有的占主导地位的权益类农业众筹项目，是一种"定制＋预售"的模式，这种模式，从表面上看，降低了生产者的市场风险，也使消费者能够在第一时间品尝到安全、新鲜、价格适中的农产品。但是，农产品一般很少有独家产品，市场上同类产品非常多，而农产品生产周期非常长，消费者如何提前一个生产周期付款等待，这是一个值得思考的问题。在农产品生鲜电商持续发展的情况下，农业众筹的优势并不明显。

根据以上几点，我们认为，农业众筹未来将向以下几个方向发展。

首先，土地众筹（农业物权类众筹）将是农业众筹的一个主要发展方向。土地众筹无论是在体验性还是在农产品安全性方面，都有着现有的农产品众筹无法比拟的优势。随着改革的深入，现有的制约土地众筹的因素将逐

---

① 陈挚：《众筹平台激增至 430 家　报告预测行业七大趋势》，网贷之家、盈灿咨询，2016 年 12 月 30 日，http://www.wdzj.com/news/yanjiu/49722.html。

步消失，土地众筹将持续焕发活力。

其次，高端小众特色鲜明的农产品将成为农业众筹的主要方向。从未来发展看，随着生鲜电商的进一步发展，不论是主打安全牌，还是主打体验牌，农产品众筹都难以获得竞争优势。只有高端小众或者独具特色的农产品，才能以众筹方式，与现有的生鲜电商模式进行竞争。

再次，以地域为特点，强调本地化服务的众筹模式值得进一步探索。例如，2016 年 9 月，宜信指旺理财和海南股权交易中心推出了"众筹海南"系列。这个模式的核心在于，本地化服务的机构必须在品控能力、农业生产监管、资金监管等诸多方面有丰富的经验。

最后，各种模式的融合。在 2015 年的一些实践中，有过将众筹与借贷深度融合的项目。例如，在中国人民银行的指导下，万惠集团打造了"收益 + 实物奖励"的新型"三农"互联网金融模式，即投资者投资农业项目之后，农户或农业经营者以其优质农产品支付利息。这种模式涉及诸多的政策问题，例如，现有政策明确规定，P2P 平台不能经营众筹等其他业务。但是，我们相信，随着政策的进一步完善，将众筹、P2P、农产品电商、农资电商等进行整合的新型"三农"互联网金融仍将具有较大的空间。

（六）互联网金融参与扶贫

精准扶贫、精准脱贫是"十三五"时期"三农"领域的一项重要工作。各个互联网金融平台积极响应中央政策，从多方面寻找切入扶贫的新道路。

在金融扶贫方面，孟加拉国格莱珉银行是一面旗帜。在扶贫方面缺乏经验的互联网金融平台，在 2016 年纷纷与格莱珉银行进行接触，以获得金融扶贫方面的经验。4 月，恒昌财富与格莱珉有限公司在孟加拉国格莱珉银行总部举行"恒昌－格莱珉精准扶贫国际合作项目"签约仪式，并于 6 月启动了第一个项目。5 月，信用宝与格莱珉（中国）推出了第一批扶贫借款项目。虽然互金平台在与格莱珉银行合作方面动作频频，但应该看到，互联网金融依照格莱珉银行积极参与扶贫仍有较多的障碍。从已有的项目看，这些项目都偏小，缺乏普遍意义。还有一些项目在合作过程中遇到了挫折。例如，格莱珉信托目前在中国唯一直接参与运营开展业务的机构——格莱珉商都小额信贷有限公司因为商业可持续性问题，于2016年5月移交给中和农信，这说明格莱珉模式在中国能否获得普遍成功，值得深入探讨；2016年9月，有爆料说，京东与格莱珉合作过程中，存在不尽如人意之处①。

除了与格莱珉合作外，很多互金平台也推出了一些类公益或公益性质的扶贫项目，例如，开鑫贷（开鑫金服）推出了"惠农贷"产品②，主要面向"三农"领域。宜信集团的"宜农贷"已运作多年③。从实际金额看，这些产品的整体规模都不大，不属于互金平台的主流业务。例如，"惠农贷"在开鑫贷（开鑫金服）的整体业务量中，占比不超过1%。而根据宜农贷官方资料，截至2016年底，宜农贷累计资助农户21598位，累计爱心出借人168730位，累计出借金额230483800元④。这在宜信集团的总体业务量中，占比仅为千分之一。

（七）其他模式

在互联网金融融合发展过程中，也产生了许多新的模式，例如，"互联网保险+三农"：2016年7月，泗洪县政府与蚂蚁金服，以及中国人保、中国人寿两家保险公司首创"互联网+保险+公益"的新路径。"理财农场"定位于具有农业特色互联网综合理财平台，切入"三农"理财领域。从"三农"互联网保险看，由于农业大数据的积累，无人机勘查等技术的引

---

① 《诺贝尔和平奖得主尤努斯指控京东：刘强东赖账100万美元》，http：//news. mydrivers. com/1/500/500327. htm.

② 惠农贷是开鑫贷平台为支持"三农"发展、解决农户融资难题，在"苏鑫贷"创新产品的基础上，专门推出的公益性金融服务产品。该产品以公益运作为原则，呼吁和鼓励社会资金参与支农助农的行列，力求帮助广大农户以相对较低的成本获取资金，从而改善农户的生产、生活，最终达到帮助农户致富的目的。该产品确保农户最终融资成本不超过8%（年化利率），并由优质合作担保机构提供担保。

③ 宜农贷是宜信于2009年推出的公益理财助农平台。通过宜农贷平台，社会爱心人士可将资金出借给贫困山区需要帮助的农村借款人，支持他们发展生产，改善生活。

④ 经过查阅宜农贷年报，截至2015年底，宜农贷累计资助农户达到17737位，累计爱心出借人150673位，累计出借金额170506000元。

进,将进入一个快速发展期。在这个发展过程中,与信贷机构、P2P 合作商、电商平台、村级服务网点等多方进行合作,整合数据,强化优势。

三 从孤军奋战到群雄并起:行业主要企业动向

在 2016 年之前,"三农"互联网金融一直未能进入互联网金融的主流,也未成为"三农"金融的主流,我们在撰写《中国"三农"互联网金融发展报告(2016)》时,既没有"三农"互联网金融的成熟概念,在行业内,也仅有翼龙贷一家互联网金融平台在"三农"领域的规模接近 100 亿元,其他 10 亿元级的企业都非常少。2015 年,翼龙贷一家就占据了"三农"互联网金融市场份额的 80%,这个领域可谓翼龙贷在孤军奋战。而 2016 年,很多互联网金融平台或"三农"相关企业在"三农"互联网金融领域持续发力,行业整体增长加速,各个企业在该领域都出现了较大幅度的增长。

(一)翼龙贷

翼龙贷是最早切入"三农"并专注"三农"的互联网金融平台。考虑到中国农村地区的具体情况,经过充分调研和分析利弊,基于对农村"熟人社会"的理解,翼龙贷尝试将合作模式引入金融行业,在本地招募具有金融相关从业背景、享有一定社会名望、拥有一定社会关系的合作商,设立翼龙贷运营中心,由合作商进行展业,借助农村"人情网"采集征信资料,按需完成贷后管理工作。后逐渐演化成翼龙贷独创的商业模式——同城 O2O 模式,即将"线上信息撮合"与"线下风险防控"结合。具体来说,就是借款人只能在设有翼龙贷运营中心的区县才可申请借款,运营中心作为线下机构,对借款人提供的资料进行实地调查核实,并根据风控标准对各类信息资料进行比对;借款人与出借人之间的交易则完全在线上进行。经过发展,翼龙贷目前在全国已有千余家区县合作商,形成"总部—区/县—借款人"的主要运营模式,即区/县作为最基础的业务单元,直接与总部合作。

一些运营能力较强的合作商则进一步将业务网点下沉到乡镇或村，形成"总部—县—乡镇—借款人"（如陕西户县）、"总部—县—村—借款人"（如陕西长安）、"总部—县—乡镇—村—借款人"（如河南商水）的模式。

截至2017年1月底，翼龙贷已在全国近200个城市设立运营中心，业务覆盖全国1200余个区县、10000多个乡镇，累计向"三农"领域"输血"超过250亿元，其中95%以上的资金流向了种植业、养殖业等农业领域或与之相关的"三农"领域。2016年新增交易额252亿元，新增投资超过320万笔，平均年化收益率为8.34%。

2016年，翼龙贷根据农村借款人的特征，率先提出保护农村借款人的口号①，并以此为基点全面启动战略升级。为了更好地服务于借款人，翼龙贷业务下沉，触角延伸到村镇。在技术保障方面，翼龙贷自主研发了合作商APP与翼龙贷借款APP，保障线上金融功能的实现。

在对当地合作商的管理方面，强调对合作商进行精细化管理，更加关注借款人的利益与动态。在管理架构方面，以省为单位，成立省分公司。第一家省分公司落地存量债权规模较大的山东，已于2016年12月中旬开业，目前处于磨合期。翼龙贷历史上保留的山西省、浙江省分公司将进一步强化管理职能。新成立的省分公司将弱化运营功能，强化管理职责。团队须具有产品、风控、渠道、财务、IT等方面的工作经验（财务等关键岗位由翼龙贷总部派出，其他岗位本地招聘、总部管理并培训），以形成全功能型团队，服务与管理运营单元。

"省分公司"作为增设的管理单元，具有管理和服务前移的双重属性，一方面，根据总部的标准从产品、业务、人员等方面对合作商进行指导，另一方面，将总部的标准进行本地化处理，并结合实施情况向总部反馈，因地制宜地设计特色化产品及风控措施等。在这种架构下，翼龙贷总部则集中精力进行标准化，例如，制定风控政策、开发产品、研发技术工具等，以实现

---

① "三农"互联网金融与城市互联网金融的一个重要区别是，"三农"互联网金融的债务人一般都是农民，其金融知识与互联网知识都相对缺少，因此，保护其合法权益非常重要。

业务的系统化和批量化处理。

针对"三农"互联网金融的特定风险，翼龙贷建立了由"三道防线"①组成的全面风险管理体系。特别是新设了内审部门，对核心风险的管理更为全面。同时，还建立了反欺诈筛查机制。在大数据风控模型体系建设方面，翼龙贷结合自身数据，通过多种渠道采集并整合数据，利用大数据风控模型判断借款人资料的真实性和有效性，从定量的角度评估借款人的信用状况。

为了发挥互联网跨地域跨时空的优势，适应农村地区借款人分散、交通成本高昂的特点，翼龙贷还拟积极推行"三农"互联网金融网络仲裁机制。网络仲裁能够利用互联网、人工智能等技术资源处理仲裁程序性事项，是一种低成本的高效争议解决方式，这种方式非常适合"三农"互联网金融争议的解决。

（二）蚂蚁金服

蚂蚁金服是全球估值最高的互联网金融企业。2016 年，蚂蚁金服开始重视互联网金融在"三农"领域的潜力与空间。同年 1 月，蚂蚁金服成立了农村金融事业部，并将普惠、绿色、三农、国际化确立为其四大战略。

蚂蚁金服在"三农"互联网金融领域的主要举措如下。

第一，并购或参股与"三农"相关的金融机构。2015 年 12 月，蚂蚁金服战略投资中国邮政储蓄银行。2016 年 9 月，中国邮政储蓄银行成立了三农金融事业部，成为我国第二家拥有三农金融事业部的大型商业银行。2016年 12 月，蚂蚁金服战略入股中国最大的公益性小额信贷专业机构中和农信项目管理有限公司（简称"中和农信"），成为其第二大股东②。蚂蚁金服的并购或参股行为是其"三农"金融战略的一个重要方面。蚂蚁金服重点

---

① 第一道防线为合作商及业务部门，第二道防线为风险管理部门，第三道防线为内审部门。
② 中和农信是目前中国最大的公益性小额信贷专业机构，覆盖了 229 个县，其中 85% 的为国家级或者省级贫困县，全国共有 2800 个信贷员。截至 2016 年 11 月底，累计贷款 184 亿元，覆盖 300 万农户。2016 年，中和农信已经放款 60 亿元。中和农信的第一大股东是中国扶贫基金会。

是发挥其在大数据、云计算、风控技术等方面的技术优势，与战略合作伙伴共同开拓"三农"市场。

第二，蚂蚁金服针对"三农"领域的不同需求，推出了不同的金融服务模式。蚂蚁金服将其在农村的具体服务模式归结为三种：第一种为数据化金融平台模式，居于金字塔的底层。即通过网络方式，同时通过蚂蚁金服发起成立的网商银行、支付宝平台、蚂蚁金服保险平台来为全国范围的涉农用户提供综合金融服务，包括支付、保险、信贷等。第二种为"线上＋线下"熟人信贷模式，针对金字塔的中间层，解决农户小规模经营的资金需求。即在信息化和金融服务欠缺的县域、乡村，蚂蚁金服联合阿里巴巴村淘合伙人、中和农信的线下"熟人"，为用户提供经营性贷款等金融服务。第三种为供应链金融模式，服务居于金字塔顶层的大型种养殖户，依靠升级农业产业来解决他们的金融服务需求。2016年中，蚂蚁金服开始探索与保险公司等生态伙伴联合为大型种养殖户提供供应链金融服务，并将与农业部合作开发新型经营主体直报系统。

第三，启动三年谷雨计划。2016年12月，蚂蚁金服宣布启动三年谷雨计划，包括在未来三年将联合100家代表企业，为大型种养殖户提供金融服务；与合作伙伴一起，为1000个县提供综合金融服务，包括支付、信贷、保险等；面向国内所有"三农"（从事农业产业、属于农民身份、地处农村地区）用户，拉动合作伙伴及社会力量提供累计10000亿元信贷。

通过一年多的运作，蚂蚁金服在"三农"领域取得了一定的进展。截至2016年12月，支付、保险、信贷三大块业务所服务的"三农"用户数分别达1.5亿人、1.3亿人、3300万人①。其中，信贷用户是增长最快的，增长率超过60%。在网商银行，涉农贷款已占到全部贷款的20%左右。

---

① 2015年底，蚂蚁金服在支付、保险、信贷三大块业务所服务的三农用户数分别达到1.4亿人、1.2亿人、2000万人。

（三）京东金融①

京东集团于 2015 年 3 月提出了 3F 战略，在这个战略中，"农村金融"是其一个非常重要的环节。京东的农村金融战略也是从电商开始的，通过网货下乡在农村建立根据地，并进一步发展金融业务。截至 2016 年底，京东在 1700 余个县建立了县级服务中心和京东帮扶店，培育了 30 万名乡村推广员，覆盖 44 万个行政村。在金融方面，京东试点推出了类产业链金融的"京农贷"，开始服务于农村金融市场。

2016 年，京东在"三农"互联网金融领域动作频频。

第一，完善产品线。京东在"三农"互联网金融领域，坚持全产品线推进，目前已有的产品包括京农贷、小额信贷、白条、理财、众筹（主要是产品众筹）。在京农贷方面，由种植领域向养殖领域拓展。京农贷在 2015 年推出时，仅局限于种植领域，2016 年 3 月，京农贷对产品线进行了拓展，推出了"京农贷—养殖贷"。在众筹方面，上线了农村众筹"恋乡村"系列。

第二，结合各地实践，持续推出"三农"互联网金融创新产品。在江苏泗洪县，京东金融推出了土地承包经营权抵押贷款项目。在小额信贷方面，京东通过与其电商业务进行紧密合作，推出了"农民种地不花钱"扶贫项目，在河南省级贫困县扶沟、许昌鄢陵、漯河临颍等地成功落地。在理财方面，京东推出了"开店宝"，打通了乡村白条与理财之间的通路，有利于解决农村店主进货压力。未来，京东将进一步推出"农贷馆"，经过推广员推荐，挑选合作企业的优质产品，由专业风控人员与业务人员进行实地考察，对企业进行贷款支持。

截至 2016 年 9 月，京东已在 1500 个县、30 万个行政村开展各类农村金融业务，并构建了一个以农民个体、涉农企业、农产品消费者及众多合作伙

---

① 关于京东金融集团在"三农"领域的具体进展，相关事实部分来源于媒体公开报道，部分来源于作者团队在京东的实地调研。

伴为核心的农村金融生态圈，全面助力农村经济发展。在上行通路中，京农贷具有无抵押、低利息、放贷快等特点，解决了农业生产领域各个环节的资金问题，全面服务各类种养殖农户，覆盖了包括黑龙江、新疆、内蒙古、河南、河北、山东、山西、海南、四川、重庆、天津、湖北、湖南等在内的十多个省份。据调研，2016年，京东在"三农"互联网金融领域的规模已达到10亿元级别。

（四）宜信

宜农贷是宜信集团旗下的一个具有公益性质的互联网金融平台，也是宜信集团进军"三农"领域的重要组成部分。通过宜农贷平台，社会爱心人士可将资金出借给贫困山区需要帮助的农村借款人，支持他们发展生产，改善生活。宜农贷虽然是公益平台，但是，这个平台不同于大多数公益平台的无条件捐赠模式，它采取的是低息出借的方式，出借人向受助农户象征性地收取预期年化2%的爱心回报，使受助农户自己承担起改变生活、创造价值的责任，也有利于受助农户建立自立精神。2016年，其平台促进交易额6000余万元。

宜信集团旗下的宜信租赁专注小微设备融资租赁市场，服务农户、工薪阶层和小微企业主群体，在农机融资租赁方面开展了不少业务。

（五）其他

在2016年P2P网贷政策波动较大的背景下，还有大量互联网金融平台在"三农"领域发展较快，如希望金融、农金圈、农泰金融、大麦理财等。这些平台都为"三农"互联网金融发展做出了助力。

四 "三农"互联网金融发展中存在的问题

互联网金融在"三农"领域的发展过程中所遇到的问题，与现有的金融模式在"三农"领域拓展所遇到的问题之间的差别到底在什么地方，这是值得研究者思考的。"三农"互联网金融,将"三农"领域的金融服务从一种熟人型的社区型的金融服务,拓展到陌生人之间的金融服务,这种服务领域的拓展,需要利用互联网技术结合传统的社区理念,对很多方面进行拓展。在"三农"互联网金融快速发展的 2016 年,互联网金融在"三农"领域进行扩张时,产生了很多的新问题,这些问题值得深入思考。

(一)"三农"领域的数据孤岛现象导致信用信息不能共享,互联网金融的优势不能完全体现出来

数据是互联网金融的基础材料,也是其区别于传统金融模式的优势所在。任何从事互联网金融的机构,都必须拥有相应的数据。

在"三农"领域,数据资源本来就少,整合力度差,使数据的作用不能发挥出来。

从农业生产看,我国农业生产品种丰富多样,农产品品质与生产区域之间存在复杂的关系,不同地域之间的农业生产模式存在巨大的差异,这使互联网金融在对农业生产的风险进行评估时,需要更为丰富的数据,但是,这些农业生产的数据,一方面,缺乏专门的机构进行收集,未形成一个权威的数据库;另一方面,由于我国农业生产的分散性,已有的一部分数据掌握在诸多环节的部门中,不能整合形成一个有利于风险评估的数据中心。在分散的农业生产过程中,农业生产者对数据的作用与意义也缺乏足够的认知。在实地调研中,我们发现,农业生产者,尤其是大部分小规模的农业生产者,缺乏积累与利用数据的意识,其种植行为主要来源于对临近区域的学习效应。生产数据的缺乏,使互联网金融机构不能对农业的某个特定行业与特定产品的风险进行全面精确的评估,而只能按照已有的一般评估模型进行风险评估,互联网金融的优势并不能体现出来。

对于个体农户而言,关于个体特征的数据已经不少,但是,分散在各个部门与机构中。国家还没有对这些数据进行整合的机构。在数据共享方面,由于各个部门与机构都不愿意将数据进行共享,因此,整合难度大,互联网金融利用数据进行风控难以实现,而只能依赖繁重的线下实地调研

进行风控。

从农村的各类公共信息看，农村各类财产的确权工作刚刚开始，各类物权信息不完善，而且，从互联网金融平台看，获得各类信息数据也存在一定的难度，推动各类公共信息的共享也是未来"三农"互联网金融加快发展的一个重要方面。从政策层面看，2017年的中央一号文件明确提出，要"加快农村各类资源资产权属认定，推动部门确权信息与银行业金融机构联网共享"。在这里，对互联网金融平台共享各类公共信息仍没有提出明确的要求，政策层面仍须进一步完善。

（二）农村地区的人口特征等因素，决定了其互联网拓展速度与程度落后于城市区域，"数字鸿沟"逐年加大，将影响互联网金融在"三农"领域的渗透

从事"三农"互联网金融时，必须注意农村人口特征与劳动力特征的变化。从数据看，"三农"领域的劳动力出现了老龄化与女性化的趋势。据统计，截至2016年，我国农业从业人员中60岁以上者所占比重达到18%；女性占从事农业劳动力的比重提高到61.3%。老龄化与女性化趋势，使"三农"领域的创新能力趋于下降。以互联网金融为例，在男女之间与不同的年龄组之间有着本质的区别。据统计，截至2015年底，在网上支付方面，农村的用户规模是9320万，使用率是47.7%，而城市的用户规模是32299万，使用率是65.5%①。按人口比例计算，农村网上支付使用率仅为15%，而城镇达到48%。

从农村互联网普及率来看，近年来，农村的互联网普及率增速不及城市，城乡网络渗透的差距越来越大。截至2017年6月，我国农村网民达到

---

① 中国互联网络信息中心：《2015年中国农村互联网发展状况研究报告》，http://www.cnnic.net.cn/hlwfzyj/hlwxzbg/ncbg/201608/P020160829560515324796.pdf。还有一个值得关注的事实是，2015年农村网上支付比例还是建立在高速增长的基础上。统计数据表明，网上支付类应用在2015年的农村地区得到快速发展。与2014年相比，网上支付类应用的使用率增长最多，从2014年的35.2%增至2015年的47.7%，全年用户规模增长率为48.5%。而事实上，这种增长势头在2016年就出现了下降趋势。

2.01亿，占全部网民的比重为26.7%，较2015年底下降了1.7个百分点。我国城镇地区互联网普及率已接近70%（69.4%），农村地区仅稍高于1/3（34%），城乡普及率差距较2015年的34.2个百分点扩大为35.4个百分点。从增长速度看，农村网民增长速度降到了3%以下，其中2016年底到2017年6月基本为零增长。

另外，农村网民增长速度的下降，以及新增网民属于对网络知识比较缺乏的人员，对互联网金融理解不是特别充分，这导致"三农"互联网领域，开始出现一些利用互联网进行非法金融活动的苗头。2017年一号文件明确提出要"严厉打击农村非法集资和金融诈骗"，也是对这种现象的一种明确回应。

（三）依托物理设施与线下风控的互联网金融模式，需要付出线下与线上双重成本，无法发挥出成本优势

从互联网金融与传统金融模式竞争趋势看，竞争的核心将是服务的便利性与否与成本的高低。在互联网基因的驱动下，互联网金融平台的便利性一般都高于传统金融机构，各大互联网金融平台都推出了APP，可以实现手机完成借款或理财投资，便利性在持续提升，相较传统金融模式具有一定的优势。

在交易成本方面，如前所述，在"三农"领域，数据信息并不完善，如果只是强调数字化，则其获取的数据并不能体现用户的全貌，所以，目前在农村进行互联网金融活动的主流平台都利用了线上线下联动的方式开展活动，大量的信息数据收集工作都是线下通过人工完成的。这种线下的信息数据采集工作，在理论分析中，就是利用了哈耶克的"局部知识"理论，使风险评估落地实施。这一方面需要大量专业的信息收集工作，另一方面，也会带来成本的上升。

我们通过实地调研发现，按照现在典型的"三农"互联网金融服务模式，对于一个农村"白户"（即缺乏相关信用记录的农户）来说，由于其相关金融信息都属于空白，如果从头开始，对一个白户建立基本的数据集，并

做出信用评估，其成本将高达 1000～5000 元①。从这个结果看，互联网金融在交易成本方面的优势仍未得到充分的体现，与现有的正规金融相比，互联网金融平台在运营成本方面尚存在一定的差距。

（四）在现有的体制下，互联网金融的资金获得成本较高，在成本竞争方面与传统金融机构存在差距

从现有的监管政策趋势看，互联网金融的地位比较尴尬。在政策定位方面，互联网金融平台机构是一种信息中介，这种信息中介的定位使投资者对其的信任度较低，这使互联网金融在获得资金方面，需要额外支出一个信任成本。而传统的银行等金融机构，天然具有国家信用背书，获得资金的成本相对要低得多。

对于这个问题，我们认为，需要从三个方面进行认识：第一，在政策层面，应对互联网金融平台进行分级分类管理。基于平台经济理论，对互联网金融平台进行分类，使平台在法律政策明确的范围内，承担不同的责任②；在这种情况下，高信任度的互联网金融平台能够以较低的成本获得资金。第二，强化互联网金融平台，尤其是"三农"互联网金融平台的正向激励。现有的关于互联网金融平台的激励，基本上都是负向激励，导致一些具有实力的"三农"互联网金融平台无法在现有的政策环境下脱颖而出。第三，利用互联网，积极进行资金互助等各个方面的金融创新试点。2017 年中央一号文件提出，"规范发展农村资金互助组织，严格落实监管主体和责任。开展农民合作社内部信用合作试点，鼓励发展农业互助保险"。我们认为，互联网金融平台与资金互助组织合作，可以作为"三农"互联网金融平台

---

① 一般情况下，一个农村白户的信用调查的支出为 1000～2000 元。在比较极端的情况下，一个农村白户的信用调查工作将需要花费 5000 元。具体包括：实地调查直接成本（1000 元）、个人相关数据购买（1000～1500 元）、行业数据购买（200 元）、行业专家咨询（500 元）、周边信用环境调查［大环境调查、农村信用环境调查等（实际上是村镇关系的处理）500 元］、数据处理及风控审查（300 元）、运营中心管理成本（500～1000 元），此外，还需要分摊一部分广告成本等。

② 关于互联网金融平台分级分类管理的相关建议，参见本书关于互联网金融监管研究的相关内容。

未来发展的一个方向。事实上,农村的房屋、土地承包经营权、林权、宅基地使用权,甚至畜牧活体等,在一定的范围内,都有其变现的价值,以这些资产的变现价值为基础开展资金互助合作,可以将互联网金融与资金互助结合起来,实现资金在更大范围内的融通。

五 "三农"互联网金融:总结与长期展望

(一)2016~2017年"三农"互联网金融的总结

总体来看,虽然互联网金融在2016年遇到了一定波折,但是,"三农"互联网金融由于更能体现互联网"低价、普惠、分享"等特点,也符合"三农"金融发展的需求,仍然保持着高速增长的态势,仍处于良性增长轨道。具体体现在以下几个方面:"三农"互联网金融交易额增长速度远远高于一般互联网金融;各类企业开始在"三农"互联网金融领域发力;各种金融模式都在"三农"领域拓展;"三农"互联网金融也没有出现恶性事件等。

第一,"三农"互联网金融领域并没有出现大型平台倒闭等情况。

2015年底,交易量位居2015年安徽P2P行业第一的"三农资本"被合肥警方刑事立案调查,这是"三农"互联网金融领域最大的一起恶性事件。2016~2017年,虽然有一些"三农"互联网金融领域的平台关闭,但均未酿成严重的恶性事件。

第二,"三农"互联网金融领域的融资持续增加,说明该领域越来越受到资本的重视。

根据网贷之家发布的报告,2016年网贷行业共发生75次风投融资,融资规模高达181.78亿元①。值得注意的是,截至2016年末,行业总融资规

---

① 但是,据零壹研究院数据中心不完全统计,从2010年初到2016年底,国内P2P网贷行业融资事件共计280起,其中207家P2P平台获得融资,总额在453亿元左右。融资案例和融资金额分别为92起和193亿元。

模约 351.73 亿元①，其中，2016 年融资额便占到总金额的 51.68%。

而在"三农"互联网金融领域，获得融资的平台并不少。据不完全统计，2016 年，有 9 家"三农"领域的互联网金融平台进行了 11 轮次的融资，占全年网贷行业融资总次数的 15%。值得注意的是，这些平台中，农分期与什马金融还于 2017 年初获得了新一轮的融资。

表 14 2016 年"三农"互联网金融领域的融资事件

平台名称	时间	融资额/轮次	备注
农分期	2016 年 1 月	数千万元/A 轮	2017 年 1 月，完成亿元级人民币 B 轮融资
什马金融	2016 年 8 月	近亿元/B 轮	2017 年 1 月，完成 B + 轮近亿元融资
理财农场（农金圈、农发贷）	2016 年 1～7 月	1.3 亿元/A 轮系列	3 月 18 日，农发贷成功获得近 9000 万元 Pre-A 轮融资
宝象金融	2016 年 12 月	亿元级战略投资	由企业宣布投资方为信达金控，有投资者曾对此怎么样融资提出质疑
宝象金融	2016 年 1 月	5000 万元	—
领鲜金融	2016 年 6 月	数千万元/A 轮	—
沐金农	2016 年 11 月	3000 万元/A 轮	—
大麦理财	2016 年 1 月	1000 万元/C 轮	大麦理财已转型为综合性互联网金融平台
可溯金融	2016 年 6 月	1.5 亿元/A 轮	—
PPmoney	—	3.75 亿元	
赢众投	—	500 万元	
来买地	—	1500 万元	
中和农信	2016 年 12 月	不详	蚂蚁金服战略控股

资料来源：作者根据网络公开资料进行整理。

相对而言，2016 年是互联网金融的资本寒冬，但"三农"互联网金融领域的融资事件有着快速的增长，这说明资本对"三农"互联网金融前景看好。从融资者所从事的领域看，"三农"领域的综合性理财、分期付款、

---

① 其中，2013 年及以前网贷行业吸引风投融资金额仅为 4.6 亿元，2014 年为 33.85 亿元，2015 年为 131.5 亿元，2016 年为 181.78 亿元。

消费金融、供应链金融等细分领域均有资本介入，这说明未来"三农"领域的互联网金融仍将会多点开花，步入一个新的发展时期。

第三，"三农"互联网金融交易额增长速度远远高于一般互联网金融。

如前所述，2016年，P2P网络借贷交易金额大约为2万亿元，增长率约为100%。而在"三农"领域，P2P网络借贷交易金额为400亿~450亿元，其增长率为250%。"三农"互联网金融的交易额增长速度大幅度提升，一方面是因为"三农"领域金融缺口巨大，另一方面也是因为在现有的监管框架下，"三农"互联网金融的分散小额、服务实体的特性，符合政策监管的方向。

从实际调研看，在"三农"领域，平均每增加3万元的资金流入，即可解决1个农村居民的就业问题，2016年，按照P2P网络借贷交易额400亿元计算，可以解决农村130万人的就业问题。这对我国农村稳定发展具有重要意义。

第四，各种互联网金融模式均已进入"三农"领域，行业内平台企业数量也有所增长。

2016年，"三农"互联网金融进入良性发展期，不但增长速度快，而且专注于该领域的互联网金融平台数量大幅度增加，为农村社会经济发展提供了助力。从具体发展模式看，融资租赁、消费金融、供应链（产业链）金融、众筹等模式都在农村获得了较好的发展基础，这为未来持续快速发展提供了助力。而进入2017年之后，由于政策环境趋紧，"三农"互联网金融的增长速度有所趋缓。但是，这种政策环境的趋紧，有利于将这个领域内的一些不合规平台清理出去，为行业发展创造一个稳定的、可预期的环境。

（二）"三农"互联网金融的长期展望

2016年的中央一号文件的第五部分第24条中提及，引导互联网金融、移动金融在农村规范发展。但是，2017年的中央一号文件《关于深入推进农业供给侧结构性改革加快培育农业农村发展新动能的若干意见》，对互联网金融的表述有了较大的变化，在第六部分"加大农村改革力度，激活农业农村内生发展动力"中，该文件对互联网金融的发展进行了描述，具体的描述方式是"鼓励金融机构积极利用互联网技术，为农业经营主体提供小额存贷款、支付结算和保险等金融服务"。那么，一号文件关于"三农"互联网金融表述的变化，是不是意味着"三农"互联网金融在长期来看会边缘化呢？我们认为，这一观点是不正确的。从长期看，"三农"金融所存在的缺口需要多种金融模式予以填补，"三农"互联网金融是不可或缺的一个环节。在《中国"三农"互联网金融发展报告（2016）》中，我们曾提出，"到2020年，我国'三农'互联网金融的总体规模将达到3200亿元。在'三农'金融领域的占比提高到4%～5%。具体而言，农产品生产、流通领域，其互联网金融规模将达到2500亿元，其中包括直接生产方面的金融支持2000亿元，以农产品供应链模式衍生的互联网金融产品规模（如三农众筹、互联网农产品订单质押贷款、互联网票据融资）达到500亿元，农村消费类互联网金融达到200亿元，农资互联网金融达到500亿元"。考虑到互联网金融政策的不确定性，我们在本年度适度下调前述预测。我们预测，到2020年，"三农"领域的互联网金融总体规模（不含互联网理财）将达到2400亿元。长期来看，"三农"互联网金融发展将呈现以下特点。

1. 互联网金融监管政策体系已基本形成，行业发展外部环境进一步规范化

2015年底国务院公布的《推进普惠金融发展规划（2016～2020年）》中，将"三农"互联网金融作为普惠金融的一个重要方面。2016年中央一号文件也明确了互联网金融在"三农"领域将大有作为。基于这一认知，2016年9月，G20框架下的普惠金融全球合作伙伴（GPFI）负责起草了《G20数字普惠金融高级原则》，并更新了《G20普惠金融指标体系》。很明显，"三农"互联网金融是数字普惠金融的一个重要方面。

从2016年来看，国家着手解决互联网金融发展过程中所存在的问题，建立互联网金融的监管政策框架。3月，有部分P2P网贷平台企业成为中国互联网金融协会首批会员。2016年4月，中国人民银行等十几个部委开始对互联网金融平台进行分类清理工作，10月，国务院办公厅公布了《互联网金融风险专项整治工作实施方案》，将根据清理分类的结果，按照方案进行整治。经过清理与整治，可以预期，未来，互联网金融发展的环境将更为优化。同时，中国互联网金融协会发布了《互联网金融信息披露——个体网络借贷》标准（T/NIFA 1—2016）和《中国互联网金融协会信息披露自律管理规范》，互联网金融将步入公开、透明的发展过程。

8月，中国银监会等四部委联合发布了《网络借贷信息中介机构业务活动管理暂行办法》，形成了P2P网贷监管的基础性规范。11月28日，银监会联合工信部、国家工商总局发布《网络借贷信息中介备案登记管理指引》，对现存和新设的P2P网贷平台的金融办备案登记做出管理指引，这将使现有的P2P网贷平台的发展更为规范。

从2016年出台的互联网金融监管政策可以看出，监管政策的目标是将互联网金融在普惠金融、"三农"金融等领域的独特作用发挥出来，将互联网金融发展过程中的"越线"行为纠正。监管环境的规范化，有利于激浊扬清，对不规范、高风险的平台起到驱逐作用，对"三农"互联网金融长期发展是有利的。

2. "三农"金融的缺口在短期内难以弥补，"三农"互联网金融的发展模式将持续创新

我国"三农"金融缺口仍然非常大。据《2015中国农村互联网金融发展报告》提供的数据，我国仅有6000万户农户能够在农村的银行金融机构中获得贷款（27%），有超过9000万户农户无法从正规渠道中获得金融支持。中国人民大学中国普惠金融研究院通过实地调查发现，目前，农村在金融机构普及方面，已取得较大的成效，但是，在农民获得金融支持方面，仍有较大的差距。他们在广西壮族自治区的调研表明，在该区农村，超过2/3的农户融资需要借助民间借贷完成。在农业大省吉林省，从民间渠道借款的农户高达89.52%，金融机构仅为40.19%的农户提供过贷款。这些数据说明，在"三农"领域，非正规的民间借贷仍然占据了主导地位，而正规机构提供的贷款支持仍不足以覆盖农户的需求。从全国看，据我们测算[①]，我

[①] 李勇坚、王弢主编《中国"三农"互联网金融发展报告（2016）》，社会科学文献出版社，2016。

国"三农"金融的缺口约为 3.05 万亿元。这一缺口的存在，为"三农"互联网金融发展提供了巨大的市场需求。

应该看到，金融供给缺口的存在，只是为"三农"互联网金融发展提供了理论上的市场空间。而未来"三农"互联网金融要弥补这一缺口，除了拓宽资金获得渠道、提升服务能力外，更重要的是，需要根据"三农"领域的特点，持续进行产品创新，以满足"三农"领域的金融需求。

具体而言，以下互联网金融产品的创新值得关注。首先，农业供应链金融的在线化。农业供应链与一般供应链有着很大的区别，主要体现在农业生产受自然因素影响较大，周期长，价格波动风险较高，为了解决这个问题，大数据、人工智能、物联网、云计算等新技术有着较大的作用空间。因此，将农业供应链与互联网金融进行深度融合，开发出更多的具有三农特色的供应链金融产品，是未来"三农"互联网金融的一个重要方向。其次，将互联网技术与农村原有的社区风控模式结合起来，积极试点基于互联网的互助金融。基于在线网络的资金合作社，能够打破局部知识的限制。农村领域金融发展的一个大问题是，农村各类主体的数据化程度不高，互联网难以将其优势充分发挥出来。将互联网与农村的局部知识结合起来，有利于将农村社区基于局部知识的风控优势发挥出来。最后，随着农村消费持续升级，农村消费金融将获得发展空间。利用互联网优势，拓展消费金融空间，将是"三农"互联网金融的一个亮点。

3. 各个代表企业将持续发力，推动"三农"互联网金融保持快速增长

如前所述，随着"三农"互联网金融的深入发展，各个代表企业正通过对农业、农村、农民的数据积累，打造出更适合农业生产经营与农村生活及农民特性的互联网金融产品，并对其商业模式持续进行迭代。例如，翼龙贷在 2016 年从业务合规、服务实体多维度服务借款人等方面对产品进行迭代升级。随着翼龙贷在农村领域的数据不断积累，合作机构持续增加，渠道下沉全面实现，未来仍将保持在"三农"互联网金融领域的领跑地位。互联网金融的代表企业蚂蚁金服在"三农"领域加大了投入力度，在 2016 年底时提出"三年谷雨计划"，计划三年内在"三农"领域带动 10000 亿元的信贷。而京东拟以电商平台为依托,将京农贷、小额信贷、白条、理财、众筹等产品进行整合,为"三农"领域提供全方位的金融服务。另外,京东还发布了京东金融云,加速人工智能在金融领域的应用,为"三农"互联网金融提供云计算、大数据、人工智能等方面技术支持。

4. "三农"互联网金融对社会经济的作用获得了各界的肯定

随着行业规模的扩大,"三农"互联网金融越来越得到社会各界的肯定。我们的调查数据表明,在农村地区每增加3万元的资金注入,就能解决1个农村居民的就业需求(全时或者季节性)。而据《中国普惠金融发展报告(2016)》,平均每贷款1元,可以增加其人均收入0.2018元,贷款1.1万元,其收入增长相当于增加1个外出务工人员给家庭带来的人均纯收入,或人均增加3.2亩耕地带来的纯收入。因此,互联网金融在"三农"领域的作用,得到了越来越多的肯定,也有越来越多的政策关注此方面。

5. 人工智能、物联网、大数据等新技术将对"三农"互联网金融的持续发展起到支撑作用

人工智能的发展,使金融跨越时空成为可能。在人工智能技术支持下,金融能够实现广覆盖、高效率、个性化、高安全。这为互联网金融在"三农"领域的持续发展提供了良好的发展动力。尤其是对农村居民而言,大量农村居民因为缺乏相应的信用记录而无法被央行的征信系统覆盖。人工智能技术的发展,能够帮助互联网金融平台突破现有的限制,为这些未被征信覆盖的农户提供金融服务。在"三农"领域,面对在传统金融机构缺少征信数据却又渴求获得信贷等金融服务的人群,人工智能可以通过庞大的互联网数据基础,精准反映用户人群画像、行为偏好,并预测未来征信状况,从而扩大授信范围。

人工智能与"三农"大数据进行迭代,能够为互联网金融提供更大的发展空间。例如,利用农业大数据,对各类种植业的风险能够进行更科学的评估,以提供更符合农业生产发展需要的金融产品。

理 论 篇

Theory Reports

B.2

"三农"互联网金融的社会结构分析

王 弢*

摘 要: 从社会资本理论的视角来看，"三农"互联网金融具有良好
的社会资本增值和结构优化的性质，是一种有益于社会的正
向激励行为：一是有助于实现投资人安全、高效的投资行为，
提升投资人社会资本和社会贡献；二是有助于实现借款人
（小微企业农户）快捷优质的借款行为，提高借款人社会融
入和关联程度；三是有助于实现互联网金融平台对正规金融
服务的有效补充，有效推动金融民主化发展，激发社会创新
动力，有利于建构关注弱势群体的金融社会生态。为此，本
文尝试建构了"三农"互联网金融的社会信任指数体系（IF-
STI 1.0）。

---

* 王弢，博士，北京农业职业学院副教授，主要研究领域为农业经济学、农业产业规划与人力
资源开发等。

关键词： "三农"　互联网金融　社会结构　社会资本理论　社会信
　　　　　任指数

一　投资人

互联网金融投资人作为消费者和债权人的属性已经得到社会公认，但我们
还应关注到：互联网金融消费者（包括投资人和借款人）是金融消费者在互联
网金融领域的延伸和拓展[①]。这个覆盖广泛的群体实现了向普通群众的转变，其
交易强调快速、便捷、高效，呈现跨区域、跨市场、跨行业的特征，而互联网
金融产品在开发和设计中具有的复杂性和专业性却是一般金融消费者所不能体
验的，其存在交易主体之间信息不对称、地位不平等，因而各级监管部门和互
联网金融平台格外需要关注对这个群体的风险教育、产品告知和权益保护。

自 2014 年起，互联网金融形成"爆发"的局面，其服务对象由精英阶
层向普通大众延伸，这就意味着社会大众的权益更易受到损害。从金融服务
的体量看，各级政府监管的核心应当不仅仅是防范系统性金融风险和避免
"大而不倒"，还应当重视互联网金融与社会层面的"关联度太大"问题，
也就是，需要根据互联网信息服务特殊性来加强互联网金融消费者（包括
投资人、借款人两个方面的）权益保护。

表1　2016 年网贷行业交易情况汇总（网贷之家）

月份	投资人数（万人）	借款人数（万人）	人均投资金额（元）	人均借款金额（元）	成交量（亿元）
1	289.58	74.77	45029.12	174398.79	1303.94
2	257.04	64.89	43965.53	174154.72	1130.09
3	286.09	76.98	47678.35	177192.78	1364.03
4	298.04	79.84	48010.67	179222.19	1430.91

---

①　冯乾：《互联网金融消费者权益保护的难点与化解思路》，《经济观察报》2017 年 1 月 15 日。

月份	投资人数（万人）	借款人数（万人）	人均投资金额（元）	人均借款金额（元）	成交量（亿元）
5	329.5	96.52	44921.7	153353.71	1480.17
6	338.27	112.41	50661.01	152451.74	1713.71
7	348.19	115.39	52549.76	158569.2	1829.73
8	351.8	135.31	54300.74	141179.51	1910.3
9	345.43	146.94	56369.45	132514.63	1947.17
10	344.39	144.42	54752.17	130564.33	1885.61
11	396.77	192.5	55380.7	114147.53	2197.34
12	411.88	203.97	59319.71	119785.26	2443.26

2016年3月以来，互联网金融行业的国家和各地监管细则纷纷落地，国家版的指导原则和地方版的监管细则，均是以中国人民银行、中国银行业监督管理委员会颁布的《网络借贷信息中介机构业务活动管理暂行办法》（以下简称《暂行办法》）为基础，各地则结合本地实际情况加强了可执行性和操作性。在各种监管细则中，对于"合格投资人"进行了清晰的界定和明确规定，这将有利于投资人权利和义务的明晰，有利于加强监管和服务。

《暂行办法》中对于投资人已有清楚的人群界定，相关法律条文表述为"参与网络借贷的出借人，应当具备投资风险意识、风险识别能力，拥有非保本类（或较高风险等级）金融产品投资的经历，并熟悉互联网"[1]。相较而言，法律表述得比较笼统，而《广东省互联网金融风险专项整治工作实施方案》则对国家版的监管细则进行了延伸和细化，文件规定："要求对出借人进行合格审查，对出借人的年龄、财务状况、投资经验、风险偏好、风险承受能力等进行尽职评估，不得向未进行风险评估和风险评估不合格的出借人提供交易服务。"[2] 这就要求投资人在投资之前，需要像购买银行理财产品一样预先接受专门的风险承受能力测评，包括但不限于网络调查、问卷

---

[1]　中国银行业监督管理委员会：《网络借贷信息中介机构业务活动管理暂行办法》，2016。

[2]　广东省人民政府：《广东省互联网金融风险专项整治工作实施方案》，2016。

调查、柜面谈话以及电话访谈等风险专项评估。然后，互联网金融平台根据投资人的风险承受能力评价结果推荐与之匹配的理财产品（债权）。浙江省的文件规定了从源头上对投资人进行专业的筛选，并对投资人进行初步的风险教育，也就意味着风险承受能力低的投资人将被推荐安全系数较高的金融产品，但相应的投资产品（债权）预期年化收益率也就越低；风险承受能力越高的用户可供选择的投资产品（债权）越丰富，预期获得越高的投资收益率。一般来说，个人投资者只要在互联网金融平台注册账号，绑定身份证信息和银行卡即可进行投资，按照各个平台的最低金额起投。但广东省的网贷监管细则，将会改变这个现状，进而影响到全国。对于风险承受能力较弱的投资人，如不熟悉互联网的老年人、农民等有较大影响，互联网金融平台提供的产品（债权）与银行理财、货币基金等相比，其产品风险普遍偏高，加之国家已经明确互联网金融平台为网络信息中介，不具有承担刚性兑付的责任，所以，一旦投资 P2P 产品出现延期兑付、坏账风险时，对弱势的投资人的影响将是巨大的。因此，对互联网金融投资人来说，有责任配合互联网金融平台认真进行风险评估，在准确评价自己的风险承受能力之后再去合理投资，而不要盲目追求高收益。

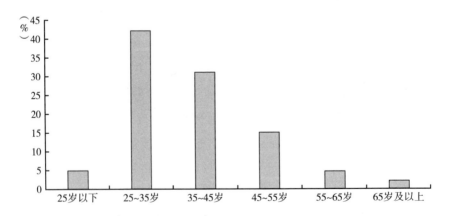

图 1 互联网金融平台投资人年龄平均分布

资料来源：翼龙贷，2016。

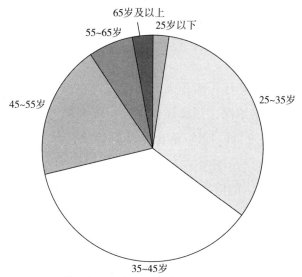

图2 互联网金融平台月度投资人平均投资金额分布

资料来源：翼龙贷，2016。

专栏1 为什么有许多人投资人选择互联网金融理财？

1. 资金收益：网贷平台一般的收益在 10% 左右，高于银行储蓄、银行理财、信托、股票、私募。

2. 投资风险：网贷平台的风险比银行理财、信托高，但比股票、私募要低不少。大部分借款人借钱都有实际用处，大部分借款人最后都能归还利息。我们赚的钱并不是靠后来者接盘，也不是靠别人亏钱，即便少部分坑蒙拐骗和逾期坏账，但大部分人都能赚钱。对于投资股票市场而言，散户获取信息的难度也非常高，市场的信息很不对称，交易所、投行、上市公司机构的投资人拥有更多的内部信息，散户处于食物链的最底端，博弈中连"出卖"对手的资格都没有。除了极少数天赋异禀的牛人外，大多数人注定是亏钱，7 亏 2 平 1 赢是必然结果。

3. 投资门槛：网贷平台基本无门槛，相比信托、私募要低很多。

4. 资金流动性：网贷平台期限灵活，且大多数平台可以债转，流动性整体中上等。

资料来源：作者根据各互联网金融平台论坛整理。

目前，以网贷行业为代表的互联网金融平台服务标准还未制定，但是为了保障投资人的利益，建议互联网金融平台提前准备，做好如下三个方面工作。

第一，对借款人进行风险分类，让投资者在投资之前能够充分了解所需借款客户的基本情况，到期还款风险。最好的办法是类似于银行的做法，将借款人分为 R1～R5 等五个风险等级，数值越高，风险程度越高。

第二，对风险较大的借款人融资项目提高投资准入门槛，并限制风险承受能力较弱的用户在平台的投资行为。部分客户可能在进行风险测评时，为了能够投资更多的理财产品而刻意提高自己的风险承受能力，这种"作弊行为"对投资人和互联网金融平台都有可能造成损失。

第三，加强投资人的风险动态评估。在投资前和进行新产品投资时，都要对投资人进行风险评估，可以采取网络问卷和电话随机调查等方式，可以广泛应用新的金融科技和人工智能技术。此外，对于投资高风险产品的投资人还需要进行个人信息二次核对和随机电话访谈，并多次进行风险提醒，让投资人充分了解产品风险。

投资人进行互联网金融平台投资时，其关注点的进化流程是：资质—出资方—无担保方式—风险准备金—资金托管方式—银行存管方式—既往投资记录和交易损失记录—同领域的投资记录与交易损失记录等。投资人在投资时关注的问题，事实上，都在关注一个核心内容——平台是否"合规"，当政府监管全面展开后，整个行业合规发展属于经营常态，投资人的关注点就需要整体转移。最终投资人还是要学会分辨风险，有多少的分辨风险的能力，就能获得多少的收益，这是投资的必然结果，也是互联网金融行业发展的必然结果。

专栏 2　怎么样才能成为一位合格的互联网金融投资人？

1. 实名认证

在网络借贷平台进行交易的投资人与借款人应当实名注册，且必须通过网络借贷信息平台联合公安部门进行信息的核实，网贷交易平台在需要投资人及借款人使用交易密码为核心技术的电子签名、电子认证时要采取物理措施，始终保障交易全流程的数据真实性、完整性及电子签名、电子认证的法律效力。实名认证、电子签名等都是作为一名合格投资用户应当具备的基础条件和法律依据。

2. 金融认知教育

在国内网贷平台用户中，还有一些知识水平较低却具有大额闲置资金的老年人、中年妇女，这类群体因为认知有限、容易被忽悠、风险意识薄弱，往往会变成不法平台最喜爱的一类用户。这就要求网贷平台必须加强投资人的风险教育，强化投资人的风险认知与承担能力。突出全流程的风险提醒和风险预警。

3. 资金合法性管理

投资者应当保证出借资金是合法、自有资金。一切非法所得或借来的钱都不能作为投资的本金，这不仅要求投资人提升自我综合素质、法律意识、社会意识，还要求网贷平台对投资人的风险承受能力、金融投资能力、资金状况等金融信息进行综合性的动态评估，按照风险分级进行资金使用管理。

4. 交易风险评估与分级管理系统

网络借贷平台应当根据动态的风险评估结果，对投资人实行动态化的分级管理，设置交互性、动态调整的出借限额和出借权益限制，从法律法规的角度，网贷平台不得向未经核实真实信息的、未经过风险评估的投资人提供金融服务。

资料来源：网贷之家，2017年2月21日。

二　借款人

2016年末，央行统计的社会融资规模存量为155.99万亿元，是2011年末的2.03倍，而2011～2016年这6年的社会融资规模平均增速达到

15.7%。其中，农村贷款余额达到 23.01 万亿元，小微企业贷款余额达到 20.84 万亿元，分别是 2011 年末的 1.89 倍和 1.94 倍①，可以认为金融机构服务实体经济取得了一定成效，对于农村借款人和小微企业的作用明显。但是，我们还要看到，近些年来，民间借贷随着实体经济的振兴也有持续 10 年的发展了，借贷利息也水涨船高，导致很多借贷人需要多方筹措才能偿还借款，从一定意义上来说，混乱不堪的民间借贷对于农村金融的发展是不利的，对于金融服务并不完善的农村地区会造成更大的危害②，这些都需要引起各级金融监管部门的格外重视。

农村金融机构的借款人主要分为三类：一类是农民专业合作组织，随着国家及各地对于农民专业合作社的多项优惠政策落地，各地的农民合作社快速发展。农民合作社对生产资金的需求也在逐年增加。根据农业部的相关调查，在涉农投资主体中，农民专业合作社为 169.09 万户，占六成多。另一类是私人农业企业。一部分外出打工农民在积累了技术等人力资本和启动资金等货币资本后，返乡进行多种类型的创业，从而使农村私营企业增加，这些农业企业、家庭农场即将成为发展现代农业和开拓优质农产品市场的主要力量，在涉农投资主体中，私营企业共 100.75 万户，占 36.38%。另外，还有各地农民自行组织的资金互助合作社。出借金额小，且借款人大多为本村或者资金合作社的社员。其贷款利率低于商业机构的同期贷款利率，且多为信用贷款，金额不超过 5 万元，大多数在 2 万元以下。

而农村金融机构借款的个体农户的社会属性也发生了较大的变化。据《2016 年度中国"三农"创富报告》发布的信息，我们注意到一批在东部工业和商业发达地区打工的农民工从城市回到中西部县城或者乡镇，返乡农民工一般选择在离居住地更近的城镇或出生的乡村进行创业，成为"乡村复活""乡村再造"与创新创业的新生力量。从结构上

① 牛娟娟：《金融服务实体经济是对金融的本质要求》，《金融时报》2017 年 2 月 24 日。

② 刘旷：《今年 BAT 不玩红包了 互联网金融开始拼"内功"》，《华夏互联网金融》2017 年 2 月 1 日。

分析，可以发现，这批创业带头人除了传统的农村能人外，还有不少农民工、大学生（高职生）和人数不少的城市居民也回乡离城开始农业创业。

据农业部测算，截至 2015 年底，农民工返乡创业人数累计超过 450 万人，约占全国农民工总数的 2%；根据人力资源和社会保障部的测算，"十二五"期末，大学毕业生返乡创业比例达到 1%[1]。报告还指出，这些返乡创业群体具有几个社会特征。

一是创业主体多元化。第二代乡村企业家正在成长。农村能人成为创业带头人的核心，大学生村官和返乡大学生则是重要的组成部分，从乡村走出去又返乡的农民工、退役士兵和农村青年则是创业的骨干和有生力量。

二是新一代创业者具有高学历、知识丰富和社会关系网络强的特点。这些返乡创业者具有与传统创业者不同的新特征，其自身所累积的社会资本和人力资本都比上一代强许多，这就为农村产业转型升级和乡村商业发展提供了知识和判断基础。据我们调查，这些返乡创业群体对农业科技、知识产权保护、电子商务与市场营销、现代化物流等新手段、新技术比较了解，在注册品牌、互联网营销方面占据优势，成功概率高，是培育乡村产业和企业的主体力量，推动乡村产业的技术创新。

三是女性成为农民创业的新资源和新动力。《2016 年度中国"三农"创富报告》还显示，女性创业群体不仅分布广，遍布在北京、上海、江苏、山东等东部经济发达地区，并且在湖北、重庆、四川、云南、西藏、陕西等中西部省份都有分布。女性创业者比男性创业者呈现更明显的"高学历、高起点"的特征，专科及本科以上学历占 76%，女性创业者在创办公司、合作社的规模及效益方面也与男性创业者相差不大，可见女性在社会地位上有了较大的提升。

---

[1] 《2016 年度中国"三农"创富报告》，《人民日报》2017 年 1 月 20 日。

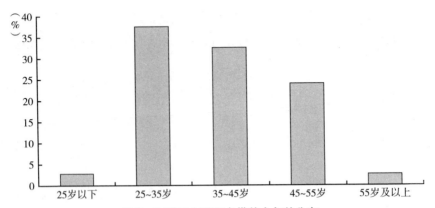

图3 互联网金融平台借款人年龄分布

资料来源：翼龙贷，2016。

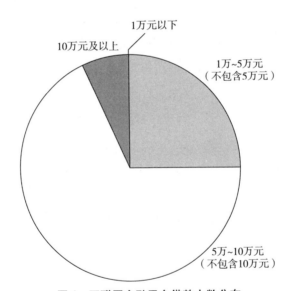

图4 互联网金融平台借款人数分布

专栏3 公益性小额信贷对农村女性影响调研报告（节选）①

2009年，宜农贷用小额信贷的方式，创新性地提出"以出借代替捐赠"

————————————

① 宜信宜农贷官网，2017年1月18日。

的理念。截至 2016 年底,超过 168642 位的爱心出借人通过宜农贷支持超过
2 亿元的资金。

公益性小额信贷的借款究竟给农户带来多大的影响?2016 年,在合作
机构的支持下,宜农贷针对农村贫困女性进行了专项调研。以下为主要
结论。

1. 公益性小额信贷可以显著提升家庭收入水平

单纯依靠公益性小额信贷,农户可以比借款前增加 30% 的收入,平均
增长额约为 16850 元。农户借款每增加 100 元,可使年收入平均增加 27 元。
公益性小额信贷可以显著提升农户家庭收入水平,对处于收入水平两端的农
户影响更大。

2. 公益性小额信贷有助于增强女性的个人事务自主决策权

根据宜农贷的走访发现,女性借款人借款年限越长,女性在资金使用中
的自主决策权越大,越能自主决定是否资助自己父母生产生活的资金,或者
自主购买满足个人生活的高档商品。

3. 农村地区公益服务仍有较大缺口

调研发现,89.89% 的农户有获得公益服务支持的动机,但只有
50.28% 的农户接受过公益性小额信贷机构提供的公益服务。在接受过公益
服务的农户中,99.63% 的农户表示这些服务对他们有帮助。其中需求最大
的公益服务主要有免费医疗服务(64.15%)、妇女知识讲座(60.38%)和
就业创业技能培训(54.72%)。

资料来源:宜信宜农贷,2017 年 1 月 18 日。

同时,还需要关注农民的征信系统建设。涉农的征信系统应该成为
"十三五"期间农村金融发展的重点和基础性工作。这不仅仅因为我国社
会信用体系建设严重滞后,而农民的生产消费仍然主要集中在线下进行,
有效的社交、消费数据无法形成,占全国人口半数的农民的征信记录是
空白的;还在于农民的借贷行为会因自然气候、市场波动等因素,风险
较高,信用评估较为困难。征信数据缺失问题给"三农"互联网金融平

台筛选和甄别客户带来较大的困扰,对风险管理提出了较高要求。

事实上,现有的"三农"互联网金融平台主要依托线下的合作商(合作伙伴)去收集农户的信誉、口碑、人缘、习惯爱好等"软信息"。但由于"软信息"无法量化,更多地依赖于入户调查人员的本土经验,采集方式较为麻烦,信息收集成本较高,与农行、农信社、邮储银行等涉农金融机构相比,"三农"互联网金融平台并未体现出信息获取比较优势。为此亟须做以下工作。

第一,基于农村公共信用信息数据,建立一个共享的智能化数据平台,拓宽数据的信息采集和甄别渠道,从而建成包括多种公共服务信息在内的更加完善的农户的信用档案数据库。

第二,完善体制机制,银行和互金平台等各方面加快数据合作,形成具有中国特色的新型农村金融征信系统。

第三,形成中国人民银行征信局牵头、银行等正规金融机构和经过认证的互联网金融平台相结合的数据采集平台和征信验证平台,通过政府的政策支持,初步建立农村征信体系,形成升级的、持续更新的数据平台。

三　互联网金融平台

互联网金融平台积极拓展农村金融市场主要基于两个现实:一是我国各地区经济发展不均衡性和农村公共服务差别性十分明显,农村地区经济发展差异性很大,各地农村资金需求也不一致;二是农村大部分金融需求(理财、贷款、支付等)无法从正规金融机构得到满足,为此,互联网金融机构积极下乡抢占农村市场。

据网贷之家的统计,截至2016年12月底,涉及农村金融业务的互联网金融平台数量有335家,其中,主营业务集中在农村领域的互联网金融平台的有29家。互联网金融平台的涉农金融产品的平均年化收益率为9.8%左右,平均借款期限为9个月,平均借款金额为18.2万元。而2016年互联网金融行业的综合收益率一降再降,但平均年化收益率为10.45%,平均借款期限为 7.89 个月①，远高于传统金融机构。不难发现，互联网金融平台的涉农金融产品综合收益率要低于行业平均约 6.2%，而平均借款期限长于行业平均约 14%。②

表2　互联网金融平台主要"三农"金融产品比较

平台	区域	主要产品	"三农"金融产品开展模式	累计业务金额（截至2016年底）
翼龙贷	北京	翼农贷、翼商贷等	信用借款	482 亿元
希望金融	北京	惠农贷、兴农贷	第三方担保贷款	35 亿元
农信互联猪联网	北京	农信贷（农富贷、农银贷、农农贷、扶持金）	产业链金融、第三方担保贷款	260 亿元
信用宝	北京	惠农宝	农机抵押贷款	60 亿元
京东金融	北京	京农贷、农业众筹项目	供应链金融	不详
融租E投	北京	融资租赁	农资融资租赁	14 亿元
安润金融	北京	安润贷	第三方担保贷款	12 亿元
宜信	北京	宜农贷	信用贷	2.3 亿元
花果金融	北京	远山计划	O2O贸易平台合作	18 亿元
惠农聚宝	北京	惠农计划、直投散标	抵押贷	13 亿元
理财农场	广东	农优宝、种植贷	第三方担保贷款	75 亿元
自由财富	广东	金猪宝、应收宝、惠农宝、	应收账单融资、第三方担保融资、生猪全产业链金融	不详
杉易贷	广东	杉农易贷	农批贷、货押贷款、农户联保贷款	12 亿元
绿化贷	广东	农户联保	农户联保贷款	7 亿元
农泰金融	广东	好采投、种植贷、经销商贷	产业链金融	26 亿元

---

① 数据来源于盈灿咨询。
② 网贷之家，2017年2月10日。

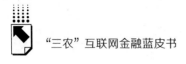

续表

平台	区域	主要产品	三农金融产品开展模式	累计业务金额 （截至 2016 年底）
三农金服	广东	三农智投、直投项目	信用贷、消费贷	2.9 亿元
可溯金融	浙江	优农企融贷、优企供应通、优企供应贷、正大项目集等	供应链金融、抵押贷	31 亿元
蚂蚁金服	浙江	旺农贷	—	不详

资料来源：作者根据网络和相关报告自行整理。

　　由表 2 我们不难看出，当前"三农"互联网金融平台在农村地区开展金融服务的主要模式包括信用贷款（无抵押担保贷款）、产业链和供应链贷款、第三方担保贷款、农户联保贷款、抵押贷款和融资租赁等多种类型。受制于我国农村市场信用机制的不健全，在农村开展信用贷款的平台数量并不多。据我们调查，当前从事农村信用资金撮合业务的平台主要是宜农贷和翼龙贷，而宜农贷则是公益性质的互联网金融平台，其服务对象是农村贫困妇女，年化收益率仅为 2%；翼龙贷则主要通过"平台 + 合作商"的方式开展业务，平均年化收益率在 10% ~ 12%。大多数互联网金融平台采取抵押贷款方式，但受制于农户贷款抵押物不足的情况，"三农"互联网金融平台服务对象也多为家庭农场主、小型农业企业、农民专业合作社和部分农产品商贸（物流）公司。

　　自 2015 年以来，一些"三农"互联网金融平台也积极与农业生产关联机构合作，将农产品批发市场、农业生产核心企业、农村融资租赁公司、农村物流平台和农村电商平台等进行不同程度的整合，为农村发展提供金融支持。还有部分"三农"互联网金融平台选择与农业龙头企业合作，通过农村供应链进行融资，以应收账款或者销售订单为抵押物，为农业生产的核心企业的产业链条提供金融服务。如，杉易贷通过在全国布局批发市场来布局农业产业链的后端市场，一旦贷款农户无法还款，平台可通过这些市场来处置质押的农作物，通过产销两端包括流通环节的整个链条上的服务，来降低风险。

但我们还注意到，2016年以来，多家互联网金融平台的获客成本已经高达800元~2000元/人，为此，各个平台加快了人工智能的引进，加大了研发力度，但收效有限。陆金所2015年亏损额高达4.15亿美元，其中80%~90%是获客成本及系统投入。另外，随着各项监管措施的出台和落实，网贷平台也将重心放在合规上。完成平台限额、银行存管、外部审计、EDI备案、入指定的网贷行业协会等项目对于平台来说无疑都需要付出高昂的运营成本①。

表3 主要"三农"互联网金融平台的经营方式比较

平台名称	成立时间	主要借款客户	平均借款利率	平均借款金额	运作方式	收益分成	风险管控
翼龙贷	2007年5月	主要从事农业相关生产经营的农户和个体工商户	15%~18%	5万~8万元	采取"平台+合作商"的方式运作农民借贷市场，由合作商负责对接借款人，合作商和平台共同进行风控审核，在借贷双方之间发挥信息传递和撮合功能	借款人在支付借款本息外，向平台和合作商支付一定的服务费	建立"入户调查+合作商审核+平台复核"的多级风险防控体系
宜农贷	2009年	中西部偏远地区需要资金支持的农村妇女	2%	9000元	与当地公益性小额信贷机构合作，将投资人的资金出借给偏远地区信用良好、有资金需求的贫困农户	由宜信公司负责所有运营经费，为公益性扶贫模式	平台通过农村合作机构审核信息，而后发放贷款的借款人，并不能向借人保证款项全部返款

---

① 据我们对部分互联网金融机构的访谈，2016年8月以后随着监管细则的逐步推进，各互联网金融机构都存在三方面压力：第一，网贷平台的运营费用增幅较大。根据《网络借贷信息中介机构业务活动管理暂行办法》，网贷平台不得不在12个月内完成合规整改，否则有关门倒闭的风险。"合规"意味着网贷平台要做大量耗费时间、精力和费用的与借贷业务无关的事情，而这些费用也使网贷平台不得不降收益。第二，信息披露带来的成本费用。暂行办法规定了网贷平台必须进行充分的信息披露，包括平台应披露其风险管理体系的基本情况，如平台运营模式、风险管理情况和技术安全水平（IT系统数据安全等），这就增加了运营的难度和社会关注程度。第三，与银行开展和第三方资金存管的成本费用。监管落地之前，网贷平台曾出费用与第三方支付进行资金托管。此后，监管要求网贷平台走银行存管渠道，新的一笔费用产生，用户体验也受到影响，但这是合规的必经之路。另外，"合规"也会造成人力成本的增加，网贷平台必然要聘请相关财务、法务人员，还要再增加与信息披露相适应的新技术研发人员，势必增加平台人力成本。

平台名称	成立时间	主要借款客户	平均借款利率	平均借款金额	运作方式	收益分成	风险管控
安润金融	2014年2月	农户和农村小微企业	未知	3万元	依托安华农保的农村服务机构,主推小额分散的纯信用贷,还有部分车、房抵押贷款,根据抵押物估值		采取线上与线下、总部与地方双重审核,严选借款人
可溯金融	2014年3月	农户和农村小微企业	未知	未知	与正大集团等合作企业签订合作协议,在接待流程中采用基于产业链而形成的农村金融信贷新模式	借贷资金直接进入合作企业的账户,借贷农户购买生产资料时专款专用;农产品销售后,合作企业将收购资金返还可溯金融,多余资金付给农户作为收益	与正大集团等企业合作实现资金闭环运行,正大集团提供优质客户,平台发房定制化的金融服务和产品

专栏4 可溯金融打造"资金闭环模式"①

通过对农业生产场景和农户社交场景的考察,并对借款人的还款能力和意愿进行了全方位的考察,再结合可溯数据对全产业链的覆盖、监控,可溯金融在互联网金融行业内的风控质量在竞争中领先一步,并率先在农村产业链金融中做到了一定的规模。2015年,可溯金融与泰国正大集团签署合作协议,正大为可溯提供经验足、资质高、风险低且还款能力较强的潜在服务对象;可溯为正大下游采购饲料的经销商和养殖户制定个性化的金融服务产品,以解决其扩大经营规模所带来的资金周转难题。在此过程中实现资金闭环模式。

在贷前,经过前期的摸索与实践,可溯平台采用互联网化的线上申请。例如,农户通过互联网提交相关资料,即描述其养殖场规模、产值和体现养

---

① 《布局农村金融,这家公司抢在了蚂蚁前头》,中国网,2016年12月28日。

殖场规模面貌的无剪接、无 PS 的视频、相关照片等。鉴于不少农户都位于偏远农村，可溯采用了电子签章形式与养殖户签订合同。这种网签方式，在很大程度上提高了授信效率，降低了双方的沟通成本，同时也易于形成可批量执行的业务规模。整个过程中，项目资金一直处于安全的闭环中，这在保障资金专款专用和养殖户利益的同时，也确保了可溯资金的安全性。这种有别于传统金融机构的信审和放贷模式，也逐渐成为农村地区新金融发展的一种新趋势。

目前，可溯与正大的合作业务覆盖较大，包括湖北的武汉、宜昌、襄阳、恩施，还包括河南的开封、安阳、平顶山、洛阳、新乡等地区，目前共计合作放款达 6000 万元，可溯金融与正大集团的合作已经形成了颇具黏性的良性循环。

从 2016 年起，农村的"两权"抵押贷款进入深入推广和全国发展的新阶段。但通过土地流转获得相应的金融服务的瓶颈一直没有破解，农村金融也无法更好地破解农户抵押范围狭窄的问题，从 2015 年开始，国务院决定开展"农村承包土地的经营权和农民住房财产权（两权）抵押贷款试点"（国发〔2015〕45 号）。2016 年中央一号文件又提出"发展林权抵押贷款"，2017 年中央一号文件更是提到"探索开展大型农机具、农业生产设施抵押贷款业务"。这就造成，以两权为代表的新产品开发中，互联网金融平台和银行处在同样的起跑线上，但互金平台的认可程度比较低，且对于农村土地市场的进入时间较短，前期与银行相比较会有一定的滞后性和差距。我们相信，随着农户抵押物范围的不断拓展和评级体系的不断完善，"三农"互联网金融平台可选择的借款人范围将不断扩大，业务模式不断增多。

专栏 5 "三农"互联网金融平台的 O2O 模式

"平台＋合作商"（O2O）模式是指"三农"互联网金融平台在全国各地择优挑选合适的小贷公司、担保机构等作为合作商，平台与合作商之间签订合作协议，在法律上构成委托代理关系。合作商则负责寻找融资项目和借款农户，并核实借款人的信用记录，将信用记录良好的借款人上传给网贷平台，网贷平台负责对借款项目和借款人进行二次审核，利用收益分成机制对合作商进行激励。该模式的最大特点在于，平台将债权对应的项目审核及担保剥离给相关的合作商，平台只负责信息展示和提供债权交易与撮合交易，平台与合作商之间相互依存，互相激励。一方面，平台可以放大担保机构的资金倍数；另一方面，合作商可以为平台寻找优质小微融资项目和优质借款人。该合作模式有助于平台迅速做大规模，快速进入当地市场，充分发挥合作商的本土化优势，从而部分或全部缓解农村信贷市场的信息不对称。

以翼龙贷为例，平台根据合作商的资质制定撮合资金的业务目标，并根据债权质量情况动态调整。合作商在本地范围内寻找客户，并实地上门调查、走访邻居、采集信息，录入翼龙贷平台，平台基于监管部门制定的借款余额上限及合作商的业务目标对符合条件的客户提供资金支持，在平台上实现资金流向的管理、动态监测。平台向借款人收取的年化利率在 12% ~ 18%，还按借款金额提取一定比例的服务费，与合作商协商分成。在日常经营中，合作商需要承担房屋场地租赁、人员费用等成本。平台一旦出现"还款逾期 30 天以上"的情况，翼龙贷与合作商会通过电催、质催等方式，对该债权进行催收。

资料来源：赵华杰、黄迈《涉农 P2P 网络借贷平台、运营模式、主要问题及发展建议》，《农村金融研究》2015 年第 11 期。

由此看来，"三农"互联网金融平台涉农金融服务模式主要有以下 4 个特点。

（1）以信用贷款为主

借贷市场中，农民缺少可供抵押的资产，"三农"互联网金融平台还是主要采用信用贷的形式，还有部分是抵押贷，需要进一步拓宽贷款产品线。

（2）重视线下团队

从农民的社会资本属性来看，农民的社会关系变动性不大，连接的社会资源很有限，因而"三农"互联网金融平台大多倾向于采用线下布点与网络服务相结合的方式，调查员和催收员需要通过入户调查和催收，才能收集到准确的信息，更好地完成交易行为。

（3）高度重视风控

一直以来，农村信贷市场的信息不对称问题十分突出，对"三农"互联网金融平台的风控提出了较高要求，一方面，需要平台不断开发新的产品和技术，服务更多的投资人和借款人；另一方面，甄别真实有效的债权和借款人信息不仅需要技术手段，更多的时候需要"人海战术"，这就造成了"三农"互联网金融平台的利率居高不下。

（4）强化战略合作

通过战略合作，一是选择更稳定的资金来源；二是发挥农业产业链较长的特点，将全产业链的相关资源进行整合，降低资金风险；三是进行技术升级和市场拓展的需求，这样的战略合作有利于扬长避短，发挥协同效应，如联想控股与翼龙贷开展战略合作，安润金融与安华保险的战略合作等。

专栏6 "四化"构建移动互联网金融基因[①]

相比以 BAT 为代表的互联网巨头，传统金融机构在移动互联网金融行业中属于市场跟随者，但在市场竞争中传统金融机构仍具备产品、风控等多项优势。如何识别移动互联网金融基因，基于"On"状态的中国消费者特性，规划其产品、服务、渠道，是传统金融机构亟须解决的问题。

1. 社交化

·关注并有效利用网络社交平台的庞大客户基数。

·运用大数据技术，收集来自公共论坛、社交媒体上的关于产品及服务的评价和反馈，并着手进行优化。

2. 移动化

·由 PC 端转向移动设备端。

·提供随时随地的贴心服务。

---

① 普华永道：《2016 年移动互联网金融报告》，2016。

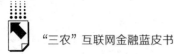

3. 专业化

· 培养专业化的人才团队。

· 设计独特的、线下渠道无法提供的特色产品和服务。

· 依据严格的移动互联网金融思维，重新设计风险管控体系。

4. 场景化

· 将金融产品及服务结合场景，融入非金融生活需求中。

· 与娱乐及其他受众广泛的行业或场景进行结合，联合开发创新的移动互联网金融产品及服务。

2016 年，以翼龙贷为先行实验者开启了升级之路。除了蚂蚁金服、京东金融等巨头加紧布局农村的步伐外，涉农的 P2P 平台也从 2015 年底的不足 20 家增至 335 家①。进入市场的主体骤然增多，资本市场对农村市场的认可不言而明。供应链金融、消费金融、"两权"抵押等细分领域在农村金融市场的出现，资本对农村市场的关注日渐升温，均说明了农村市场的成熟。为此，需要提醒"三农"互联网金融平台对合作商（伙伴）的管理注意 3 个方面。

（1）合法管理，有效激励，提升服务质量

平台的有效运行与合作商（合作伙伴）关系十分紧密，合作商（合作伙伴）的经济实力、风险意识、道德品质、技术手段都将决定平台可持续发展的关键因素。一定要按照签订的合作协议，做好双方的权责明确；按照相关法律法规，切实履行双方的责任与义务，并制定合理的利益分配机制，加强对合作商的全方位激励，加大对日常工作的标准化运行和三个重要阶段的绩效考核，防范经营风险、道德风险的发生。

（2）合规运行，合理宣传，提高社会声誉

2016 年是互联网金融整治之年，国家相关部门密集出台了多项管理办

---

① 据网贷之家的不完全统计，截至 2016 年 12 月底，含农村金融业务的 P2P 网贷平台数量有 335 家，其中专注于农村金融业务领域的 P2P 网贷平台有 29 家。

法，作为以"三农"领域为服务主体的各个互联网金融平台必须严格执行国家的相关制度，将经营活动严格地局限在金融信息服务领域，并且积极探索各种互联网技术手段，加强正面宣传，强化信息搜集和整理工作，真正深入农村实际场景，准确了解农民的借贷需求和风险偏好，也可以开展各种有效的金融教育活动，提高农民和小微企业对互联网金融平台的准确认识。

（3）强化监管，防范风险，提升政策效率

中国互联网金融协会会长李东荣提出，在市场发展与监管中，互联网金融的规范发展应该是"以服务实体经济为导向，以发展普惠金融为重点，以提升风控能力为关键，以先进性技术为驱动，以开放共赢合作为基础"，这就要求互联网金融平台通过发挥互联网链接世界的力量，消除金融的地域歧视，通过网络平台，积极吸引城市富余资金回流农村，以城市反哺农村，形成良好的资金循环。而且，互联网金融还可以依托技术优势，基于农业生产的特点，设计周期灵活的金融产品，更好地满足农民的需求。互联网金融平台应积极以国家相关政策为准绳，提高平台的信息透明度，使投资人即时获知贷款投向和贷款质量，使借款人能够即时掌握最新的金融服务产品和信息，更好地服务借贷双方。互联网金融平台应以技术创新降低违约风险[①]。如选择部分地区和部分产品进行贷款利息用待售农产品来抵扣的金融产品实验。根据农产品生产和销售周期，贷款的农民只须按期还本，无须支付额外的利息和其他费用；利用智能手机和互联网平台的人群规模，可以帮助农民产品的推广与销售，也可以部分实现借款人和投资人的直接农产品交易，从而让农民增收致富，主营业务不断扩大，最终降低项目风险，使投资人能够更为放心地将款项投入"三农"互联网金融领域。

专栏7　京东金融"京农贷"助贫困户变身"羊老板"

2016年4月，由京东农村金融"京农贷"与中华联合财险、汇源集团共同

---

① 李雯珊：《广州e贷：打通农村金融服务"最后一公里"》，证券日报·中国资本证券网，2015年11月11日。

打造的"产业扶贫＋金融贷款"扶贫模式走进濮阳，不仅为当地建档立卡贫困户提供低息养羊贷款，而且整合当地企业资源对接濮阳县精准扶贫，全方位为农户提供养殖服务，帮助濮阳县近400户贫困户成了名副其实的"羊老板"。

"京农贷"濮阳扶贫模式首先是将所有贫困户的肉羊采用托管模式进行集中管理，其次对对贫困户进行养殖技术培训，最后在扶贫标准化集中羊舍建成后，从中筛选若干脱贫带头人统一管理贫困户肉羊，以此通过脱贫带头人的示范作用，带动贫困户积极性，扶持其进行自主养殖。目前当地有371户农户变身"羊老板"，不仅有了属于自己的劳动资产，还可以每年从合作社领到一定的分红，生活发生了翻天覆地的变化。

2016年以来，"京农贷"已和包括中华联合财产保险公司、新希望六和、通威等在内的60多家企业达成深度合作，并通过和中华联合财产保险公司共同开发的"融资＋保险＋服务"的模式为包括黑龙江、新疆、内蒙古、河南、河北等在内的17个省份的种养殖业提供金融服务。

资料来源：苏畅、庞婧《农村中小金融机构没有外汇有任务资质？北京农商银行告诉你怎么办！》，《农村金融时报》2017年1月18日。

四 "三农"互联网金融发展的社会资本视角

（一）社会资本理论的基本内涵

最近十年，学术界初步形成共识，将社会资本作为一种非制度因素参与政策制定和评价。也有学者进行社会资本在金融领域的应用的相关研究。

社会资本理论（Social Capital）是最近30年发展起来的一个新的研究范式和技术手段，该理论以社会网络（Social Network）[①] 为基础，为研究者和推广者提供了一个认识社会的新视角和新领域。法国社会学家皮埃尔·布

---

① 罗家德：《社会网络分析讲义》（第二版），社会科学文献出版社，2010。

迪厄（P. Bourdieu，1977）在《区别：趣味判断的社会批判》中提出社会资本是"实际或者潜在资源的集合，它是由相互默认或承认的相互关系组成的持久网络系统，而关系系统或多或少是制度化的"。① 世界银行（1998）通过对西方主要社会学家的社会资本理论进行比较研究，最终形成一个广义的定义：一个社会的社会资本包括组织机构、关系、态度与价值观念，这个系统将支配人们之间的行为，并促进经济和社会的发展②。

林南（Lin Nan，1999，2001）是蜚声世界的华裔美国社会学家，他从理性选择行为出发，在个体行动和社会结构的互动基础上，把社会资本定义为：个体为了从嵌入性资源获取回报而在社会网络中进行的投资③。这个定义具有非常重要的意义，他把社会资本放到微观、中观和宏观社会结构中进行系统论述，不仅揭示了社会资本的展开形式，还描述了矛盾运动和变化机制，不仅吸收了阶级资本、人力资本和文化资本等资本理论的成果，而且克服了关系论、功能论和集体论等方法论的局限，使社会资本研究进入新的理论境界，对于在中国开展社会资本研究具有十分重要的借鉴意义④。换而言之，我们可以认为，社会资本作为一种社会关系投资行为和决策方式，在市场运行中是有回报期望的，它是在目的性行动中获取和得以激发，关键在于这种资源是嵌入社会结构中的。社会学界通常认为，社会资本理论包括三个主要过程——社会资本的投资、社会资本的获取和动员、社会资本的回报。

结合国内外的相关研究成果，我们对社会资本的定义为：社会资本是建立在一定的社会结构（Social structure）、文化结构、组织结构基础上的信任与合作，这个功能是对社会关系的综合性反映和整合（王弢，2016）。组成社会资本的基本结构有三个：社会网络关系、社会规范及制度、信用及信

---

① 郭熙保：《社会资本与经济发展——社会资本理论的兴起：发展经济学研究的一个新思路》，《江西社会科学》2006 年第 12 期。
② 宋方煜：《企业社会资本对创新绩效的影响》，吉林大学博士学位论文，2012。
③ 〔美〕林南、张磊：《社会资本：关于社会结构与行动的理论》，上海人民出版社，2005。
④ 杨茹艳：《农民创业群体的社会资本的代际对比》，南京航空航天大学硕士学位论文，2011。

图5　社会资本结构

任①。其运行机制是社会连带—联结关系—资源结构—社会效益。

　　社会资本理论对农村非正规（民间）金融发展的影响也得到了理论和实证研究的证实②。农村社会资本具有三个特性：社会信任度的波纹性、社会规范的隐形强制性、社会网络关系的关联性和重复性③。这就造成如下结果：第一，农民对家庭以外的、社会上更广泛的陌生人关系的社会信任度较低，农民的社会资本建立在家族和与之相关联的私人朋友圈子，借贷行为也一般发生在这样的社会群体中，最多也就是本村人群中。第二，农村社会规范强调同一性，一般体现为诸如口碑、声誉等各种非正式制度，农民在本乡（本土）生活的关键是"活人"，也就是实现声誉的最大化，名声不好的人很难在乡村生活下去，甚至有很多人为此背上沉重的名声负担。第三，我国农村社会网络的基础在于家庭亲友关系，个体农户的借贷行为一般发生的社会网络基础就是以亲缘、血缘关系为关联的人际关系网络。这种具有联结性和重复性的关系，是通过血缘关系的延续得以累积和增值的，也可以认为是无形资本④，它具有双重功能：一方面可以维系家族的经营运转，另一方面

---

① 郑艾林：《社会资本形成及其变迁的因素分析》，华中科技大学博士学位论文，2011。

② 陈硕：《社会资本视角下的我国民间金融发展问题研究》，北京交通大学博士学位论文，2015。

③ 杨小玲：《基于社会资本视角的新型农村金融机构可持续发展研究》，《石家庄经济学院学报》2010 年第 1 期。

④ 这种无形资本的最大价值在于维持家庭的社会关系的稳定性和增值性，很多时候并不是直接用来交易，但其具有的边际效益是社会学家和经济学家都非常关注的研究课题。对于这个问题的研究，中国著名的社会学家费孝通先生在《乡土中国》和《生育制度》等社会学经典文献中有精彩的论述，有兴趣的读者可以与林南先生的著作进行对比阅读。

能够惩罚破坏信任关系的人或行为，从而形成相对稳定的合作机制和共同态度，是维护农村社会网络稳定的重要因素。

为此，结合社会资本理论，我们将农村社会资本的属性和作用机制应用到"三农"互联网金融领域，势必需要关注三个重要的结构：信任、规范和关系网络。对于"三农"互联网金融而言，信任机制是核心机制，并尝试通过建立互联网金融社会信任指数（IF Social Trust Index，IF-STI）来评判"三农"互联网金融发展程度。

专栏8　京东金融的乡村推广员计划

京东在600多个县城开设县级服务中心，兼有形象展示、代客下单、实物体验和配送等功能，并发展超过10万名乡村推广员，以期撬开农村市场。县服务中心的选址，按照四条标准综合考虑：第一，是不是京东自有配送覆盖的地区；第二，是否单量在日均100单以上；第三，是否进入百强县名单；第四，当地是否有专门负责大家电配送、安装和售后的京东帮。乡村推广员则通过乡村管家平台来管理，登录管家平台后，推广员能看到自己的营销业绩、用户发展数量等，也能了解京东每天推送的有竞争力的促销活动。招募乡村推广员最核心的问题是信任问题，很多时候碰壁是因为对方担心是来做传销的。

资料来源：李志刚《下一个金矿：农村》，知乎专栏。

（二）"三农"互联网金融社会信任指数（STI）的结构

互联网社会信任指数主要包括三个维度的内容：一是投资人对互联网金融平台的信任度，二是借款人对互联网金融平台的信任度，三是互联网金融平台的社会信任度。借鉴普惠金融指数的编制方式，普惠金融指标分为可获得性（Access）、使用情况（Usage）、服务质量（Quality）三个维度，该指标体系具有较好的信效度，其被广泛应用于G20集团的普惠金融基本指标、国际货币基金组织（IMF）的金融可获得性调查和普惠金融联盟（AFI）的

"三农"互联网金融蓝皮书

普惠金融核心指标体系，只不过在具体指标上设置不同①。我们认为：符合中国国情的"三农"互联网金融社会信任指数需要设置三个维度，分别是可获得性（Access）、关联程度（Relation）、服务效果（Performance），并且从投资人、借款人和互联网金融平台进行拟合。

表4　互联网金融社会信任指数的指标体系（IF-STI，2017）

评价维度	描述性指标	具体指标	单位	性质	数值范围
可获得性 A	地理维度的服务渗透 AG	每万平方公里的互联网金融服务机构	个	+	≥0
		每万平方公里的互联网金融从业人员	人	+	≥0
	人口维度的服务渗透 AP	每万人拥有的互联网金融平台数	个	+	≥0
		每万人拥有的互联网金融平台从业人员数	人	+	≥0
	金融业务的服务渗透 AF	互联网金融平台人均理财金额占当地人均 GDP 的比重	%	+	0～100
		互联网金融平台人均贷款金额占当地人均 GDP 的比重	%	+	0～100
关联程度 R	互联网金融平台的客户关联程度 RC	拥有互联网金融平台投资账户的成年人所占比例	%	+	0～100
		在互联网金融平台借款的成年人比例	%	+	0～100
		使用网上支付和平台相关增值业务的成年人比例	%	+	0～100
	互联网金融平台的虚拟社群连接程度 RN	使用互联网金融平台虚拟社区的成年人比例	%	+	0～100
		使用微信、QQ 群等线上交流通道的成年人比例	%	+	0～100
	互联网金融平台的技术关注程度 RT	及时关注互联网金融平台的技术升级的成年人比例	%	+	0～100
		向现实人群解释互联网金融平台技术的成年人比例	%	+	0～100
服务效果 P	法律权益保护指数 PL	投资人、借款人、借贷平台	分	+	0～10
	信用信息深度指数 PT	投资人、借款人、借贷平台	分	+	0～6
	征信服务覆盖程度 PC	投资人、借款人	%	+	0～100

---

① 肖翔、洪欣：《普惠金融指数的编制研究》，《金融论坛》2014 年第 9 期。

　　同时我们还要特别关注，不论投资人还是借款人，基于互联网金融平台这样一个新型组织，他们之间的信任机制是多重关系建立的基础和关键。根据学者的相关研究，建立人与人之间高度信任的五种途径是①：①计算途径是指一个人评估对方或者平台欺骗或诚信的成本和收益（主要是财务和信息），从而决定是否信任对方，这也就建立了双方或多方合作的信任基础；②预测途径是考察对方既往信息和历史记录进行现实评估，而此评价过程会受到信息残缺和历史资料缺乏验证等多种因素的限制；③动机途径，由己方理解对方的行为，并按照对方的意图进行合作或者交易的行为就是利他动机，该动机具有两面性：一是由己及人，二是由人及己，而且这两个过程是交错进行的；④能力途径是指己方信任对方是因为经过评估后认定对方具有履行义务的能力，而且这种能力具有持续稳定性和确定性；⑤转移途径是指信任可以把双方的信任转移给第三方，形成多方信任，从而在不熟悉的情况下扩展信任。我们认为这种机制在互联网金融平台中应用极其广泛，是投资人或借款人将平台中的既往信息进行评估后与第三方的验证进行综合评价，判断标准基于平台的背景和行业特征，从而信任平台的经营能力和风险控制水平，在平台中选择适合自己的债权进行组合投资或借贷，这些行为都可以认为是一种理性行为。从这种信任关系建立的基础上我们可以进一步分析得出，以合作经历、目标承诺、合作时间、依赖关系与投机行为等五个视角观察互联网金融平台的信任关系建立途径，当然这样的途径也不是完全准确的，它是在日常生活中观察和进行问卷调查之后得到的初步的结论。相关信息如表5所示。

表5　投资人和借款人对互联网金融平台的信任建立途径

信任建立途径	社会信任特征	行为结果
合作经历	平台服务嵌入社会关系网络中，投资人、借款人的信息交流和学习行为的存在，以往的合作经历往往能在互联网空间和现实区域中迅速传播，并在新的合作开始的时候被继承和模仿	借贷双方在平台的愉快合作经历能够促进相互信任，不愉快的合作导致信任的部分丧失甚至完全丧失

---

①　翟学伟、薛天山：《社会信任：理论及其应用》，中国人民大学出版社，2014。

续表

信任建立途径	社会信任特征	行为结果
目标承诺	目标承诺可以使互联网金融平台沉淀成本,从而使双方能够相互信任而不是看成偶然的机会,减少不确定性	承诺减少了不确定性和机会主义,培养了合作,决定了可信赖性
合作时间	平台存在时间是合作的重要选择条件,相比较而言,存活时间越长的平台更易于建立相互信任关系,其合作关系的时间长度与投机行为负相关	持续性的合作降低投机行为发生频率,减少合作的盲目性和成本,增强投资人、借款人的荣誉感和信任强度
依赖关系	借贷双方对平台的信任会随着时间变迁而推移,外部因素的诱导会对最优的信任水平产生偏差,但这种偏差是对信任与相互依赖性的匹配的应急反应	越稳定的关系将会建立相互依赖,也会使投机行为大大减少
投机行为	投机行为与信任负相关,使得信任成为必要	投机行为削弱了借贷双方对平台的信任基础,长期的机会主义行为很容易遭受对方的报复和模仿,形成信任的恶性循环

通过以上五种常见的途径,借贷双方能够在有限的信息环境中,尽可能按照自己的标准,选择合适的投资债权和借款方式进行交易,也就是在理性选择的基础上决定是否信任互联网金融平台,这种信任关系具有层次性和不稳定性,是从较低层次信任到较高层次信任发展的不同阶段,从不稳定性到稳定性再到不稳定性的循环,这对于借贷双方来说都有不同的体验和结果。

(三)社会资本理论在"三农"互联网金融领域的应用

1. 多边信任关系的建立是社会资本的基础

投资人对互联网金融平台的信任是投资的起始,借款人对于互联网金融平台的信任是商业发展的动力,互联网金融平台对投资人和借款人的信息披露是信任建立的基础。借贷双方之间的大部分信息能通过互联网金融平台相互了解、相互掌握,将有助于平台业务的推广。现代金融制度是建立在关系信任基础上的①，其关系结构的建立依赖于家庭、宗族、村庄等亚社会基础②，其核心在于传统的"熟人社会"，这种社会关系在一定程度上有利于减少投机行为、防范由信息不完整造成的误判等，不仅能降低信息检索成本，而且能降低信任成本，并建立相对稳定的信任关系③。

2. 社会规范的约束是社会资本增加的基础

平台的信息不对称体现在两个方面：投资人的风险偏好、借款人的还款能力（经济和心理）。农户在农村金融生态中依然尊崇"欠债还钱"的朴素真理，同时受社会规范的约束，普遍认为还钱不及时"脸上没光"，羞于见人，一旦有钱就及时还款，同时也在意"熟人社会"中的评价和个人声誉，为此可能潜移默化形成还款意愿。通过示范和模仿效应，从而影响其他借款农户或中小企业主的道德、风俗、行为习惯等，提升其信用价值和相应的社会资本。"熟人社会"④ 是一种相互制约的因素，也是农村社会资本增加的重要途径和制度环境。

3. 关系网络的确立是社会资本优化的基础

国内外学者已经就我国农村社会的网络化特点达成共识，张其仔教授提出的"乡土社会网络"（Indigenous Social Network）就是代表性的概念⑤。乡土社会网络的秩序主要靠民间的非正式制度来保证⑥，这也是"三农"互联

---

① 陈硕：《信任视角下的民间金融发展问题研究》，《生产力研究》2014 年第 7 期。

② Fukuyama F. Trust, *The Social Virtues and the Creation of Prosperity*, Published by New York Free Press.

③ 陈硕：《社会资本视角下的我国民间金融发展问题研究》，北京交通大学博士学位论文，2015。

④ 有些互联网金融平台经过充分调研和分析利弊，以农村"熟人社会"为展业基础，将合作模式引入金融行业，通过在本地招募具有金融相关从业背景、享有一定社会名望、拥有一定社会关系的合作商，设立属地化的运营中心。所在区域的业务则由合作商进行拓展、借助农村"人情网"采集征信资料、按需完成贷后管理工作。而后逐渐演化成其独创的商业模式——同城 O2O 模式，即将"线上信息撮合"与"线下风险防控"相结合。这也是一种社会资本的有效整合和实践应用。

⑤ 张其仔：《新经济社会学》，中国社会科学出版社，2001。

⑥ Granovetter, M. "Economic Action and Social Structure: The Problem of Embeddedness", *American Journal of Sociology* 91 (3): 481 – 510.

网金融生存和发展的社会基础。一般来说，缺乏农户个人信用状况，"三农"互联网金融平台只能通过借款人的配偶、亲戚、邻居、村民等社会关系网络来获取有关信用信息，这种"软信息"处理是需要了解借款人的农村社会关系网络的，平台可对搜集来的信息进行多角度甄别，这样就降低了发生运营风险和道德风险的可能性。另外，这种关系网络又建立起一种类似于"信用保证"的信任关系，通过农村比较封闭的圈子中具备的隐性的社会制裁力，防范产生欺诈和信用风险，也有助于农村的社会关系网络的重建和优化。

4. 开放共赢的场景是社会资本生态系统的基础

中国互联网金融协会会长李东荣在中国新金融高峰论坛（2016）上提出：互联网金融发展需要"以开放、共赢、合作为基础"，这样的发展理念对于"三农"领域也是非常适用的。当前，互联网发展已经进入公平、开放、互动、共享的数字化、信息化时代，那种还是沿用封闭式、割据式的传统金融发展思路已经无法适应时代的要求，互联网金融平台应该建设基于社会资本发展新理念，积极采取与利益相关者合作共赢、供需主体有效互动的生态理念。一方面，依托传统金融机构拥有良好的风控体系和定价模式，掌握大量基础性的交易信贷数据，拥有良好的金融专业人才，具备较好的社会资本，能够为互联网金融平台提供专业化的支持，弥补其风控、定价、人才发展、产品设计等方面的能力不足。另一方面，互联网平台则占据网络入口优势，掌握广大农户、农民合作社、家庭农场和小微企业的海量行为数据，基于客户的社会资本较低或者结构不够完整，为此可以开放客户资源、技术能力、金融云服务等，与相关合作伙伴创新金融服务，从多个方面提供技术支撑。通过二者的优势互补，开发全社会的社会资本，提升金融市场服务实体经济的效率与质量，构建适合社会资本良性发展的金融生态系统。

专栏9　格莱珉银行基于社会资本的工作机制①

格莱珉银行成为"穷人的银行"且能够取得良好成绩，是因为其有一

---

① 冯兴元：《以商业性微型金融激活贫困地区发展》，《中国城乡金融报》2014年7月9日。

整套的工作机制，其中包括如下几个。

客户预筛选机制：贷款金额小，借款人自组织小组和中心，连续7天的信贷政策培训和其后的口试，定期小组和中心会议制度，这些都有助于提高贫困瞄准度等。

非正规的成员间监督和制裁机制：小组成员之间的相互监督，在贷款纪律上有一定的压力，一旦不能还款，成员的信用和信誉受影响，也将影响其他小组成员的借贷机会等。

风险防范机制：借贷和还贷都在中心会议上进行，使整个贷款过程保持透明度；信贷员不从本地聘用，杜绝其发放"人情贷款"；一旦发生违约风险，协助借贷人解决问题，而不是通过司法途径追债；通过利率的风险定价来弥补贷款损失等。

信息与互信机制：定期小组会议和中心会议有利于增进信息沟通和互信；信贷员居住在他所负责的村庄，经常走访借款人，不需要借款人到银行的分支机构去申请贷款等。

参考文献

周怡：《我们信谁？关于信任模式与机制的社会科学探索》，社会科学文献出版社，2014。

翟学伟、薛天山：《社会信任：理论及其应用》，中国人民大学出版社，2014。

边燕杰：《社会网络与地位获得》，社会科学文献出版社，2012。

罗家德：《社会网络分析讲义》（第二版），社会科学文献出版社，2010。

〔美〕林南、张磊：《社会资本——关于社会结构与行动的理论》，上海人民出版社，2005。

张其仔：《新经济社会学》，中国社会科学出版社，2001。

高名姿、陈东平、周明栋：《农民合作社：发展农村合作金融的有效平台——基于社会资本理论的解读》，《安徽农业科学》2016年第5期。

徐璋勇、杨贺：《农户信贷行为倾向及其影响因素分析——基于西部11省（区）

1664 户农户的调查》,《中国软科学》2014 年第 3 期。

李炎亭:《社会资本与农村金融体系创新》,《甘肃社会科学》2013 年第 9 期。

杨小玲:《基于社会资本视角的新型农村金融机构可持续发展研究》,《石家庄经济学院学报》2010 年第 1 期。

郭熙保:《社会资本与经济发展——社会资本理论的兴起:发展经济学研究的一个新思路》,《江西社会科学》2006 年第 12 期。

陈硕:《社会资本视角下的我国民间金融发展问题研究》,北京交通大学博士学位论文,2015。

徐丽鹤:《中国农户私人借贷与农村经济发展问题研究》,西南财经大学博士学位论文,2014。

方舟:《社会资本与小微金融的可持续发展》,厦门大学博士后论文,2011。

冯兴元:《以商业性微型金融激活贫困地区发展》,《中国城乡金融报》2014 年 7 月 9 日。

B.3

"三农"互联网金融对农村经济
发展的贡献：理论、机制与路径[*]

李勇坚[**]

摘　要：　互联网金融与"三农"有着好的契合基础。"梁启超不可能
　　　　　定理"表明，在农村地区，非正规金融仍有着较大的发展空
　　　　　间。互联网金融无论是作为正规金融的补充，还是作为非正
　　　　　规金融模式，都存在超越"梁启超不可能定理"的可能性。
　　　　　其核心是互联网能够在一定程度上消解信息不对称性，更好
　　　　　地服务于长尾市场，并为长尾人群积累信用资本建立良好的
　　　　　基础。这种模式还能使城市资金反哺"三农"领域。在具体
　　　　　实现路径方面，互联网金融作为"三农"金融的重要补充，
　　　　　能够促进农村供应链金融发展，并支持电商创业，实现农村
　　　　　一二三产融合发展，为"三农"领域做出更大的贡献。

关键词：　"三农"互联网金融　农村经济　农村供应链金融

互联网金融在"三农"领域能够开展起来，一方面说明"三农"领域
存在很大的市场空间，另一方面说明传统金融服务没有服务好这一庞大群

---

* 刘开宇参与了本文初稿部分内容的写作，谨此致谢。但是，本文所有的错误与遗漏均由作者
　本人承担。
** 李勇坚，研究员，教授，博士后合作导师，博士，中国社会科学院财经战略研究院互联网经
　济研究室主任，主要研究方向为互联网经济、服务经济等。

体。从本质上看，"三农"互联网金融是普惠金融的一种形式。这说明互联网金融对"三农"发展有很大的契合空间。首先，互联网金融本身的服务对象就是中小企业和个体，而在中小企业和个体中，亟须金融支持而当前金融服务又最薄弱的自然是"三农"领域。其次，"三农"金融本身的风险特征也不同于传统金融。其独特的风险特征使互联网金融有着更大的应用空间。最后，发展"三农"互联网金融不仅践行了普惠金融的理念，更是响应了当下党中央提出的"乡村振兴""精准扶贫"号召，履行互联网企业的社会责任。

我国农村地区发展滞后于城市地区，伴随经济的快速发展和城市化进程的不断推进，实现农民增收、农业增效，是一个必须研究的重大问题。改革开放以来，我国农业生产体制发生了两次重大变革，这两次变革对我国农业现代化水平的提升具有重要意义。第一次变革是家庭联产承包责任制。源于安徽省凤阳县的家庭联产承包责任制，其重要目的在于发挥广大农民的生产积极性，解放农业生产力，核心是建立农业生产的激励机制。联产承包责任制的实行，使沉淀的农业生产力得到极大的释放，丰富了农产品生产，解决了农产品短缺的问题。但是，随着社会主义市场体制的建立，农业生产的高度分散化与农产品需求的市场化之间的矛盾、农业生产技术进步如何实现、政府与市场关系处理、分散化生产的农产品质量控制等问题，都阻碍着农业向更高阶段升级发展。因此，一方面，农产品市场上出现了农产品供需对接困难，农民无法获得稳定的可预期的利益问题。另一方面，农产品质量安全事故时有发生，消费者深受其害。在这种背景下，"农业产业化经营"作为农业生产领域的第二次革命①，被提上了议事历程。"农业产业化"作为我国农业现代化的重要实现途径，涉及的问题远远超出农业生产的范畴，而是一个完整的经济链条。在农业产业化经营的背景下，出现了各种农业经营主体，以及为农业生产服务的社会化服务体系。这些新型的经营主体与模式，都对农村金融服务提出了新的要求。而现有的"三农"金融体系存在金融

---

① 牛若峰：《再论农业产业一体化经营》，《农业经济问题》1997年第2期。

服务产品单一、手续复杂、交易成本高、覆盖面不足、难以适应农业生产需要等问题，这使"三农"领域的金融服务产生了巨大的供给缺口（李勇坚等，2016）。

而互联网金融应用到"三农"领域之后，能够较为有效地降低"三农"金融服务的交易成本，扩大覆盖面，实现金融服务产品多样化与多元化，这有利于缓解农村金融缺口。通过为农村提供更为丰富的金融产品，互联网金融能够在以下几个方面为农村经济社会发展做出贡献：为现有的"三农"金融发展提供更完善的产品体系与服务途径；为农村居民积累信用资本；推进农业供应链金融的发展；为农村电子商务等新型经营形式提供金融支持；促进农村地区一二三产融合发展。同时，互联网金融服务于"三农"领域，还能增强农村与其他地区的经济联系，促进农村就业的本地化。

本文按以下方式进行组织：第一部分是互联网金融服务于"三农"领域的理论基础；第二部分是具体运作机制的分析；第三部分是发展路径分析，最后是本文的一个小结。

一 互联网金融服务于"三农"领域的理论基础

我国"三农"领域的金融服务存在可获得性差、覆盖面不足、效率低下等问题，其原因在于现有的"三农"金融对城市金融资源的综合利用不够，城乡金融资源不能共享，尤其是在借助现代信息技术与业务创新促进城市金融资源为农村提供更好金融服务方面还远远做得不够。在支持农村金融方面，国家出台了很多相关政策，但这些政策的重点在于鼓励农村建立一整套农村金融服务体系。而互联网金融利用互联网、大数据、人工智能等新兴信息技术，使城市地区的金融资源自然延伸到"三农"领域，实现了"三农"领域金融服务的突破。这是一个创新发展思路。《2016年世界发展报告：数字红利》中就提出，数字技术的广泛应用，给许多人的生活带来更多选择与便利。通过包容、效率和创新，数字技术为贫困及弱势人口提供了以前无法企及的机会。

（一）信息不对称理论

信息不对称提高了金融服务"三农"的成本。互联网金融利用新兴信息技术，使金融机构能够尽量多地收集"三农"领域的信息，并为更好地利用这些信息提供更好的技术手段，这对解决信息不对称问题提供了新的思路。理论上讲，有效提高信息对称性是互联网金融企业从事金融服务的最大优势。借助互联网平台，互联网金融企业可以将融资者的信息充分展示给投资者，让投资者"用脚"投票。互联网金融企业对借款人所提供的各项信息的真实性进行审核，确保提供给投资者的信息具有表面真实性。对于从事"三农"金融服务领域的翼龙贷而言，其服务对象——"三农"本身就具备复杂的异质性，群体众多而又各不相同，借款资质千差万别，像银行等传统型金融机构由于成本等因素不可能针对每笔"三农"贷款都进行审核，金融服务不仅不充分，而且融资额度受限。在互联网金融平台上，每个借款者的基本信息、项目情况、还款记录和担保手段等都公之于众，投资者自主选择是否投资某个项目，从而实现信息的及时传递和资金的高效流通。

借助互联网金融企业搭建的网络平台，其平台边际服务成本和投资者进行投资的"鞋底成本"① 均可以忽略不计，其收取的只是一个平台费用或者叫信息中介费，极大地降低了交易过程中的交易费用，让资金得以"最小耗散"地传导到实体经济。

（二）长尾理论

长尾理论（The Long Tail Theory）是对互联网商业模式的一个理论解释。在互联网广泛应用之前，各种机构广泛应用"二八"法则确定客户服务的模式。也就是说，机构重视为其提供80%利润的客户，而这些客户往往只占潜在客户数量的20%。但是，互联网兴起之后，由于提供服务的边

---

① 鞋底成本（Shoe-Leather Cost）是指在投资过程中，用户需要到金融机构去办理业务而产生的成本。

际成本呈现下降趋势，机构为利润较低的客户也提供良好的服务。按照统计学中正态曲线的描述，头部代表了大多数，是主流倾向的体现，而尾部就是一些边际客户。在互联网兴起之前，交易信息传播渠道狭窄，实体企业只有抓住主流消费群体才能赢得市场，根本无暇顾及零散小量的需求，互联网的兴起打破了这一定律，通过将交易信息集中在网络上发布和共享，也能服务于利润率很低、数量庞大的尾部客户。

互联网金融能够迅速筹集众多的短期、小额社会闲散资金，"集腋成裘"，使资金进入庞大的金融供给市场。从资金供给方来看，互联网金融充分利用了互联网企业常提及的"长尾经济"这一概念，即通过触及看似不起眼的、分散的个体，将其汇聚起来成为可以对抗多个大客户的能量，阿里巴巴的服务理念、百度的搜索广告以及腾讯的互联互通都将服务的触角延伸到每一个普通人，从而在这些小白用户上积攒了未来发展的潜力。互联网金融企业的获客原理，就是长尾理论。

传统的理财渠道，除了债券和定期理财外，其他的理财渠道诸如银行理财或者基金、信托等都存在较高的投资门槛，这样才能获得更高的收益。互联网金融的爆发降低了理财门槛，一元即可起投。

传统金融机构由于其经营模式的影响，基本的服务模式是二八法则，即关注20%的大客户，并以其为基准，制定一系列的服务方案。长尾理论强调个体的重要性。这些个体单个来看对企业绩效的贡献非常小，但是，客户数量巨大，汇聚起来也能为金融机构创造不少的利润。核心是把成本最大限度地降低。

（三）直接融资理论

以银行为代表的传统金融机构，是一种典型的间接融资。在这种模式下，资金供求双方（存款人与贷款人）不见面，对双方的信息都不了解，对于资金的价格（利率）的确定，主要是由中介机构（银行）根据政策与经验进行确定，缺乏足够的弹性，存款人与贷款人在定价方面基本没有自主权。这种缺乏足够价格灵活性的融资模式，使传统金融机构在风险管理方面

更强调安全边际。

金融客户风险的发生是基于概率理论的。也就是说，金融机构一方面要尽可能将高风险（也就是违约概率高）的客户排除在其服务范围外，以降低风险；另一方面要尽可能多地给低风险（也是违约概率低）的客户提供服务，以扩大经营规模。从概率论来看，这实际上是一个不可能的问题。扩大用户规模，将更多的边际用户纳入服务范围，势必要增加风险。因此，银行必须选择对风险客户，尤其是边际客户进行放弃，缩小客户服务面，这样，使金融的覆盖面与金融的真实需求不相吻合。对于农村地区而言，大部分客户都处于风险边缘，因此，他们在很大程度上属于银行舍弃的那部分客户。这是"三农"领域金融服务供给不足的一个重要原因。

风险识别的一个重要任务就是将这些概率计算出来，这需要大量的数据与信息。在"三农"领域，由于缺乏农户的基本数据与信息，这些人的风险特征是无法进行计算的。因此，传统金融机构只能将全部"三农"经营主体都视为高风险客户，因而都要求其提供抵押或者担保。但是，我国农村财产制度并不健全，农民缺乏可供抵押的资产，这样，导致了"三农"领域的金融服务供给严重不足。

通过P2P平台，资金供求双方直接对接，投资者可以在平台上看到借款的具体信息，平台能够根据大数据以及线下实地调查情况，对信息进行核实，投资者综合这些因素决定是否出借资金。此外，投融资双方还可根据实际情况灵活设定期限，这更符合"三农"领域的资金需求特点。在"三农"领域，融资方对生产资金的需求受季节因素影响较大，因而对融资期限的灵活性要求更高。再者，由于资金供求双方直接产生借贷关系，P2P平台不设立资金池，没有资金结转、核算和运营资金池的成本，不必考虑客户挤兑等银行间接融资方式的风险，没有存款准备金比例的限制。因而投资者的资金几乎可以"零损耗"地到达融资者，且绝大部分的利差都返还投资者，平台只收取信息中介费用和一定的运维成本，因此，P2P是一种更加灵活高效、更符合"三农"需求特征的直接融资方式。

（四）梁启超不可能定理

由于"三农"金融对"三农"领域具有重要意义，所以，国家在很多政策上对正规的"三农"金融予以支持。但是，这种支持政策的效果明显有限。其背后的根源就是"三农"金融领域的一个基本理论，即"梁启超不可能定理"。这是梁启超在对王安石的青苗法进行评论时提出的一个论断。这个论断的基本结论是，即使国家大力支持正规金融在农村地区发展，对农村地区的非正规金融也不可能产生完全的挤出效应。

值得重视的是，"梁启超不可能定理"虽然来源于我国封建社会农村金融的总结，但对当前国内外农村金融的现状，仍具有很好的适用性。例如，霍夫和斯蒂格利茨（Hoff and Stigaliz，1990）的研究表明①，在发展中国家的农村地区，金融市场普遍都是二元化的。非正规金融市场对正规金融市场起到了很好的补充作用。

显然，"梁启超不可能定理"和现有的金融市场出清理论存在一定的背离。对此，有以下几个方面的解释：一是信息论的观点。该观点认为，正规金融机构虽然获得国家的支持，但是，在信息甄别方面处于劣势。因为大部分正规金融机构都属于从外面空降到农村地区，对农村地区的特定信息缺乏足够的收集、甄别、分析与处理能力，这使其面临很高的风险。二是政府责任论。这种观点认为，"三农"领域的金融机构，如果获得政府的政策支持，就会给农民造成一定的心理暗示，即受到政府支持的金融机构贷款是无须偿还的。这种观点得到了我们一些个案调研的支持，在很多地区，受到政府支持与风险兜底的优惠贷款，偿还率要远低于一般商业贷款。三是农村商业机会论。这种观点认为，农民受制于其产业发展特色、个人教育水平、创业能力等诸多方面的影响，在获得金融支持之后，很难以其为资本投入一个

---

① 霍夫和斯蒂格利茨写到，"发展中国家农村存在典型的二元信贷市场。在正式信贷市场上，金融机构向借贷双方提供中介，并收取很低的利率，而这个利率通常得到政府的资助；在非正式市场上，货币是由私人进行贷放的，包括职业放贷者、交易者、中间人、地主、亲戚和朋友等，一般超出他们自己的资产。

高收益的行业中，因而无法获得足够的利润来偿还借款。

从互联网金融在"三农"领域发展看，具备了超越"梁启超不可能定理"的可能性。互联网金融利用物联网、社交网络、大数据、人工智能等对多维度、多来源、多主体的信息进行收集与甄别，有利于破解信息难题，对信用风险做出准确的预判。在制度层面，大部分互联网金融企业都是市场化运营的，也避免了个体认为互联网金融有政府背景而放弃偿还责任。同时互联网金融与产业链金融、电子商务等充分融合，也有利于增加农村商业机会，使农民获得借款之后，能够投入盈利能力更高的行业中，能够获得利润偿还借款。

（五）信用资本化理论

从传统金融机构来看，其核心问题是要解决资金的跨期配置问题。在这种机制下，由于传统金融机构的风险评估模型特征，传统金融机构的风险评估模型中所纳入的绝大部分信息都是与财务活动相关的"硬信息"，尤其是资产信息、财务报表、抵押等方面的内容。而对于各种"软信息"，在现有的模型里，主要是用于参考，而非作为主要的风险评估依据。

"软信息"无法进入传统评估模型的原因在于：第一，"软信息"的收集难度较高。"软信息"包含的维度多，例如，被评估人的社交信息、社会关系网络、社会交往圈层等，这些信息具有非常多的维度，收集起来困难很大。第二，"软信息"的处理难度较大。"软信息"大部分都是非结构化数据，这些数据非标准化程度很高，没有较好的处理工具。第三，"软信息"与个人信用之间的关联关系难以找到。

而利用互联网金融，可以引进大量的新兴信息技术，从而实现对"软信息"的收集与处理，并通过大数据的方法，找到"软信息"与个人信用之间的关系，从而为建立更为精准的风险评估模型打下基础。在农村地区，个人信用一般无法用"硬信息"来表达，因为农民的财产因为受限于问题不能抵押，也缺乏财务报表、纳税记录等相关报告。互联网金融利用农村地区特有的生产、交往、交易、生活等多维度的信息，打造符合"三农"特色的风险评估模型，能够更好地契合"三农"的需求。

在这个过程中，利用互联网技术，能够帮助农民积累信用资本，使其具有更加有力的发展后劲。在此前的研究中，我们已经证明，信用资本化是解决"三农"金融存在的问题的一个很好的理论框架（李勇坚等，2016）。

二 互联网金融服务"三农"：运作机制

互联网金融在"三农"领域的应用与发展，在本质上不是一种简单的对传统金融模式的替代，而代表了其对"三农"金融服务的深化，因此，这需要更加切合"三农"领域的金融运作机制。从发展实践看，互联网金融将城市资金通过互联网平台输送"三农"领域，建立更加符合"三农"现实的运营模式，采取各种手段保障投资者的利益，对"三农"领域做出了一定的贡献。

（一）从虹吸效应到资金反哺，引导资金服务于实体经济

当前农村金融面临的最大问题是资金净流出。传统金融机构在这个过程中扮演了"抽水机"的角色，将农民存款等农村富余资金源源不断地输往制造业和服务业，由此带来了资金上的"虹吸"效应，使本就缺乏金融扶持的"三农"领域在整个金融体系中更加弱势。

"三农"领域成为中国金融服务体系中最弱的一环。传统金融机构并不能帮助"三农"领域实现自我造血的目标，这是其服务定位和"嫌贫爱富"的属性决定的。从服务定位看，现有金融机构的营利性定位及服务于城市的经营模式，使其在发挥作用过程中，受到成本、风险评估模型等诸多方面制约，从而不断缩减在"三农"领域的服务规模。从服务能力看，在农村社会中，传统的各种非量化关系，如亲缘、血缘、宗缘、地缘等，在农村文化中占据了主导地位，成为农村人际联系的主要模式，这也造成了农村特定的社会结构。在这种社会结构下，大量的非正式制度或非正式规则，对农村的生活关系起到了支配的作用。这些关系在传统正规金融机

构的模型里基本没有体现，这使这些正规金融机构在农村地区的业务难于开展。

P2P、电商融资等互联网金融模式，为农村金融注入了新的活力，一批线上理财汇聚、线下风控核实的互联网金融企业不断涌现，有效地实现了城市闲散资金反哺"三农"。这些机构以互联网大数据为基础，将各种传统社会关系纳入分析的视野，这样对农村地区的特定信用关系可以进行更为深刻的描述。还有一些 P2P 平台，如翼龙贷以 O2O 为模式，以大数据模型为基础，结合线下的各种熟人关系，对缺乏信用记录的农户或其他农业经济主体的信用状况进行较为全面的刻画，使这些主体重新获得信用，在此基础上，利用互联网平台，引导城市资金顺利流入农村地区，使城市对农村从资金虹吸向资金反哺转变。

在"三农"领域，所涉及的生产经营都属于实体经济，通过互联网金融平台的作用，将城市资金注入"三农"领域后，这些资金基本都投向了实体经济，是一种真正立基于实体经济的模式。

（二）线上撮合 + 线下运营 + "三农"大数据

"三农"领域的互联网金融，并不能脱离中国"三农"发展的现实，只利用线上的数据进行风险审核，而是需要借助风险控制的技术，通过大量线下数据的收集，建立基于大数据的风控模型。

风控是金融永恒的主题。这是一个值得深入探讨的主题。"三农"领域存在数据化程度不够、收集数据困难等问题，因此，线下的实地考察与数据收集是一个必不可少的环节，这是很多专注于"三农"领域互联网金融的企业的经验。

大数据的利用是一种必然的手段。"三农"领域并不缺少大数据，而是缺少对数据进行收集与整合的能力。例如，通过对某一特定农产品相关的投入品的大数据，结合天气、卫星遥感等方面的大数据，可以对该农产品的产量进行预测，并根据市场需求的大数据，可以进一步对该农产品的市场行情进行分析，从而可以评估从事该类农产品生产的农户的风险。又如，通过对农村交往关系大数据的分析，可以对个体的信用状况做出更为准确的评估。

从未来发展看，"三农"大数据的运用，将是未来互联网金融向农村地区拓展的一个重要方面。这种大数据，将随着互联网金融的深入发展体现出更大的价值。

（三）保障投资者，降低风险

"三农"本身具有高自然风险、高市场风险的"双高"特征，产业抗风险能力较差，因此，"三农"领域的融资对借款人的审核条件比较严格。同时为了防范出现借款人不能按时还款的情况，将借款人的道德风险降到尽可能低的水平，金融机构往往要求借款人提供等值或高额担保，诸如质押、抵押或高信用的第三方提供保证等。但在"三农"生产生活的实践中，农民或农业从业者很难提供较有价值的担保，像五户联保等第三方担保的执行效果也是不尽如人意的。

因此，保障投资者的利益，对"三农"互联网金融健康发展有着根本性的意义与作用。在这个方面，互联网、大数据、人工智能能够发挥更好的作用。个体在互联网上的搜索、迁徙、买卖数据以及发布的帖子、微博的点赞等，都能反映个体的偏好、习惯以及所处的消费层级和圈子等，这些数据能够通过网络进行收集，并成为个体信用评估的重要依据。例如，通过对农产品生产、市场需求、自然环境等诸多因素的大数据，能够对其市场情况进行预测，做出更准确的风险评估，从而降低风险。又如，通过对农村地区人际关系、交往关系等诸多线上线下数据进行收集与分析，能够建立更丰富、更实用的数据集，做出更准确的风险评估。

三 互联网金融服务"三农"的发展路径

1. 作为"三农"现有金融系统的补充

我国"三农"领域的金融资源并不缺乏。从现有的格局看，主要包括政策性金融机构，如农业发展银行；全国性商业金融机构，如中国农业银行与中国邮政储蓄银行；区域性金融机构，如本地化的金融机构；合作金融组织，主要是各类信用合作社。从根本上看，这些机构是我国"三农"金融领域的主力军。

但是，这些金融机构在扶农助农方面仍有较大的差距，尤其是在如何落实"三农"领域中央层面的政策，提供更加多元、个性化的金融产品方面，仍有较大的差距。从全国性商业金融机构看，中国农业银行与中国邮政储蓄银行近年来向城市扩张的步伐加快，在"三农"领域的业务虽有发展，但离满足需求仍有一定的距离。政策性银行，如农发行、国开行，主要服务于大型生产商或采购商，对分散的农业生产主体支持力度有限。而且，政策性银行往往有商业性业务，这种业务混同还有可能带来道德风险，抬高政策性业务执行的成本。区域性金融机构基本上都已商业化运营，在业绩压力下，正在全力拓展城市业务，原有的"三农"业务受到挤压。而合作金融组织也基本一刀切地进行商业化转型，原有的在农村金融领域积累的资源并没有得到很好的利用。

从业务模式看，现有的金融机构金融产品较为单一，符合"三农"需要的金融产品较少。而且，产品本身的灵活度不够，难以适应"三农"业务的需要。例如，农业生产都具有一定的周期性，这个周期随农产品的特性而变化，但一般与自然年度或月份之间不具备天然的联系，但是，现有的金融产品期限都是按照年度或者月份来设计的，无法适应这种需求。农业生产对农时要求很高，要求金融产品具有足够的灵活性，但是，现有的金融产品无法适应这种需求。以种植业为例，农民可能根据市场情况对农产品提前收割或者延期收割，但是，金融产品的期限是刚性的，这带来了很大的制约。同时，现有的金融机构刚性的条件（例如，很多地方的信用社或农村商业银行对资金需求主体、担保条件等设置了很高的门槛），也将许多有资金需求的农村个体排斥在金融市场之外。

以农村抵押品为例，虽然现有的政策对农村"三权"抵押放开了，但是，现有的金融机构大多需要有评估等诸多手续，而在目前的情况下，这些环节的问题大多数都没有解决，因此，使这些方面的抵押借款进展并不是很快。

互联网金融能够根据"三农"领域的需求，更加灵活地设置金融产品。很多互联网金融产品，可以适应农村生产生活需求，设置借款条件、还款模式、利率等，从而更能适应农村的需要。

另外，如前所述，互联网金融平台通过收集"三农"领域的大数据，并利用这些大数据，建立适应互联网时代与"三农"领域特色的信用风险评估模型，将原来被排斥在正规金融机构服务视野外的"三农"主体纳入服务范围中，极大地扩大了"三农"金融的覆盖范围，为"三农"金融服务提供了很好的补充。

2. 以互联网金融发展农村供应链金融模式

从"三农"领域的经济个体看，在现有的条件下，互联网、大数据、人工智能等新兴信息技术的使用仍受限于农村网络的普及率以及生产生活的数据化水平，可能无法收集到建立信用模型所需的足够信息，从而对这些个体信用状况做出相应的评估。例如，从依赖于互联网收集数据看，截至2017年6月，我国农村地区互联网用户仅有2.01亿人，互联网的渗透率只有34%，这意味着农村地区仍有2/3的居民并没有在网络上留下可供分析的数据。从电子商务数据看，我国农村网购用户仅有1亿左右，仍有80%以上的农村居民缺乏网络购物方面的数据。

农村供应链金融有利于解决这部分利用互联网仍无法收集到数据的"三农"经济主体的金融服务问题。农村供应链金融的本质是将信用分析与风险评估从经济个体中脱离出来，转而着眼于农村的供应链，以对供应链的评估取代对数据不足的经济个体的评估。

在农村供应链金融的模式下，站在金融服务供给者的视角，对于经济个体的评估不再是最主要的，最重要的是对供应链中的主导企业、供应链本身的风险、市场因素等诸多方面进行考量。这种模式对经济个体仍具有重要意义，通过以供应链金融的方式，将经济个体纳入金融服务的范围，不单纯是解决其资金难题，更重要的是，有利于其积累信用资本。在这种模式中，农业产业龙头企业一般作为供应链金融的监管企业，它们与农户具有长期的合作关系，并根据自身的专业知识及与农户的上下游合作关系，对个体农户的生产经营情况进行实时监管，并将这些信息及时共享给金融机构或资金提供方，能够解决"三农"金融发展过程中的信息不对称问题。而资金提供方通过对监管企业的约束（例如，要求其提供担保或者将销售农产品所得资金直接支付资金方），大大降低了风险。

农村供应链金融与互联网金融结合的空间非常大。互联网金融灵活的产品设计与个性化的风险评估机制，使其在与供应链龙头企业合作过程中，能找到更多的契合点。以"龙头企业＋合作社＋互联网金融平台"为例，对于传统金融机构而言，在为整个供应链提供资金时，会受制于龙头企业本身的资产状况、资金能力、负债水平等硬指标，而较少关注整个农业供应链的可靠性、盈利能力、市场占有率等诸多因素。从互联网金融平台来看，更可能关注供应链的互联网化水平（如电商销售能力）、市场占有率、可靠性等，还能够利用大数据对产品的市场行情等进行预测，以更好地把控风险。因此，互联网金融与供应链金融结合，能够更好地发挥供应链平台的优势，在融资上实现新的突破。

大电子商务平台也在推出了面向"三农"的互联网供应链金融，一般都是"龙头企业＋合作社（农户）＋保险＋电商金融"的模式，这种模式依托电商平台的大数据，将供应链金融的优势能够更好地发挥出来。从未来看，面向"三农"的互联网供应链金融也将是P2P平台在"三农"领域拓展的一个重要突破口。

但是，面向"三农"的互联网供应链金融，也面临一些问题，主要表现在对于龙头企业的过分依赖导致供应链结构的不稳定性，不同决策主体之间的决策机制与偏好差异，市场风险波动等诸多方面。在我们调研的一些案例里，发现很多供应链金融模式中，随着供应链中个别主体发生风险，会扩散到整个供应链之中，从而产生了风险的放大效应，这是需要注意的。

3. 支持农村电商发展，拓展创业渠道

近年来，我国农村电商发展迅速。根据商务部提供的数据，2016年我国农村网络零售市场交易额①达8945.4亿元，约占全国网络零售额的17.3%。2017年1～9月农村实现网络零售额8361.4亿元，约占全国网络零售额的17.14%。

根据《中国农村电子商务发展报告》（2016～2017），我国共有832万家网店坐落于农村地区，而这些网店解决了农村地区2000万人以上的就业，通过农村电商的发展，实现了农村就业的本地化，据测算，电子商务发展使农村外出务工人员减少了1200万人。

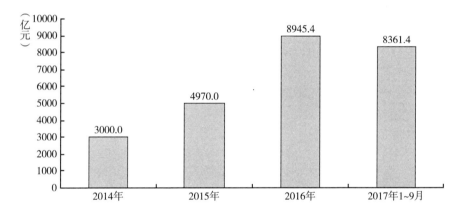

图1 农村网络零售额情况

电子商务对农村创业有非常大的帮助。调查数据表明，在农村地区，如果村庄中存在电子商务，则其创业的比重会达到18.9%，这远高于无电子商务村庄的11.1%。

而在农村电子商务发展过程中，尤其是以电子商务为创业手段的发展模式中，金融支持是一个非常重要的环节。但是，电子商务是一种轻资产的创业模式，因此，往往缺乏可供抵押的资产，传统金融机构对电子商务创业的

---

① 指注册地在农村地区的网店所卖出的商品或服务的价值。

资金支持不够。这需要对金融发展模式进行创新，以支持农村电子商务发展。

互联网金融依托大数据、人工智能等技术进行风险评估与控制，与电子商务有天然的契合性。电子商务能够将农户的生产经营过程数据化，使整个流程可视化，将农业生产的"黑箱"打开，这样，为互联网金融介入生产流程提供了良好的基础。互联网金融与电子商务融合能够更好地发挥供应链金融的优势，为"三农"金融做出更大的贡献。

4. 增进区域经济联系，促进经济发展

互联网金融是一个开放的发展模式。在这个模式里，能够以金融为平台，连接更多的东西。这与传统金融只关注资金是有本质区别的。例如，通过"三农"互联网金融的发展，能够有效地加强区域之间的经济联系。"三农"互联网金融平台，以资金与产业为纽带，本身就具备成为一个在某一专业领域的社交平台与信息平台的优势，如果这一平台优势能够充分发挥，那么在平台上能够汇聚更多的产业相关资源，为区域之间的经济联系做出更多的贡献。

以专注于"三农"互联网金融的平台为例，平台上汇聚了每个农业细分门类参与者的大数据，这些大数据来源于全国各地，且遍及农业的每个环节，根据这些数据，可以对区域的产业分工做出判断，基于这些判断，可以为区域之间的经济联系做出分析，为在更广泛的区域内建立分工合作关系提供决策参考。

例如，P2P平台通过网络上的借款大数据，可以识别出甲地的优势农业产业为养殖业，而同样依托大数据，可以识别出乙地在饲料生产方面具有优势，这样可以为两地之间建立经济联系打下良好的基础。而根据各类大数据，如饲料生产借款的大数据或者仔猪养殖借款的大数据，还可以对未来产品的市场供求关系做出预测，为区域经济发展提供助力。

5. 促进农村一二三产融合发展

农村一二三产融合发展是未来农村实现快速发展的必由之路。十九大报告指出，促进农村一二三产业融合发展，支持和鼓励农民就业创业，拓宽增收渠道。通过引入互联网等技术，能够创造出农业一二三产融合的新模式。通过网络预订，能够将农业相关的旅游、餐饮等产品营销出去，使一产和三产很好地融合起来。目前，农村的服务业通过网络销售已非常普遍。

一二三产融合在本质上是跳出农业看农业。在整个农业价值链中，处于高价值创造的环节，一般都属于第二或第三产业。从中国农业发展现实看，农业如果不与工业及服务业融合发展，其竞争力也会受到严重影响。例如，由于缺乏足够的质量保证体系与生产过程可视化的措施，我国居民对农产品的质量安全问题存在各种各样的担忧，这对我国农产品的价值增值是不利的。

互联网金融在支撑农村一二三产融合发展方面具有重要意义。例如，很多地区在农村领域发展集农产品营销、农产品加工、农产品生产、农业休闲旅游等于一体的农业综合体，这种综合体需要大的资金投入，但是，从银行的视角看，由于这些投入品或者产权不明确，或者没有产权，不能用于抵押，因此，在借贷方面会非常谨慎。但是，对于互联网金融来说，很多一二三产融合的产品都是通过网络营销出去的，利用这些营销方面的大数据，可以为互联网金融进行风险评估等提供支撑。

通过网络营销，农村一二三产融合的产品发展非常迅速。根据商务部提供的数据，2017年1～9月农村地区服务型产品网络零售额3289.4亿元，占全部农村网络零售总额的比重为39.3%。其中主要的产品类型包括在线旅游、在线餐饮、休闲娱乐行业，这三个行业的增长率都超过40%，是农村网络零售增长最快的几个行业。

四 简要结论

互联网金融能够在"三农"领域做出更大的贡献。"梁启超不可能定理"表明，在农村地区，正规金融的覆盖面是有限的，这为互联网金融的发展留下了足够的空间。互联网金融无论是作为正规金融的补充，还是作为非正规金融模式，都存在超越"梁启超不可能定理"的可能性。其核心是互联网能够在一定程度上消解信息不对称性，更好地服务于长尾市场。如果互联网金融在"三农"领域更大规模地渗透，则有可能为农村地区的经济主体积累更多的信用资本，从而为正规金融的切入提供支撑。因此，在理论上，互联网金融在"三农"领域将有更大的发展空间。

互联网金融与"三农"领域进行结合之后，能够作为"三农"金融的一个很好的补充，能够促进农村供应链金融发展，支持农村电商创新，促进一二三产融合发展。

参考文献

罗煜、贝多广：《金融扶贫的三个误区》，《中国金融》2016年第22期。

张杰（主笔）：《中国农村金融制度调整的绩效：金融需求视角》，中国人民大学出版社，2007。

王晓娆：《基于博弈论视角的个人征信困境及对策研究》，《征信》2015年第11期。

陈鸿祥：《互联网金融的经济逻辑与演进安排——基于普惠金融的帕累托改进视角》，《吉林金融研究》2014年第11期。

中国国际电子商务中心研究院：《中国农村电子商务发展报告（2016~2017）》，2017。

陈琼琼：《农村供应链金融风险扩散机理研究》，浙江理工大学硕士学位论文，2016。

李勇坚等：《中国"三农"互联网金融发展报告（2016）》，社会科学文献出版社，2016。

实践篇

Practice Reports

B.4

"三农"互联网金融与农村就业：
基于翼龙贷的案例研究

李丰丽　俞景峰*

摘　要：　本文以翼龙贷为案例讨论了"三农"互联网金融在促进农村
就业方面发挥的效力，重点探讨了"三农"互联网金融促进
农村就业的多种模式：解决返乡创业农民的融资难问题，实
现本地化就业；支持弱势群体就业，带动本地小范围就业；
促进区域产业规模扩大，带动周边地区就业；产生引致效应，
形成区域特色品牌，带动当地重要产业发展等。本文研究表
明，"三农"互联网金融在促进农村就业方面具有较大的作
用与潜力。

* 李丰丽，翼龙贷品牌公关部政策研究总监；俞景峰，北京工业大学马克思主义理论专业硕士
研究生。

关键词：　"三农"互联网金融　农民收入　农村就业

　　扩大就业是乡村振兴的重要环节。十九大报告在"乡村振兴战略"中明确提出，"促进农村一二三产业融合发展，支持和鼓励农民就业创业，拓宽增收渠道"。而就业创业的扩大，离不开金融的支持。长期以来，"三农"金融服务业由于其成本高、风险高、效益低的特点，一直是我国金融体系中比较薄弱的一环。李克强总理在党的十八届三中全会上提出要通过建立"普惠金融"来构筑一个高效能、全方位服务社会上所有阶层和群体的金融体系。2016年中央一号文件也明确指出，积极推动金融资源更多地向"三农"方面倾斜，同时鼓励国有和股份制金融机构积极拓展"三农"业务：深化中国农业银行三农金融事业部改革，加大"三农"金融产品创新和重点领域信贷投入力度；发挥国家开发银行的优势和作用，加强服务"三农"融资模式创新；强化中国农业发展银行政策性职能，加大中长期"三农"信贷投放力度；支持中国邮政储蓄银行建立三农金融事业部，打造专业化为农服务体系；创新村镇银行设立模式，扩大覆盖面等一系列惠农利农的支持政策。

　　在国家政策的支持和引领下，许多村镇银行和农村信用社作为金融体系的正规军和传统金融机构的代表，在一定程度上满足了农民对资金的存、贷、汇需求。美中不足的是，国家的"普惠金融"政策刚刚正式起步，许多相关性政策还处于跟进完善的状态，一些实质性的惠农政策真正发挥效力还需要时间，部分地区银行网点由于经营成本高、运营效率低等而撤出农村，农民向银行和信用社贷款需要解决的担保难题等一系列情况，使农民的正规信贷可得性还是比较低的，远低于全国平均水平。

　　互联网金融作为一种新兴的业态，在其发展过程中，开始向"三农"领域渗透。从整体上看，这种新兴的模式具有特定的意义。作为"三农"互联网金融的代表，翼龙贷以"助力小微，服务三农"为发展理念，在积极配合国家惠农政策贯彻落实的同时，发挥其互补性功能，在运营过程中积极帮助农民解决资金难题，使农民在农业生产、经营过程中不仅提高了经济效益，还促进了家庭稳定，并带动了本地化就业，其经验和发展模式可以为我国"三农"金融服务业的发展提供有益的借鉴和启示。本文以"三农"互联网金融典型企业翼龙贷为案例，来重点研究其促进农民就业、增加农民收入方面的经验。

一 农村社会发展面临的问题

随着城市化的不断深入，为了务工、求学以改善自身生活状况，大量农村青壮年劳动力转移到城市，他们分布在国民经济各个行业，推动了城市的发展。但也要清醒地看到，由于农村青壮年劳动力大量转移，农村出现了留守儿童、留守妇女、留守老人等特殊群体。据推算，目前中国农村留守儿童超过6000万人，留守妇女有4700多万人，留守老人约有5000万人。① 农村"空心化"趋势明显，对农村地区的经济发展和社会稳定的影响不断扩大。推进城乡一体化建设，发展农村多元化产业，实现农民就业本地化是解决这一揽子问题的关键之举。

"三农"问题一直是党和国家最牵挂的问题，也是政府集中全力重点解决的重要问题。2016年12月，国务院办公厅印发的《关于完善支持政策促进农民增收的若干意见》（国办发〔2016〕87号）对完善农民增收支持政策提出了明确要求，并指出，到2020年农民收入增长支持政策体系进一步完善，确保实现农民人均收入比2010年翻一番的目标。增加农民收入是"三农"工作的核心和重点任务，切实的增收为农民不离乡、不离土就业提供了坚定的信心和不竭的动力。农民生产规模的扩大能增加本地农民的就业岗位，为当地弱势群体提供收入来源，良好的生产经营模式可以促进就业，吸引其他农民返乡就业，带动当地形成产业化、规模化的农业生产，打造本

---

① 《民政部：中国农村空心化日趋显著 留守人员总数超1.5亿》，人民网，http：//politics. people. com. cn/n/2015/0602/c70731 - 27093835. html。

地特色品牌，切实改善农民的生活质量，提高农民的生活水平，实现安居乐业和家庭的和谐稳定。

农民创业、就业，最重要的是解决资金问题。在农村，普通农民想从传统金融机构获得贷款支持，不仅要具备实物抵押、房产抵押、正规经营执照、公务员担保等硬性条件，还需至少半个月的审批时间。对于大多数农民来说，如此苛刻的条件，不仅耽误农时，而且缺少社会关系也使他们的贷款成功率大大降低，因而他们很少愿意花太多时间去传统金融机构跑手续。互联网金融服务在农村的快速发展，帮助"三农"领域的生产经营主体克服了融资困难，使其不仅解决了创业启动资金难题，且其生产规模的扩大也极大地吸收了相当部分的农村剩余劳动力，在一定程度上促进了农村就业，增加了农民收入，繁荣了农村经济，促进了农村经济稳中向好的良性循环。

翼龙贷是最早布局农村的"三农"互联网金融平台，成立已有十年时间，其经营特点主要体现在两个方面。一是明确信息中介的定位，坚持小额分散的经营原则。在运营过程中，翼龙贷坚守金融信息中介的定位，坚决不触碰用户资金，不涉及混业经营，借助互联网技术撮合农村借款人和城市出借人的真实需求，实现了金融资源有效配置。同时，翼龙贷的借款具有单笔借款额度小、出借资金分散的特点，统计数据显示，其借款分散在全国1200多个区县，93%的借款金额在9万元以下，借款人年龄层也比较分散，25～34岁的借款人占32.6%，35～44岁的借款人占34%，45～54岁的借款人占27.2%，借款资金流向遍布农林牧渔、零售业、制造业等20多个行业，这种地域、年龄、行业分散的小额信贷有效地保证了不同借款人还款行为的独立性，是结合"三农"特点比较科学的运营模式，能够显著降低由相关性导致借款群体集体违约情况的发生。二是采取"线下风险防控＋线上信息撮合"的模式。翼龙贷扎根农村已十年，对农村情况具有深刻的了解，针对农村"熟人社会"① 的特点和村镇互联网覆盖水平低、征信信息不

---

① "熟人社会"是20世纪费孝通在《乡土中国》提出的概念，他认为农村"是一个熟悉的社会，没有陌生人的社会"，村民彼此了解和熟悉，成为一个"熟人社会"。

对称的难题，在充分调研和分析利弊的基础上，在全国的地市、县、镇、村就地寻找合作商，发挥当地人熟悉本地实际情况和社群具体结构的特点，利用农村"熟人社会"的亲缘、地缘、人缘优势，了解农民借款人的道德口碑、家庭情况和经营状况，进行获客、风险防控和贷后管理等工作。翼龙贷鼓励农民发展以种植养殖、副业、手工业等小型创业为主的农业产业，并以此类农民为目标客群撮合资金供求，目前已经为农村提供了超过300亿元的资金支持。据中国社会科学院专家的调查结果，每3万元借款可以解决1名农民的全时或季节性就业问题，以此来测算，翼龙贷大概解决了农村100万人以上的就业问题。

二 "三农"互联网金融与农村就业

翼龙贷对于促进农民创业就业的作用具体表现在四大方面：帮助农民返乡创业型就业，实现本地化就业；帮助弱势群体就业，带动本地小范围就业；促进产业规模扩大再生产，带动周边地区就业；产生引致效应，形成区域特色品牌，带动当地重要产业发展。

（一）帮助返乡农民创业，实现本地化就业

新时期，中国产业结构的调整升级，大城市经济发展方式的优化转型再加上农村地区巨大的发展前景，让许多在城市经过历练，有能力、有技术、有经验的农民工选择回乡创新创业，尤其是近两年，回流明显加快，全国很多地区的农民工在本地就业增幅明显高于外出就业。返乡创业农民工具有群体性典型特征：中青年，精力旺盛，创业欲望强烈；外出时间长，有一定的资金积累；文化水平相对较高，容易接受新事物、新知识、新技术等；返乡创业领域主要在一三产业。但是多数农民工创业过程中往往难以获得正规金融机构的有效支持，创业企业的启动资金中自有资金占很大比重，尤其是前期大量的资金投入后，农民创业者在后续生产经营过程中，经常面临流动资金缺乏的问题和挑战。

由国务院发展研究中心、中国农村劳动力资源开发研究会课题组发布的《中国县域经济发展之路》研究报告指出，农民工返乡创业的主要融资方式先是向亲属好友借款，最后才会向银行贷款。由于绝大多数农民工返乡创业者起步于个体工商户或小微企业，而个体工商户和小微企业市场风险较大，金融机构对这些类型的业主心存疑虑，放贷积极性不高。[①] 融资困难，仍是农民工返乡创业会遭遇的最普遍问题。互联网在农村的普及，为返乡农民带来了新的融资方式，使其用科技手段克服了时间和空间的局限性，十分便利地对接所需的金融资源，很好地利用了科技手段的服务功能。

下面以翼龙贷在山东、安徽、山西、河南四省份所扶持的借款户为例，来说明以翼龙贷为代表的互联网金融在促进农民本土创业就业、推动农村经济发展方面的作用。

在山东省聊城市茌平县胡屯乡，28 岁的农民小于是本土创业农民的代表。他在朋友的影响下承包了 20 亩地用来种桃，由于桃树具有种植前期投入大、周期长的特点，应急资金短缺问题首先摆在了小于面前。正当他为资金犯难时，在集市上收到的翼龙贷宣传单成了小于的救命稻草。小于联系翼龙贷茌平县运营中心表达自己的资金需求后，翼龙贷两名风控人员就上门家访，询问了关于借款用途、还款来源等问题。经过一系列审核之后，翼龙贷很快授信小于 4 万元，解决了他的燃眉之急。第二年小于便还清了 4 万元借款。随后，他又通过翼龙贷借到了 4 万元用于资金周转。有了资金保障，小于就可以把更多的心思花在桃树种植上。在 30 多公里外的茌平县乐平镇某村，44 岁的老蔚则是返乡创业的一员，老蔚 18 岁起就在外开大货车，快 30 岁时吃不消开车的压力，回乡种地。为了增加收入，老蔚在种地之外还养起了肉猪，为了扩大养猪规模，他想把家门口前面的大坑垫上土整成平地，用来盖猪舍，需要用钱的地方比较多。为了解决资金难题，老蔚找到翼龙贷茌平县运营中心。经过家访、尽调、审核等环节后，翼龙贷为老蔚授信 6 万

---

① 《西部农民工"返乡潮"调查：60 后回归 90 后不远行》，新浪财经，http://finance. sina. com. cn/money/lczx/2017 – 02 – 21/details – ifyarrcf5083660. shtml。

元。有了资金的便利，如今老蔚家已经养了 120 头猪，饲料用的是自己种的 10 万斤玉米，饲养的成猪大部分供货到聊城，留一小部分给自家饭店，一年算下来收入能达到 40 多万元。生产规模扩大后，老蔚不仅自己的日子越来越好，还雇了数名村民帮自己打理猪舍和农田，带动了本村村民就业。2016 年，老蔚第三次从翼龙贷借钱，由于前两次还款记录良好，他不仅授信额度从 6 万元提高到 9 万元，利息也降了 2 厘。拿到钱后，老蔚打算继续填坑、平地、建猪舍，预计将养殖规模扩大到 200 头以上。

安徽省黄山市歙县某村的老吴跑了一辈子的汽车货运，因为年龄和身体状况退出这个行业后，并没有停下来休息，他看好蔬菜种植行业，受"大众创业、万众创新"浪潮的鼓舞，决定和爱人一起创业。

2015 年，老吴在歙县桂林镇某村流转承包了 50 亩田地，盖起了大棚，主要种植辣椒、香菇、西红柿、茄子等一系列反季节蔬菜。蔬菜的销售打通了当地各大超市和批发菜市场。一切看上去顺风顺水，但老吴很快发现，当初 30 多万元的启动资金在承包土地、搭建大棚后，已经所剩无几，员工工资，种子、农药、化肥等生产资料没了着落。由于启动资金中有 20 万元是中国邮政储蓄银行的贷款，老吴跑了好几个机构，都因负债太高为由拒绝。此时，翼龙贷歙县运营中心正在下乡宣传，老吴夫妇了解到翼龙贷是一家服务"三农"的互联网金融公司，提出了 6 万元的借款申请，4 天后就获得了相应的资金支持。

2017 年 7 月，老吴在还清借款后，凭借良好的信用、稳定的还款能力，再次通过翼龙贷借款 6 万元。夫妇俩又扩大了种植规模，增加了几个大棚。10 月，翼龙贷歙县运营中心对老吴进行了回访，大棚里的各类蔬菜长势良好，他雇用的村民除草施肥，分拣包装，井然有序。老吴高兴地告诉工作人员："靠翼龙贷的扶持，今年又扩大了种植规模，销售也稳步增长，今年的收入少说能比去年增长 10%。"

像老吴这样不甘于现状、在城市历练后选择回乡创业的农民，在翼龙贷的借款人中比比皆是。他们在为自身奋斗的同时，也解决了家乡留守妇女、留守老人的就业问题。

　　山西省运城市某县农民董先生年轻时去过好几个城市打拼，打过工，开过超市，被骗光积蓄后，身无分文的他决定回乡创业。2010 年，他和妻子在当地承包了 30 亩农田，由于勤奋肯干，一年后，他俩承包的耕地面积翻了一番。到了 2013 年，董先生流转的种植面积达 300 亩，在雇用当地村民帮忙的同时，他还一直努力提高耕作的科技化水平，尝试机械作业。经过几年的发展，董先生承包了 700 余亩土地，成为当地小有名气的种植大户，也得到当地政府的支持和重视，产业升级、发展智慧农业势在必行。但是，发展智慧农业需要提升机械化和科技化水平，仅依靠政府的扶持还远远不够，资金问题成为老董的头等难题，正在一筹莫展的时候，他通过村里的条幅广告了解到在翼龙贷借款无须抵押，3～5 天即可到账，于是他决定去位于运城市盐湖区的翼龙贷运营中心寻求帮助。在一系列家访、风控调查之后，老董在 5 天的时间就获得了 6 万元资金支持，解决了购买农业植保无人机的燃眉之急。

　　河南省周口市商水县某村的陈姓夫妇，在广东的外贸玩具加工厂打工近十年后，选择返乡创业，自建一家玩具加工厂。这家玩具厂里雇用的 60 多名工人均为当地留守妇女，其中包括一些年过六旬的老人。

　　农民工回乡创业就业意义重大，返乡农民工在城市经过历练，磨炼出了勇攀高峰的创客精神和精益求精的工匠精神。他们通过多年的城市打拼积累了资金、学到了技术、扩宽了眼界，带着丰富的经验回乡创新创业，把"乡愁"变成产业，在农村的土地上辛勤开拓，拼搏进取，不仅改善了自身的经济条件，提高了家庭生活水平和质量，更为重要的是，他们这种举措改变了长期固化的农村劳动力向大中城市和发达地区单向流动的格局，带动了当地就业，促进了农民增收，繁荣了农村经济，对于合理开发和复兴农村闲置资源，促进农村产业结构的调整优化升级，推动城乡产业结构一体化的进程具有重大意义。从长远看，劳动力回流农村，不仅有利于农村经济的发展，农村男女结构失衡，留守儿童、留守妇女、空巢老人等一系列社会问题也可以得到缓解。

　　此外，农村金融业务的开展由于基础设施不完善等因素制约，当前实践过程中需要采用 O2O 的模式解决征信、贷后管理等多方面的问题。多数"三农"互联网金融企业采取线下铺设人员的方式进行获客、风控、贷后管理等环节的工作。这些本地化的人力需求在一定程度上为当地提供了许多新的就业岗位，缓解了农民的就业问题。以翼龙贷为例，截至 2017 年 7 月底，翼龙贷在全国近 200 个城市设立了运营中心，业务覆盖到全国 1200 多个区县、10000 多个乡镇，以每个区县 10 名工作人员计算，则至少解决了 1 万名当地人的就业。

（二）支持弱势群体就业，带动本地小范围就业

翼龙贷不仅可以助力返乡农民创业，还可以解决部分农村弱势群体的就业问题。

在如今城镇化快速推进发展的情况下，占农村劳动力很大比重的青壮年农民进城务工，留下了大量闲置土地，剩下的劳动力迫切需要筹集资金，利用这些资源开展生产，他们中间有残疾人、老人、妇女，他们对于美好生活的向往激发出拼搏进取的斗志，为农村经济的发展增加了浓墨重彩的一笔。通过对翼龙贷的抽样调查可以发现，翼龙贷服务的"三农"生产经营主体所提供的就业岗位的就业人员一般都是年龄较大或外出就业可能性较小的本地农民，在这些农民群体中，弱势群体占很大比重。

四川省自贡市荣县过水镇某村村民童先生身患残疾，其妻患癌去世，子女均已外出打工。针对这种弱势情况的农民，翼龙贷向他推荐了"公司 + 农户"模式，即当地龙头企业带头，由合作农户向翼龙贷借款，然后向企业购买种植或养殖所需的生物资产、饲料、药品、养殖技术及服务等；由农户根据自身场地及劳动力情况，有选择地进行动植物的寄养，养成后由企业定向收购，农户获得合理收入。在这次实践中，翼龙贷与自贡市毓祥农业开发有限公司（下称"公司"）合作，翼龙贷为农户提供每头猪 2000 元且最高不超过 15 万元的资金支持，用于农户购买公司的仔猪和饲料及养殖技术，约定养殖 6 个月后，公司以每头猪 2500 元的价格无条件回购。这其中，公司为农户的借款进行全额担保并贴息。童先生是这种模式的受益者，养殖的

10头小耳黑猪出栏后，他将获得5000元的收入。在这以前，他通过种地每年的收入仅有2000元左右。尝到了甜头，童先生希望再养20头猪。翼龙贷自贡运营中心相关负责人表示："按照自贡市'年收入低于2800元'贫困户的标准，老童目前通过养猪年收入至少能达到几万元以上，轻松脱贫。"据自贡市毓祥农业开发有限公司董事长易兴友介绍，目前公司已合作30多户，签约的农户已有150户以上，准备签约的有300户以上。同样身患残疾的河北省涿州市的养殖户郑先生也是翼龙贷的受益者，他承包了3.5亩地养殖大鹅，为了扩大养殖规模，先后去银行、民间借贷公司借钱无果，最后看到翼龙贷刷墙广告联系到翼龙贷涿州运营中心，仅用3天时间便成功获得6万元授信。老郑用这6万元买进了一批幼鹅做繁殖，不到一年的时间，大鹅的数量就增加了1600只，到了出栏上市时节，老郑的月收入可达1万元以上。

除了身体不便的残疾人群，老人也是农村值得关注的群体。随着年龄增长，他们的劳动能力逐渐下降，却又不甘就此养老。

江西省修水县何市镇58岁的老戴世代务农，两儿一女都在外地打工，不甘于要靠儿女养老的他，内心一直萌动着靠自己的双手改变现状的念头。但老戴的借款之路可谓一波三折，由于家庭比较困难，当地的农信社和银行均以他无抵押、无担保、无固定还款来源等缘由拒绝他的贷款请求。老戴通过广告了解到翼龙贷，由于情况比较特殊，翼龙贷进行了一系列严格的风控评估，最后向老戴授信6万元。老戴拿到资金后，先是扩大了养殖家畜的规模，并在家门口的鱼塘边扩养了一部分鱼，大部分的钱则买了杉树苗，种植在后山上。通过翼龙贷资金的帮助，老戴拥有了200亩的杉树林和两个大鱼塘，同时养了十几头猪、几十只家禽，收入翻了好几番。为了把杉树林的规模再扩大一倍，他还清借款后再次通过翼龙贷借款9万元，经过近几年的发展，老戴的杉树林达400亩，加上家里的鱼塘和牲畜，年净收入已经超过10万元，他成为农民脱贫致富的经典案例。同样脱贫致富的老人，还有甘肃省白银市景泰县漫水滩乡某村的枸杞种植户老孔，2016年，老孔第一次向翼龙贷借款6万元，用于购买枸杞苗和小鸡，这一年老孔挣了14万元。收入的大幅增加让老孔有了扩大产业的想法，2017年老孔再次通过翼龙贷借款 6 万元，用于开办农家乐和扩建鸡舍。老孔打算 2018 年继续向翼龙贷借款，增设养猪场，扩大养殖规模。没了资金的后顾之忧，这位老人在干事创业的路上越走越有信心。

农村弱势群体干事创业，拼劲最大的就是妇女，翼龙贷的借款人案例中不乏这样的农村女强人。山西省太原市小店区某村离异妇女王女士以种植玉米、养殖奶牛为主要收入来源，为了借钱储存冬草料，跑遍了农村信用社、农行，都被拒之门外，原因是传统金融机构都要求必须有正式职工担保。在翼龙贷当地运营中心下村宣传时，王女士了解到翼龙贷的翼农贷不用抵押、不用担保，提出了借款申请。翼龙贷太原运营中心工作人员按照翼龙贷风控标准，对王女士进行了家访后，很快为她提供了 6 万元的资金支持，解决了她的应时、应季资金需求。

河南商丘虞城县郑集乡的王女士和村里大多数年轻人一样，结婚后和爱人一起外出打工闯荡。年迈的公婆作为留守空巢老人，在家打理着 4 亩薄田。一家人的日子过得很是紧巴。孩子的出生给一家人带来了巨大的喜悦，随之而来的是经济压力。夫妻俩打起工来更有劲头，但陪伴孩子的时间也是很少。孩子出生不久就成了留守儿童，慢慢长大后跟父母也有明显的隔阂，这成了王女士这个年轻妈妈心里的痛。为了不让孩子继续做留守儿童，2015年，王女士夫妻俩决定，回家创业！王女士之前有过在美容店工作的经历，两人选择在家乡开一家美容美体店，由于用心经营，店里的生意越来越好。2017 年，王女士决定开一家分店，但是有限的积蓄已经全部花在第一家店上，钱成了最大的问题。借遍了亲戚邻居一无所获，去银行贷款要求提供公务员做担保……正当为钱发愁的时候，王女士从朋友那儿听说了翼龙贷，手续简便，下款时间也快。她赶紧去当地的运营中心咨询了一番，随后提出借款申请，仅 3 天时间就获得授信 9 万元，解决了开设分店的资金问题。2017年 10 月，翼龙贷工作人员在对王女士进行贷后回访过程中了解到，不仅第二家店顺利发展，王女士还开起了第三家店，并且帮助解决了当地 40 多人的就业问题。

妇女创业最典型的，就是甘肃省白银市景泰县红水镇泰安村女大学生孙上云。孙上云毕业于青海民族大学的音乐学专业，2015 年，受朋友启发，24 岁的她毕业后选择回家乡创业，为家乡的孩子提供艺术教育。创业从一个舞蹈班开始，开班仅 3 天就有 84 个学生报名，孙上云有了信心。由于美术班冬天保温差，为了给孩子和老师提供一个更好的上课环境，她决定买地皮、盖学校！10 万元启动资金来自农村信用社的贷款，5 万元买了 300 平方米地皮，5 万元用作盖学校的启动资金，但 3 层教学楼盖完前后还需要 60 万元，孙上云东拼西凑从亲戚朋友处借了 40 万元，仍差十几万元。了解到孙上云为家乡的孩子们提供艺术教育，一直在运营的美术班作为还款来源，翼龙贷景泰运营中心很快授信孙上云 13 万元，帮她渡过了难关。学校建成后，孙上云陆续开设了跆拳道班、舞蹈班等，目前艺校共有艺术特长生 130 余人，幼儿园入园人数也达 80 多人。随着规模的不断扩大，学校在当地的影响力不断提高。在孙上云的影响下，红水镇、景泰县也增开了 4 家艺术学校，让更多西部农村孩子有了接触艺术的机会。孙上云告诉我们，她在艺校附近又买下了一块 300 平方米的地皮，准备用于运营幼儿托管、中小学作业辅导等项目。翼龙贷便利的借款方式使孙上云更有信心应对今后在发展过程中难免出现的资金周转问题。

以翼龙贷为代表的"三农"互联网金融企业在实现自身业务发展的同时，促进了农民的增收，推动了农村经济的发展，特别是在很大程度上扶持了农村弱势群体的就业创业，让他们有机会为自己的梦想插上翅膀，得到和其他人同等发展的机会。

（三）促进产业规模扩大再生产，带动周边地区就业

在农村，许多农民创业者在种养殖生产过程中靠自己的辛苦劳作和合理经营已经打造了相当规模的产业，为了更好地顺应市场需求，提高经济效益，就需要扩大发展，增强产品的竞争力。他们中间有的要改良品种，有的要提高农田作业科学化水平，有的要扩大种养殖规模，周转资金、应急资金是他们首先需要考虑和解决的问题。下面以翼龙贷在海南、山西、甘肃三省份所扶持的借款户为例，来说明以翼龙贷为代表的互联网金融在促进产业规

模扩大、提高农产品竞争力方面的作用。

"全身皆是宝，菠萝美名扬。"菠萝是著名的热带水果之一，素有"果中仙"等美称。具备优越自然资源的琼海，是我国适宜种植菠萝的地区之一。琼海市中原镇的钟先生是当地一家菠萝种植专业合作社的法定代表人，合作社主要种植巴厘菠萝，并组织采购菠萝。近几年，钟先生意识到，随着人民生活水平的提高，消费能力不断升级，农产品也进入品质和品牌时代。在超市货架上，一个金菠萝售价 30 元，一个巴厘菠萝却只有 2 元。巴厘菠萝滞销或价贱的现实问题摆到了钟先生面前，他把目光转移到改良菠萝品种上，由巴厘品种改为口感好、肉甜的台农凤梨 17 号和保鲜期更长、耐储存、价格稳定的金菠萝，通过调整种植结构、种植高端的菠萝来提高经济效益。百余亩土地引种更高端的菠萝苗需要大量的资金，钟先生跑遍了当地银行，尽管有合作社做抵押，但农产品价格不稳定，他还是贷不出钱。2016 年 4 月，翼龙贷琼海运营中心开业，钟先生成了第一位客户，很快就获得了 6 万元的资金补充，及时用于引进新品种中。为了继续扩大种植规模，2016 年 8 月，钟先生提前一次性还款，再次以合作社名义在翼龙贷申请借款 15 万元。钟先生告诉翼龙贷工作人员，目前，合作社承包的土地面积达 571 亩，调整菠萝品种后，未来两年预计纯收入能达到 150 万元。

说起苹果，大家耳熟能详的有新疆阿克苏苹果、山东栖霞苹果，然而，在苹果产地中，山西省运城苹果种植面积和产量均居全国地级市之首——种植面积 210 万亩，年产苹果约 40 亿公斤。[①] 40 亿公斤，意味着全国人民每人买 3 公斤苹果，才能消化完运城苹果的一年产量。如此的体量，让运城的苹果销售成为一件涉及民生的大事情。吴建芳是万荣县贾村乡通爱村人，自从 2015 年牵头成立了万荣县建芳果业专业合作社，每年他不仅要销售自家 16 亩苹果树产出的几万公斤苹果，还肩负着其他 50 多户果农的销路。通过走南闯北推广运城苹果，吴建芳得出一个结论，种苹果要想有"钱途"，就

---

① 《运城水果面积和产量居全国地级市之首》，人民网，http：//sx. people. com. cn/n/2015/1218/c189132 - 27348436. html。

得走精品路线，走高质优价的道路。吴建芳是这么想的，也是这么做的。为了提高科学化种植水平，他把通过翼龙贷获得的 10 万元资金支持，用于铺设苹果园管道、购买诱虫灯、植保无人机等，种出来的苹果口感、果形都很好。2016 年，相较其他果农拦腰斩的降价幅度，吴建芳种植的"通爱红"品种只比 2015 年数年难遇的高价降低了 1 元。2017 年 4 月，吴建芳还清本金后，凭借良好的信用、稳定的还款能力，再次通过翼龙贷借款 10 万元，继续用于"通爱红"品种的培育种植。打造运城品牌苹果；组建专业合作社，形成规模效应；生产者直接与消费者对接，压缩中间环节让利；对产品进行细分提高销售的效率；建立自己的稳定销售网络……这些都是吴建芳已做或正在做的事情，他想织一张网，一张可以帮助自己也帮助其他果农抵御市场波动冲击的网。

枸杞产业是甘肃省靖远县东升乡群众增收的三大支柱产业之一。随着当地枸杞产业的不断壮大，东升乡也涌现出了一批种植能手和种植大户，39 岁的高文德就是该乡的枸杞种植大户，从 2010 年至今，他完成了从玉米种植小户到枸杞种植大户的蜕变。2015 年，高文德从熟人那里得知本乡有 30 亩耕地流转的消息后，立即决定要拿下这些耕地。谈好价格后，高文德拿出了全部家底，再加上东拼西凑的 2 万元，还差 8 万元。这可把高文德难住了，通过邻居介绍得知翼龙贷后，他满怀希望地拨通了翼龙贷当地运营中心的电话，经过尽调、家访，只花了 3 天时间就成功借到所需资金，解决了流转土地和购苗的问题。经过两年的辛苦劳动，高文德的收入翻番，家庭生活条件也明显提高。

从上面的案例可以看出，在农村，有不少初具规模的农民种养殖户，他们要提高产品的质量和扩大生产规模，亟须资金支持，"三农"互联网金融的出现，在很大程度上发挥了助力作用。

（四）产生引致效应，形成区域特色品牌，带动当地重要产业发展

由于经济的快速发展和人民生活水平的提高，没有特色、没有品牌的农

产品仅仅依靠价格低廉根本无法打开销路。许多农民开始根据本地区的实际情况来开拓当地的特色产业，以期产品在市场上具有竞争力的同时，提高自己的收入。开拓者的成功实践，往往会引起后来者效仿，产生引致效果，逐渐在当地形成规模化产业，成为当地的特色品牌。

山西平遥的狐狸养殖专业户王先生，在 2012 年 7 月开了一家特种狐狸养殖场，起初规模只有蓝狐（种狐）50 只，仅用了 3 年时间，养殖场的规模就达到 600 只。随着生活水平的提高，很多人喜欢购买皮草，而皮草的原料之一就是蓝狐皮，市场需求促使蓝狐价格也水涨船高。

2015 年，王先生想再次扩大养殖规模，急需用钱，他跑遍了当地的信用社和银行，都因为没有公务员做担保而被拒之门外。一筹莫展的时候，王先生注意到下乡宣传的翼龙贷。翼龙贷专注扶持"三农"，不需要抵押或担保，凭信用就能借款，这让王先生喜出望外，试着提出借款申请。没想到，5 天后，8 万元资金就到了王先生的账户里。有了充裕的资金，王先生添置了喷化机、绞肉机和电动喂食车，又买了 200 只种狐。2016 年 9 月，王先生在还清本金后，凭借良好的信誉和稳定的还款能力，再次从翼龙贷借款 10 万元，用于添置输精设备，引进改良品种。如今，王先生的养殖场已有种狐 1200 只，年产狐狸 3000 只，每年盈利 70 万元。值得一提的是，他不仅自己发家致富，还带动周边 47 户村民也从事了养狐行业，使狐狸养殖成为平遥县卜宜乡的特色产业。

2014 年，20 岁的小王转业离开部队，回到了老家安徽省亳州市涡阳县高炉镇。家里一直从事獭兔养殖，人手不够，小王就到农场帮忙。为了养好兔子，一家人吃住都在农场里。只用了两年的时间，家庭农场就发展成为农民专业合作社，不仅可以培育种兔，还带动了周边近 30 家农户参与养殖，农户养殖的兔子由合作社回收。小王没有满足于此，他发现整个亳州市都没有大型肉兔加工厂，决定在养殖场旁建一个肉兔加工厂，同时在涡阳县城最大的菜市场开设一家兔肉店，打造繁育、养殖、销售产业链。

尽管筹备了不少资金，但在建厂的过程中，小王还是遇到资金周转的问题。2016 年，在朋友的介绍下，他找到了翼龙贷涡阳运营中心，一番详细了解后，向翼龙贷提出借款申请，4 天后就获得了 15 万元的资金支持，工程建设顺利进行。

如今，涡阳县农家女兔业专业合作社已经发展成一家综合性养殖基地，还带动了当地养殖户联合养殖，已经与周边 200 多家养殖户建立长期合作关系，拥有数十名专业的养殖技术人员，面向养殖户提供种兔及免费的獭兔养殖技术培训。位于涡阳县菜市场的农家女兔肉店也投入运营，出售的都是加工厂的成品兔肉，不仅获得了当地人的好评，还销售到省内外。

从上述借款人案例可以看出，翼龙贷作为互联网金融行业中最早在农村布局的平台，基于多年扎根农村的从业经验，广泛了解并收集客户需求，以借款手续简单、速度快，工作人员上门服务等优点深得农民好评，在很大程度上填补了传统金融机构的服务盲点，为普惠"三农"做出了较大的贡献。其最大的价值在于积极做好传统金融机构的有益补充，以可负担的成本，为有金融服务需求但未能从传统金融机构获取服务的"三农"群体、小微企业，提供可得、灵活、便利的普惠金融服务，拓宽了金融服务的目标群体和范围，使小额投融资活动低成本、高效率、大众化的诉求得到进一步实现。

以翼龙贷为代表的"三农"互联网金融企业，以灵活的借款方式为农民创新创业提供了便利的周转和应急资金，大大解决了农民在农业生产中产生季节性、周期性的资金需求，农民在获得借款后可以不违农时地进行生产活动，为收获提供保障，同时，对于扩大生产的种养殖户来说，快速便捷的资金支持使生产规模在发展壮大的过程中得到有效衔接，为农民生产的提质增量扩规模提供助力。而农民创业就业潮的巨大发展，带来了农村经济的繁荣，返乡民工带来了家庭的和谐稳定，在一定程度上解决了农村留守儿童、妇女、老人的问题，也为本地区的弱势群体提供了大量的就业岗位，促进了农村社会经济的和谐稳定发展。可以说，"三农"互联网金融企业在助力农民增收、促进农村经济发展的同时，附带产生的巨大社会效益非常值得我们的重视。

三 "三农"互联网金融助力农村就业的政策需求

（一）优化农村金融发展结构，使互联网金融成为"三农"金融的重要补充

据 2016 年《中国"三农"互联网金融发展报告》提供的数据，现有传统金融机构及服务模式远远不能满足农村强大的金融需求，"三农"金融缺口高达 3.02 万亿元。这个缺口不能完全靠正规金融来弥补。多样化、竞争性的"三农"金融体系能够优化我国农村金融发展结构，使"三农"金融组织增加对有利于农村就业本地化的个体工商户、乡镇企业等的信贷支持，切实解决农户贷款难题。在这个过程中，政府应该采取相应政策，引导规范"三农"互联网金融成为农村金融市场的重要参与者、补充者。

（二）加大对"三农"互联网金融的政策支持力度

各国都有针对"三农"领域的金融行为进行支持的惯例。我国针对"三农"领域也有财政补贴、税收优惠、成本风险补偿等相关优惠政策。但是，目前尚没有任何针对"三农"互联网金融进行的政策支持，即便现有的"三农"优惠政策也并未纳入"三农"互联网金融。我们认为，应该根据互联网金融的特色，出台一些具有针对性的支持政策，推动社会资源向"三农"倾斜。

（三）完善农村信用体系

社会征信体系是金融业务开展的基础。目前农村依然没有一套完整的征信体系，为"三农"经济的发展提供信用保障，所以需要国家设立专门的征信平台，全力推动"三农"的发展。一是加快建立全国统一的农户征信信息数据库。二是建立多部门、多层次联动的信用正向激励和失信惩戒政策措施，调动农户参与信用建设的积极性和主动性。

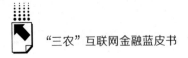

四 结语

"三农"问题的解决，必须切实发挥金融这个关键主体的作用，再加上现代技术和现代经营方式这两翼，只有这样才能助力农民的"致富梦"。对农村实施多样化的金融支持，规范农村小额贷款，鼓励农村金融创新，是解决农业问题、发展农村经济、促进农民增收的必然选择。

B.5
"三农"互联网金融促进
区域发展：以中西部地区为例

吕亚楠　俞景峰*

摘　要：　以翼龙贷为代表的专注于"三农"领域的互联网金融企业，在支持种植、养殖业农户，涉农小微企业主等获取资金支持、发展生产生活等方面发挥着重要补充作用。随着国家"西部大开发"等政策的推进落实，中西部正在迎来新的发展机遇，同时也面临着巨大的发展资金需求。本文以翼龙贷在中西部地区的助农实践为例，对互联网金融支持"三农"的有益经验及模式进行分析，希望对中西部"三农"经济发展产生借鉴意义。

关键词：　虹吸效应　中西部　区域发展　"三农"互联网金融

　　我国东中西部地区经济发展还不平衡，传统金融体系在不同区域的布局也呈现出这一特点。东部地区农村发展较早，农民多以聚居为主，农村基础设施也比较完备，农民不仅受教育程度较高，而且接触和了解新鲜事物的机会也较多，这些优势为传统金融体系的业务开展提供了便利条件，许多银行网点在东部地区密集布局，由此产生了虹吸效应，东部地区利用区位优势吸引大量资金和投资，成为改革开放近四十年来先富起来的地区，与中西部地

---

* 吕亚楠，北京工业大学法学学士，现为翼龙贷品牌公关部政策研究员；俞景峰，北京工业大学马克思主义理论专业硕士研究生。

区在经济发展方面拉开了明显的差距。反观中西部地区的农村，地势崎岖、山地多、平原面积小而分散的地理环境，使居民难以形成集中连片的聚居，导致当地银行网点的金融业务量不足，甚至会产生入不敷出的结果，尤其是在新时代城镇化建设蓬勃发展的背景下，大量中西部地区的农民流入东部地区务工，中西部农村人口的外流进一步加剧了这些地区银行网点的生存压力，许多银行网点被迫撤出农村，如此一来，更会加剧东西部地区不平衡发展的恶性循环。中西部地区的农民迫切需要找到一条解决资金难题的途径。

农村地区主要以种植业、养殖业为主，这也是广大农民的"铁饭碗"。相当长的一个时期内，在主要农作物的生产和经营方面，东部地区有很大的优势，资金获得也更为便利。但是，随着近年来市场经济的繁荣发展，新时代人民生活水平的不断提高，人们开始追求更高质量和水平的生活需求。由于东部地区平原较多，生产的大多是同质化严重的农产品，这些产品量大价低，缺少特色，在市场上没有价格优势；而中西部地区则可以利用独特的自然地理条件，因地制宜地开发具有地区特色的农产品，这成为当前农村经济发展的潮流和农民实现增收的"亮点"产业。但是，由于中西部地区大多属于欠发达地区，农民积蓄较少，发展特色产业面临的最大困难就是资金问题，"巧妇难为无米之炊"，农民通过传统金融机构的信贷可得性还很低。传统金融机构的短板恰恰是互联网金融机构的长处，也是它们生存和发展的关键优势，它们基于对农村市场的充分了解，准确把握农民的需求和特点，创新灵活多样的方式方法，用互联网和农户建立起密切联系，并正在以全方位、立体的金融服务作用和影响着整个农业生态系统。

许多互联网金融企业准确把握住"西部农村特色产业大开发"这一潜力十足的风向标，纷纷转战中西部农村地区这一具有无限前景的"蓝海"，它们把自己的业务和政府的扶助"三农"政策很好地结合起来，有效地弥补了传统正规金融机构对农民"高门槛"的缺陷，以高质量的服务不断满足农民对发展资金的旺盛需求，为农民量身打造更加方便快捷的借款方式来解决农民的资金难题。为提高农民的还款能力，它们还积极引导农民开展受消费者和市场青睐且经济效益高的农业生产活动，在提高农民收入的同时大大降低了还款风险。中西部地区农民在获得资金支持后，可以进一步扩大种植、养殖规模，更好地发展本地区的特色产品，加快形成当地的特色品牌，以高质量、有特色的农产品供应市场需求，满足人们追求品牌、生态的消费需求。中西部地区特色农产品的发展不仅可以提高经济效益，还能产生引致效应，带动当地规模化生产经营，成为本地经济发展的支柱型产业，带动本地区脱贫致富。长远来看，这对于缩小东中西部区域差距、促进区域协调发展具有重大的战略意义。

与传统金融机构相比，更加市场化的互联网金融机构为农民提供借款的方式和途径更加灵活、多样。这些非传统金融机构在经营时充分考虑农民客户的特点，针对农民缺少抵押物、担保以及积蓄少的特点，它们通过小额分散的方法来降低风险，并采取简化手续、方便快捷的方式帮助农民获取借款；针对农业生产季节性、周期性强的特点，它们能及时提供应急资金来保障农民不违农时进行农业生产；紧密贴近市场的非传统金融机构更加注重发挥"服务"功能，尤其是注重培育一套高效的运营模式，手续方便、借款速度快、工作人员上门服务、大数据风控等特点使它们能够在很大程度上有效填补传统金融机构的服务盲点。在这些"三农"互联网金融企业中，翼龙贷作为"三农"互联网金融行业中深耕农村金融的先行者，提供了许多有借鉴意义的方法及经验。本文就翼龙贷在帮扶中西部地区农民生产经营和促进中西部地区经济发展过程中的一些典型案例进行陈述和分析。

一　河南周口、商丘地区："三农"互联网金融支持粮食主产区稳健发展传统种植、养殖业

（一）总体情况

河南省人口众多，物产丰富，耕地面积广阔，气候温和适宜，是我国粮食主产区。2016 年，河南省粮食种植面积达 10286. 15 千公顷，粮食产量

121

5946.60 万吨，是全国第一农业大省、第一粮食生产大省①。其中，小麦、玉米、棉花、烟叶和油料等农产品产量均在全国占比较大。由于境内地形平坦，多为平原及盆地，河南省可使用耕地总面积为 7179.2 万公顷，有利于开展农业生产。

周口、商丘两市相邻，地处河南省东部平原，两市共有人口 2051.42 万人，其中农村人口 1762.54 万人，占 85.92%。地形平坦、劳动力资源丰富，周口、商丘在发展农业种植方面具有天然优势，是河南省典型的农业种植区域，农业生产以传统经营模式及分散种植为主。其中，周口市是国家重要的大型商品粮、优质棉生产基地，常年粮食播种面积为 1650 万亩左右，总产 150 亿斤左右，每年向国家提供商品粮 100 亿斤左右，是河南省第一产粮大市、全国粮食生产先进市②。在利用自身优势条件发展农业生产的过程中，巨大的资金需求也是周口、商丘两市"三农"群体面临的主要问题，翼龙贷周口运营中心在为农户及涉农小微企业提供资金支持方面，开展了有益实践，实现了良好的助农效果。

（二）借款情况介绍

翼龙贷周口运营中心成立于 2013 年 12 月，业务覆盖周口、商丘两市。周口运营中心下辖 17 个区县运营中心，其中周口辖内 10 个，商丘辖内 7 个，乡镇级运营点 86 个，从业人员 489 人。截至 2016 年底，翼龙贷周口运营中心累计撮合借款 9704 笔，金额达 67807.6 万元。借款群体以农民及小微企业主为主，同时也支持了部分商品生产和商品流转行业，这些借款重点支持了当地传统种植业与养殖业，为当地的农民就业及经济发展做出了很大的贡献，促进了当地传统农业的稳健发展。

1. 解决传统农业资金应急需求

农业作为我国国民经济的基础，保持其稳健发展是一项重要工作。翼龙

---

① 《2016 年河南省国民经济和社会发展统计公报》，网易新闻，http://news.163.com/17/0301/07/CEE6ASFN00014AEE.html。
② 数据来自周口市人民政府网。

贷周口运营中心成立之初就把"三农"作为重点帮扶对象。2016 年全年，该运营中心成功撮合借款 5182 笔，金额达 34682.1 万元。其中，"三农"借款 4983 笔，金额达 33659 万元；占总笔数和金额的 96.16% 和 97.05%。

通过在翼龙贷周口运营中心获取的资金支持，当地许多传统种植、养殖户纷纷走上了致富的道路。

例如，商水县黄寨镇村民郭生民，2014 年开始从事蔬菜大棚种植。2016 年 11 月，郭生民想扩大经营场地，但自己手头积蓄不够，亲戚朋友能提供的资金也很有限。郭生民去银行办理贷款，被告知需要公务人员做担保，同样未能成功贷款。当时，挖土机已经开始进行施工扩建，但施工人员因为拿不到工资马上就要停工。正当夫妻俩发愁之时，他们通过宣传单了解到在翼龙贷可以无抵押纯信用借款后，马上申请了借款。在完成一系列风控考察后，夫妻二人在 3 天内就成功收到了借款 9 万元。资金周转过来后，郭生民很快还清了借款，随后再次向翼龙贷申请借款。在翼龙贷的资金支持下，郭生民又扩建了两个蔬菜大棚，目前大棚总规模达到 7 个，每个温室大棚年收入 10 万元以上，郭生民成功走上了致富路。

再如，商水县固墙镇的蒙古族村民杨志强，自 2014 年开始从事养殖行业，以养羊、养鸡为主要收入来源。2016 年，杨志强家的养殖已初具规模，收入也比以前有了很大提升。杨志强想进一步扩大养殖规模，但没有足够的资金购买饲料。父母年迈，杨志强在当地也没有多少亲戚朋友，在传统银行贷款，被告知不符合贷款标准。正在无奈之时，杨志强在村里看到了翼龙贷服务"三农"的墙体广告，于是向翼龙贷提出借款申请。2016 年 2 月，杨志强成功借款 9 万元，进购了一大批饲料。由于饲料充足，羊圈里的羊生长很快，3 个月后便出售了一批羊。资金周转过来后，杨志强又扩大了养殖规模，羊群数量达到 400 多只。杨志强也在村里过上了富足的生活。基于在翼龙贷的良好借款体验，杨志强常常介绍有资金困难的养殖户到翼龙贷借款，希望帮其他养殖户获取方便快捷的资金支持。

家住柘城县胡襄镇的方宝亭，从事柴鸡养殖已有 8 年时间，养殖规模6000 只左右。2016 年 10 月，由于购进柴鸡苗资金短缺，方宝亭向翼龙贷借款6万元，成功解决了资金困难问题。利用这笔钱，夫妻俩先是扩建了鸡舍，后又买入3000只柴鸡，利润有了明显的增加，年收入增加了4万多元。在翼龙贷工作人员进行贷后回访时，方宝亭告诉翼龙贷工作人员："靠你们扶持，我们突破了养殖资金短缺的瓶颈，资金周转不开的情况好多了。"2017年，方宝亭再次向翼龙贷借款用于扩大养殖规模。

在周口、商丘市，像郭生民、杨志强和方宝亭这样的案例不胜枚举，农业生产活动对资金的应急要求高，而从事传统农业生产及养殖业的小农户通常缺乏有效的抵质押物，难以通过传统金融机构满足融资需求。以翼龙贷为代表的"三农"互联网金融企业，利用线下风险防控，结合互联网技术的高效快捷，为真正有志脱贫致富又苦于融资难的农户提供了极大的支持和帮助。

2. 配合政策导向，支持特色经济发展

沈丘县槐山羊是中国著名山羊良种，原产于河南省沈丘县槐店镇周围，后遍布豫东平原。2014年，沈丘县槐山羊获批成为国家地理标志保护产品。近年来，沈丘依托地方优势，把槐山羊产业化发展作为促进贫困户增收脱贫的突破口。但因生活习性特殊，沈丘槐山羊历年来多由农户放牧散养，规模饲养问题一直是槐山羊产业发展的瓶颈。没有规模就没有效益。翼龙贷沈丘运营中心响应当地政府的政策导向，积极帮助养殖户解决融资问题。

沈丘县莲池乡村民罗生云，在养殖槐山羊前家庭十分困难，家中有两个孩子需要照顾，爱人的腿脚也有些不便，夫妻俩都将提高生活水平的希望寄托在槐山羊养殖上。但由于缺乏资金和专业的养殖条件，养殖规模一直维持在几十只。每年小麦收割后的麦秸，是槐山羊最好的过冬饲料，但是苦于没有资金，罗生云一直无法购买自动打料机。再加上家庭条件较差，他也很难从亲戚或者银行机构获取资金支持。2015年4月，罗生云在得知翼龙贷能为个体养殖户提供资金支持的时候，抱着试试看的心态来申请借款。经过一系列审核，几天后，罗生云就成功借款6万元，扩大了养殖规模，购置了专业的养殖机械。有了罗生云的示范效应，当地规模较小的槐山羊养殖场都在翼龙贷获取了资金支持，扩大了养殖场规模。如今，槐山羊养殖已成为莲池乡经济发展的支柱产业，罗生云也靠养殖场过上了小康生活。

（三）经验总结

1. 坚持小额分散、高效快速的金融服务

传统农业活动受气候、市场等外部因素影响较大，且具有一定生长周期，因此具有较高风险。对此，传统金融机构能提供的资金支持非常有限。从事农业生产活动最重要的是"不违农时"，不少种植、养殖户在生产、养殖过程中受制于资金缺口，无法及时进行购买生产资料、雇工采摘等工作，从而错过了家庭增收、脱贫致富的机会。翼龙贷在河南周口、商丘地区的农村实践过程中发现，及时为有需求的种植、养殖户提供小额资金支持，为不具备传统金融机构贷款资格的"潜力型"农户提供获取资金的机会，可有效带动传统农业区域的经济发展。作为传统金融的补充，"救急"与"救难"是"三农"互联网金融最大的优势所在，且通过小额分散的借款模式，可有效控制风险。

2. 简化手续，快速审核

农行、农信社等金融机构在发放贷款时，大多要求借款人提供公务人员担保，且审核手续复杂，流程花费时间较长。而大部分从事传统种植业、养殖业的农民缺乏传统金融机构所要求的条件。翼龙贷针对农村现实情况采取的无抵押、纯信用借款模式，重点关注借款人的还款意愿和未来还款能力，确保在风险可控的情况下，最快 3 ~ 4 天即可成功放款，可及时满足农户资金需求。

二 云南昭通："三农"互联网金融支持少数民族聚居地区经济发展

（一）总体情况

云南省地处我国西南边陲，总面积 39.4 万平方公里，是我国民族种类最多的省份，世居少数民族有彝族、哈尼族、白族、傣族、壮族、苗族等

25 个。2015 年末，云南全省少数民族人口数达 1583.3 万人，占全省人口总数的 33.4%①。由于地形条件复杂，少数民族居住分散，传统金融机构的运营网点设立往往无法实现对少数民族及当地"三农"群体资金需求的有效覆盖。

昭通市位于云南省东北部，地形条件复杂，自然资源丰富，是中国南方最大的优质苹果基地。截至 2010 年末，昭通市总人口 610 万人，共有苗、彝、回等 23 个少数民族 54.2 万人，占总人口的 12%。作为国家新一轮西部大开发重点扶持地区之一——乌蒙山区的主要地域②，扶贫开发是昭通近几年的工作重点，当地政府利用昭通的物产、生物及旅游资源，大力发展以苹果种植等为代表的经济产业及旅游产业，带动经济发展。结合互联网技术的高效便捷，以翼龙贷为代表的"三农"互联网金融企业可更加快速地为偏远山区的少数民族同胞及"三农"群体提供资金支持，为当地脱贫致富做出了较大贡献。

（二）借款情况介绍

翼龙贷昭通运营中心于 2016 年 4 月开业运营，现有从业人员 18 人。截至 2016 年 12 月 31 日，撮合借款 244 笔，总额 1168 万元。其中涉农借款 198 笔，金额 947 万元，占 81%。翼龙贷昭通运营中心业务覆盖了昭通市昭阳区下辖的 20 个乡、镇、街道办事处和 129 个村、社，借款对象涵盖少数民族借款人、自主创业妇女及政府精准扶贫发展对象等。翼龙贷昭通运营中心自开业以来一直秉承服务"三农"、普惠金融的发展精神，极大地支持了当地"三农"经济的发展。

1. 支持少数民族创业者，带动地区特色产业发展

少数民族地区由于文化、地理环境等因素多具备发展特色产业的基础条件。但是，这些地区的人们在创业过程中，往往会面临融资困难。翼龙贷通

---

① 数据来自云南省人民政府网。
② 内容选自昭通市人民政府网。

过深入了解当地产业特色，量身打造金融产品，为地区特色产业发展插上翅膀。

彝族居住高山地区，气候寒冷，农业只能生产高寒作物。因此，他们的饮食多以燕麦、玉米、荞麦、洋芋等粮食为主。燕麦是昭通市昭阳区高寒地区重要的粮、饲兼用作物，是具有区域特色的粮食作物。彝族借款人刘亚新的创业就和燕麦有关。2016 年 7 月，他和妻子租下一间近 500 平方米的厂房，建成一家生产销售昭通燕麦和苦荞茶的食品加工厂。春节是生产的高峰期，食品加工厂建成后的第一个春节，在准备生产物资时遇到了资金周转困难。刘亚新经朋友介绍了解到翼龙贷，提出借款申请。翼龙贷昭通运营中心经过上门家访、多方了解，认为夫妻二人社会责任感强，家庭和睦，借款用于对昭通特产的推广，兼具经济效益与社会效益，很快授信其 6 万元。资金到位后，刘亚新采购了生产原料，扩大了生产规模，还新雇用了 3 名少数民族工人。现在刘亚新的食品加工厂燕麦和苦荞茶的生产增长了 38%，销售收入提高了 42%，年营业收入增长近 33%，年纯收入达到 30 万元。刘亚新不仅提高了自身的生产生活水平，还为其他少数民族人员提供了就业岗位。

得益于昭通市的自然地理条件，苹果种植为昭通市的特色经济产业。翼龙贷昭通运营中心自开业以来，积极参与农村经济建设，极大地支持了昭通苹果经济和旅游经济的发展。彝族青年安省伟，家住昭通市昭阳区永丰镇，以种植苹果为主要收入来源。2016 年，响应国家新农村改造建设，安省伟修建了新屋，没想到几乎用光积蓄，而家中的 30 亩苹果地马上面临施肥，否则会影响次年的收成。夫妻两人跑遍了农村信用社、农行，都因没有正式职工担保而被拒之门外。在翼龙贷业务员下村宣传时，夫妇俩了解到翼龙贷的翼农贷产品不用抵押不用担保，于是向翼龙贷提出了借款申请。工作人员按风控标准对安省伟进行了家访尽调。5 天后，安省伟成功收到借款 6 万元，夫妇俩用这笔钱购买肥料，及时在种植的 30 亩苹果地里完成施肥工作。得到翼龙贷的资金支持后，安省伟的苹果种植逐渐走上了正轨。发生在安省伟身上的变化影响到周围邻居，他们在修建房屋、农业生产资金短缺时，也纷纷找到翼龙贷。

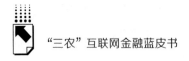

在工作人员对安省伟进行回访时，安省伟表示，苹果收成特别好，卖的价格也很不错，现在家中房屋已经刷上了白墙，贴上了地板砖，自己住上了真正的小别墅。

2. 扶助少数民族妇女创业致富

少数民族妇女在创业过程中往往面临着很大的局限，自身受教育水平有限，缺乏启动资金，家庭责任较重，且社会环境对女性创业也更为严苛。对此，翼龙贷为少数民族妇女创业给予了较多支持和帮助。家住昭阳区永丰镇的郑红，是一名离异的彝族妇女。2015年郑红在昭阳区洒渔镇开了一家餐馆，经过自己的辛苦经营，有了一些积蓄。郑红根据农村市场需求，决定扩展产业，在当地开办了一家化肥销售点，在完成租房和购置店里用品后，进货方面出现了资金不足的问题，资金缺额在9万元左右。由于翼龙贷昭通运营中心在洒渔进行过广告投放，郑红第一时间想到了找翼龙贷借款。翼龙贷受理了郑红的借款请求，并立即安排风控人员进行家访尽调，对餐馆经营情况及其个人资产状况进行了了解。尽调过程中，翼龙贷当地运营中心对郑红自强不息、敢于拼搏的精神感触很深，在风控审核合格的情况下，很快就为其撮合成功9万元借款。化肥点成功运营后，郑红的生意更忙碌了，年收入也达40万元。

这位经历过不少坎坷的少数民族妇女通过努力拼搏已然成为一个独立自主的成功创业女性。翼龙贷在普惠大众、支持"三农"发展的同时，更加支持积极向上的创业精神，支持有理想抱负、敢于拼搏的少数民族妇女打开一片更广阔的天空。

刘瑾芳，女，33岁。在外地打工的几年里，她一直计划着把学到的生猪养殖技术带回乡里，改善自家经济水平的同时，也带动乡亲们一起致富。2015年回到家乡后，刘瑾芳开始筹划建厂。2016年6月，她在家乡昭阳区旧圃镇建起了约11亩的生猪养殖场厂房。厂房建起后，养殖场在生产物资进货和维护费用方面出现了资金周转困难。刘瑾芳向农行、农村信用社等机构申请贷款，都因贷款门槛过高未能成功。看到翼龙贷昭通运营中心的广告后，刘瑾芳向翼龙贷提出了借款需求。运营中心的工作人员在对刘瑾芳进行风控家访并对其村委和村民进行走访后，了解到她帮助乡亲致富的强烈愿望，很快为她授信6万元。解决了资金问题，刘瑾芳的生猪养殖场步入顺利发展的轨道，养殖规模不断扩大，并为同村村民提供了就业岗位。现在养殖场的年营业收入已达到60多万元，对当地的脱贫致富及农民就业都起到了很大带动作用。

（三）经验总结

1. 借助互联网技术有效满足少数民族地区金融需求

云南地处我国西南边陲，辖区内有许多少数民族自治区。由于地形复杂多样，交通不便，居住分散，传统金融机构很难实现金融服务的有效覆盖。翼龙贷独有的"同城O2O"模式可使运营网点级级下沉，实现辖区内的乡、镇、村、社基本全覆盖。通过线上借款工具的应用和普及，可有效降低运营成本，为当地居民提供金融服务，有效缓解少数民族借款难、借款慢的问题，为少数民族同胞提供创新创业发展资金，助力少数民族地区脱贫致富。

2. 支持少数民族女性创业就业

为少数民族女性提供资金支持，帮助其创业就业，可有效提高少数民族女性的家庭生活水平，对少数民族地区发展具有极大的经济价值及社会意义。上文中自主创业的郑红、刘瑾芳等人，在实现创业创收的同时，还可以促进同村女性不离乡就业，能在一定程度上缓解留守儿童、留守老人等社会问题，产生积极的社会意义。互联网金融企业在为少数民族女性提供金融帮扶时，也可为其提供更多借款利率、流程等方面的优惠及便利。

三　甘肃景泰："三农"互联网金融助力西部地区脱贫致富

（一）总体情况

甘肃省位于中国西部，境内地形复杂，山地多、平地少，沙漠、戈壁、低洼盐碱等尚未利用的土地类型多，适宜耕种的土地面积少；加之深居西北内陆，气候干燥，水资源较为缺乏，甘肃省农业发展受自然条件限制较大。

由于自然条件差、经济发展慢，甘肃省贫困程度较深。截至 2016 年底，甘肃省还有贫困人口 227 万人，贫困面达 10.9%[①]。2017 年 11 月，中共中央办公厅、国务院办公厅印发了《关于支持深度贫困地区脱贫攻坚的实施意见》，提到甘肃省临夏州是开展扶贫攻坚工作的重点地区。响应国家"西部大开发"及脱贫攻坚工作，翼龙贷位于甘肃省内的运营中心，也将支持贫困人口脱贫致富作为自身的责任，为其农业生产经营提供快速便捷的融资支持。

景泰县位于甘肃省中部、河西走廊东端，耕地面积 78 万亩，总人口 24 万人，在甘肃省内属于农业生产条件较为便利的地区，粮食总产量连续五年达到 15 万吨以上，是全省产粮大县、畜禽养殖大县。近年来，景泰全县坚持脱贫攻坚，精准识别贫困村 60 个，贫困户 9088 户，贫困人口 3.47 万人。2016 年，景泰县农村居民可支配收入为 8974 元[②]。

（二）借款情况介绍

翼龙贷景泰县运营中心，2015 年 10 月开业，从业人员 8 人，截至 2016 年 12 月，借款总量为 1496 万元，其中，涉农借款 1350 万元，占 90.2%。近年来，景泰地区不少农户开始发展养殖业及特色经济作物种植，翼龙贷为景泰当地枸杞种植及种植、养殖大户提供资金，在带动地区特色经济发展，帮助贫困人口脱贫就业做出了积极贡献。

1. 扶持种养殖大户，示范作用带动脱贫

特色养殖是景泰产业脱贫的一个重要方向。但是养殖业发展前期投入大，资金需要多。翼龙贷根据贫困地区养殖业发展的特点，通过扶持养殖业大户，带动了本地居民的脱贫致富。景泰县上沙沃镇村民郑磊，从事育肥羊

[①] 《甘肃将向深度贫困地区进一步倾斜资金支持》，新华社，http://www.gansu.gov.cn/art/2017/8/7/art_39_318721.html。

[②] 数据来自《2015 景泰年鉴》。

养殖，并于 2016 年建立了新型养殖基地，养有 5000 多只育肥羊。2017 年 3 月，养殖场需要购进新品种羊崽，但由于养殖基地前期建设投入较多，育肥羊还未到最佳出售时间，郑磊手中已没有可周转资金，若不能及时购进新品种羊崽，会对当年的养殖造成巨大损失。为了解决资金难题，郑磊通过朋友介绍了解到翼龙贷，翼龙贷工作人员对郑磊进行了家访尽调之后，仅用四天时间就为其撮合了 10 万元借款。郑磊用这笔资金顺利购进新品种羊崽。2017 年 9 月，翼龙贷工作人员到郑磊的养殖基地进行回访，并参观了养殖基地，郑磊告诉工作人员："没有这 10 万块钱，我今年损失就大了，资金周转不开不说，这新建的养殖基地估计明年就没羊可养了。"

现在，郑磊的养羊事业已经取得了丰厚的收益，生活水平也得到了极大的提升，并新购置了奥迪汽车。在自己富起来的同时，郑磊还介绍了不少学习养羊的村民在有资金需求时通过翼龙贷借款，并为当地 4 位村民提供了就业机会。

再如，景泰县芦阳镇村民祈富民，从事蛋鸡养殖 20 余年，在景泰县已经拥有两个养殖基地，目前共有 7 万多只鸡。丰富的养殖经验以及先进的养殖理念，已让祈富民成为当地养殖业中的佼佼者。2017 年 8 月，养殖基地因扩大规模亟须购进一批小鸡苗，但夫妻俩刚刚购买了车房，手中积蓄不多，向亲戚朋友借也没有凑够。祈富民在朋友的建议下来到翼龙贷，提出了借款申请。工作人员详细了解了祈富民的情况，3 天后便为其提供了 15 万元借款。利用这笔资金，他及时购进了小鸡苗，保证了年底鸡蛋需求高峰期的可观收益，解决了同村 5 人的就业问题，为当地小规模养殖户提供养殖经验支持，带动大家共同脱贫致富。

2. 支持地区特色产业规模化发展

景泰县地处西北，昼夜温差大，光照充足，砂质土壤适合枸杞生长，景泰利用这一优势条件，大力发展兼具生态和经济效益的枸杞种植产业，带动贫困人口脱贫致富。近几年景泰的枸杞种植业让当地许多农民富了起来，但是，种植枸杞的前期培育期长，投入大，需要更多的金融支持。

漫水滩乡的 56 岁藏族农民高进福也在内心萌生了种植枸杞的想法。他发现身边的人大多种植红枸杞，种植黑枸杞的却很少，原因是黑枸杞种植投资大、风险高。物以稀为贵，老高决心试种黑枸杞，但高进福现有的积蓄难以负担黑枸杞种植期间所需的费用。2017 年 3 月，高进福通过身边的亲戚朋友凑够了两万元钱，再加上自己的积蓄，但对于黑枸杞种植来说还是远远不够。所谓一年之计在于春，再借不到钱，枸杞就无法种植了。正在手足无措之际，高进福在朋友的介绍下来到翼龙贷景泰运营中心，一系列手续办完后，他很快就得到 9 万元借款，顺利完成了 30 亩黑枸杞苗种植。2017 年 8月，正是枸杞大丰收的时候，翼龙贷工作人员回访高进福家。他热情地接待了工作人员，并对翼龙贷工作人员说："今年的枸杞收成非常好，我大概算了下，还清借款，我能挣十多万，明年我还要扩大种植面积，将我的黑枸杞卖到全国各地。"

（三）经验总结

1. 产业扶贫模式促进贫困地区可持续发展

国务院发布的《"十三五"脱贫攻坚规划》提到，贫困地区可利用地区资源禀赋，以市场为导向，建成一批脱贫带动能力强的特色产业，提升贫困人口劳动技能，增加其经营性、财产性收入。西部地区独特的自然地理条件有利于发展特色农产品，避免了农产品同质化带来的低收益，市场销售情况比较乐观。目前，景泰县大力发展枸杞种植产业，建立有机枸杞种植示范基地，由企业通过经济合作社分片承包给贫困户，企业提供技术服务和产品销售，合作社实行统一管理。翼龙贷通过为贫困户提供种植资金支持，可有效扶持产业扶贫模式的可持续发展，带动当地贫困人口脱贫致富。

2. 支持种植、养殖大户实现示范性脱贫

从事农业生产活动的"三农"群体大多有一定种植、养殖经验，在资金充足的情况下，根据市场需求选择合适的种植、养殖项目，可在一定生产周期内产生经济效益。支持贫困地区种植、养殖大户资金周转，可带动同村劳动力就业，并为周边农户提供示范性效应，帮助其获取经验，学习发展同类型种植、养殖活动，形成规模效应，实现脱贫致富。

四　山西临猗："三农"互联网金融助力打造区域特色经济

（一）总体情况

山西省地处黄河流域中部，有丰富的矿产资源，是资源开发利用大省，在全国矿业经济中占有重要地位①。近年来，山西省深入推进煤炭清洁高效利用，从煤以外寻找战略支撑点。发展特色经济成为山西经济转型的重要举措。

临猗县位于山西省西南部，属运城市辖区，常住人口近60万人，是全省的人口大县和全市的第一人口大县，劳动力资源丰富。临猗县属于暖温带大陆性气候，全县雨热同步、光照充足、昼夜温差大，自然条件适宜发展果品种植。近年来，临猗县先后注册了51个水果品牌，被确定为国家级果品出口安全示范区，苹果、枣、桃等多种水果获得出口认证，每年有两亿斤以上水果出口到美国、俄罗斯、澳大利亚和东南亚等15个国家和地区。临猗县以苹果、枣、石榴为主的林果业快速持续发展，"果都临猗"影响力在不断扩大②。林果经济的快速发展离不开强有力的金融支持，"三农"互联网金融作为传统金融的有益补充，在临猗果品经济发展过程中提供了持续的资金支持。

（二）借款情况介绍

翼龙贷临猗运营中心于2016年5月开业，现有从业人员7人，截至2016年底，借款总量为1062万元，涉农借款占100%，主要用于果树种植、农资经营、水果贸易、果品储藏、畜牧养殖等方面，有效地缓解了

---

① 源自山西省人民政府网。
② 源自临猗县人民政府网。

当地农民在农业种植、农产品销售等方面资金周转难的问题。

　　翼龙贷临猗运营中心结合当地的实际情况以及风土人情，摸索出了一套符合当地特色的展业及风控方法。例如，庙上乡以种植枣树为主，其中暖棚冬枣为当地的主要经济收入来源，在搭建大棚资金缺口问题和种植农户资金周转问题上，翼龙贷给予当地农户大力的资金扶持。其他各乡镇的特色种植，有苹果、梨、桃、核桃、柿子、石榴等，也同样获得了翼龙贷的有力支持。截至2016年12月31日，在翼龙贷的帮助下，有15户农户借款后实现脱贫；1家企业摆脱资金困难恢复到正常生产状态，实现50余万元的利润收益，解决了当地70人左右的就业问题。据统计，翼龙贷临猗运营中心为当地扶贫工作提供了400余万元的补充资金，帮助借款农户实现增收200余万元，为县域经济发展和当地农民增收做出了很大贡献。

　　1. 为特色经济发展提供快速资金补充

　　临猗县特色产业发展已具有一定的规模。金融支持特色经济方面，有较大的发展空间。临猗县庙上乡村民许志凯，自2002年起就以种植枣树为主要收入来源。2016年夫妻二人想在16亩的大田冬枣地上搭建暖棚，以提高果品质量并确保冬枣提前上市来提高种植收益，但是由于前期种植枣树投资较大，且已在2016年1月和同年11月两次在信用社贷款11万元，夫妻两人缺乏搭建暖棚的周转资金。他们打听得知翼龙贷后，提出了借款需求。通过翼龙贷获得6万元的资金支持后，夫妇俩购买了暖棚材料，于次年春季搭建了暖棚。2017年秋天，许志凯家的冬枣产量从2016年的每亩1700多斤增加到2500多斤，冬枣的味道、品相也有了质的飞跃，出售价格从每斤3.5元提高到8~10元，并且实现提前上市。广东、东北、海南的客商都来抢购许志凯家的冬枣。许志凯家冬枣几天时间就卖完了，成功实现了经济收益翻倍。

　　临猗县北辛乡的村民郭毅，从事苹果种植20余年，以种植24亩红富士苹果树为生。由于郭毅家中有三个孩子，经济压力比一般家庭大，苹果树的收入不能完全支撑家庭开支，家中生活一直比较拮据。夫妻二人想扩展种植规模，从亲朋好友处凑了一部分，从农村信用社借了一部分，但是仍然不够。正在郭毅一筹莫展之时，翼龙贷业务员下村做推广让夫妇俩看到了希望。经过一系列风控尽调后，郭毅在4个工作日内便成功借到6万元。夫妇俩紧接着承包了40亩苹果树，经过悉心经营，果品被外来果商看中，全部预订销往南方沿海城市。当年郭毅就实现了家庭增收。经济效益转好后，郭毅又在家里后院搭建了彩钢棚；家里还添置了电动三轮车。2017年7月，郭毅还清借款后，再次从翼龙贷借款6万元，准备开展新的种植计划。

2. 促进产业规模化发展，带动地区发展致富

张易杰是临猗县孙吉镇某村的村主任，家中种了18亩苹果树。作为村主任，张易杰一直在思考如何带领村民共同致富。由于当地农民果树种植面积大，水果收成后如何储存是个重要的问题。张易杰于2014年8月在本村建了5个冷藏果库，每个果库能存储100万斤的水果。有了果库，农户可将果品储藏后再联系客商，就能打开销路，以更好的价格出售水果。但果品储藏需要很大的流动资金，包括果库运营所需的电费、维修费以及员工工资等，每年收获季节，冷库都面临资金紧张的问题。张易杰看重翼龙贷的方便快捷，于2016年成功借款6万元，用以缓解冷藏库的资金压力，避免了因资金不够而低价出售果库中积压水果的情况。夫妻俩提前还清借款后，于2017年5月再次借款15万元用于扩大生产规模。张易杰在带领村民共同致富的路上越走越有信心。

刘益民，家住临猗县孙吉镇，家庭收入主要来自果树收成和平时打零工。但刘益民思想上进，敢想敢干，经常在网络媒体上关注农经节目，从中寻找致富机会。刘益民发现，随着经济发展，人们越来越追求绿色、安全的食品。刘益民打算把家中数亩果树下的空间利用起来养家禽，安静的果园环境是养殖的绝佳场所，天然青草、昆虫是家禽的最佳补充食料，同时家禽的粪便又是果树天然的有机肥料，这种原生态的养殖方式会有更大的消费市场。通过翼龙贷，刘益民就成功借到6万元，采购鹅苗进行养殖。由于鹅的发病率低，成活率高，且鹅蛋的营养价值高，市场对鹅蛋、鹅肉都有很大需求，纯天然养殖的鹅销路很好。现在，刘益民的养殖规模从小到大，从购买养殖逐渐发展到实现自繁自养，从销售鹅蛋、鹅肉发展到销售鹅苗给附近村民。刘益民向着致富梦想稳步迈进，也带动身边村民共同前进。

（三）经验总结

1. 发挥地方特色经济优势，促进产业规模化发展

临猗的自然环境适宜发展果品种植，当地政府充分利用这一特点，将果品种植发展为当地特色经济，并通过品牌宣传提升经济效益。翼龙贷着力支持当地特色经济发展，为有资金缺口的农户提供启动及周转资金，在促进农民增收的同时，帮助其很好地缓解还款压力，提高其还款能力。而且特色产业的发展在当地可以产生引致效应，实现同地区辐射带动作用，助力当地特色经济规模化、产业化发展。

2. 发展供应链模式，建立生产到销售全链路环节服务模式

供应链金融模式围绕核心企业，将风险管理和资金支持进行了前伸和后延，通过立体获得上下游企业的各类生产信息，将风险控制在最低。"三农"互联网金融在为特色经济发展提供资金支持时，可应用供应链模式，围绕规模化经济的核心企业，打通从生产到销售的全链路环节，实现商流、信息流、物流、资金流等方面信息的畅通，并为其提供服务，在有效控制风险的同时，也可助力特色经济产业实现更大的经济效益。

五 陕西紫阳："三农"互联网金融 支持特色文化传承与保护

（一）总体情况

陕西省地处中国内陆，截至2016年末，全省常住人口3812.62万人，土地面积20.58万平方公里。

紫阳县位于陕西南端，汉江上游，总面积2204平方公里，辖17个镇，

35 万人，其中农业人口 30.9 万人。这里川腔秦韵交乳，茶文化、道教文化、民歌文化、汉水文化融汇，是文化部命名的"中国民间艺术之乡"。其中，紫阳民歌曲调优美，传唱千年，被列为国家首批非物质文化遗产。紫阳富硒茶久负盛名，属国家地理标志产品，被认定为中国驰名商标。2010 年，紫阳全县产茶 2110.4 吨，实现综合产值 2.67 亿元，茶叶已成为紫阳农民增收致富的主导产业。

（二）借款情况介绍

翼龙贷紫阳县运营中心于 2015 年 7 月开业，下辖 10 个镇级网点，从业人员 30 人，从开业至 2017 年 9 月底，借款总量为 5400 万元，其中，涉农借款 4400 万元，占 81%。翼龙贷紫阳运营中心成立以来，给近千户农民带来了资金扶持。

1.助力非物质文化遗产的传承与保护

紫阳民歌是国家级非物质文化遗产，55 岁的紫阳民歌市级传承人王安银自幼受爷爷和父亲的传授，从 16 岁起就正式参与场合对歌，很受民众欢迎，被当地奉为歌师和说酒礼的支客师。王安银长期在紫阳县及安康市周边进行民俗相关的演艺，曾上过中央电视台《开门大吉》栏目。为了更好地将紫阳民歌传承下去并让更多的人知道，王安银夫妇打算进一步投资民歌事业来加大紫阳民歌的宣传力度，向翼龙贷借款 15 万元用来购买舞台演出车，承接四里八乡红白喜事演出，一定程度上提高了紫阳民歌的知名度和社会大众对于传统文化的保护意识。

2.地区特色文化产业发展传播

紫阳县城位于汉江上游、大巴山北麓，降雨适中，气候宜人，属于天然富硒区，茶叶产销历史悠久。家住紫阳县城关镇的农民陈向儒，2013 年回乡创业，以种植茶叶、茶叶加工、茶叶销售为主要收入来源。陈向儒十分注重打造紫阳茶的品牌和市场，并于 2014 年成立了茶叶产业合作社。在进一步扩大茶叶种植规模和提高加工销售水平的过程中，陈向儒遇到了资金难题。翼龙贷帮助陈向儒解决了资金难题。陈向儒向翼龙贷借款 12 万元，成功保障茶叶合作社的正常运转。2016 年初，在政府的协调下，陈向儒带头在紫阳县城关镇塘磨子沟村、双台村流转承包百余亩土地用于种植茶苗，带领 100 余户乡亲种植了 1000 余亩的茶园，建立起一座 600 余平方米的茶叶加工厂房，为合作社和乡亲们创收 4000 余万元。2016 年 3 月，陈向儒成立茶业销售公司，形成了合作社自产、自销的自主品牌经营模式。2017 年 8 月，陈向儒提前还清借款后，于 10 月再次借款 12 万元用于发展生产。茶叶合作社良好的生产经营给当地带来了可观的经济收益，下一步陈向儒打算在西安、苏州、上海等地开销售门店，力争把紫阳茶文化推向国内外。

（三）经验总结

"三农"互联网金融资金支持的不仅包括传统种植、养殖业，而且包括文化产业的发展与保护。在不少历史文化底蕴深厚的地区，借款人从事的也是特色文化相关的工作。助力传统文化的传承和保护，也是"三农"互联网金融企业需要积极履行的社会责任。

六　总结展望

"三农"互联网金融在服务农村市场，为农户家庭、涉农小微企业主、新型职业农民等经营主体提供借贷撮合服务的过程中，发挥了积极的补充和支持作用。以翼龙贷为例，对"三农"互联网金融企业在中西部地区的发展实践进行经验总结。

（一）经验总结

1.互联网金融快速便捷的特性与农业生产特点相适应

农业生产受自然条件、市场变化影响较大。许多农户在传统金融机构借款后发现市场环境发生变化，如农产品价格大幅下跌，原生产计划受阻，急需周转资金却难以获取。面对这种情况，互联网金融方便快捷的特性能迅速为其提供补充资金，及时帮助农户应急渡过难关。农产品市场价格波动较大，银行等传统金融机构往往会在农产品价格处于低谷时收紧贷款，导致农户借款更加困难。而翼龙贷根据农户生产大数据等硬资料及个人口碑等软资料，对农户的偿债能力及意愿进行评估，可为处于生产周期低点的农户提供资金支持。

2. "三农"金融须具备小额分散、方便快捷的特点

传统金融机构在面对农户借款需求时，往往有严格的审核标准，包括要求有公职人员担保等。许多农民无法达到银行或农信社的要求，很有可能因此错失发展良机。翼龙贷的实践证明，多数涉农生产项目都具备很强的发展潜力，在一个生产周期顺利完成后基本可实现有效增收，提高生活水平，按时还款并无困难。因此，在风控过程中，互联网金融企业通过不断提升风控能力，充分发挥自身方便快捷的优势。而小额分散的借款模式也更利于控制风险，惠及更多"三农"群体。

3. 支持当地特色产业，促进经济发展

在翼龙贷中西部地区实践案例中，山西临猗水果种植产业、甘肃景泰县枸杞种植产业、云南昭通苹果种植产业都属于当地特色经济产业。通过支持当地特色产业，可以促进其规模化发展，形成规模效应，从而吸引更多政策支持及优势资源，有效带动当地经济发展，帮助当地贫困人口更加便捷地获取种植、养殖经验及资源，实现增收致富。

4. "软硬信息"相结合进行大数据风控

翼龙贷在服务"三农"市场的10年间，坚持推进农村征信体系建设。除了农户有限的征信、"三品"、"三表"等"硬信息"外，翼龙贷利用农村"熟人社会"特性进行风控，通过收集农户的"软信息"，包括家庭是否和睦，邻里风评，致富意愿及有无不良嗜好等，对风险进行较为全面的把控。实践证明，"软硬结合"的风控方式更有利于降低农村金融市场风险。

（二）发展需求

1. 为涉农互金企业提供相应资金、政策支持

在服务"三农"市场的过程中，互联网金融公司面临的风险和运营成

本也总体升高。广大农村地区地域辽阔，居住分散，风控人员在进行家访尽调的过程中往往需要较长时间；除此之外，人力、信息化办公设备、办公场地费用等都加大了公司的运营成本。"三农"互联网金融有效地弥补了农村金融市场的资金缺口，是传统金融的有益补充，在扶助小农户、小微企业主、新兴职业农民等群体方面做出了持续的努力，也应享受到必要的政策优惠，确保其可持续发展。

2. 推进行业征信信息共享

农村征信起步较晚，信用信息的收集核实困难较大。国内的涉农网贷平台大多采用线上+线下的方式进行风险控制，存在一定的局限性。近两年来，越来越多的平台开始意识到农村市场的发展前景，并开发了服务"三农"人群的相应产品。现有服务"三农"市场的平台都有一定的农户信用信息，但并未形成有效的共享机制。使"三农"互联平台分散却珍贵的信用信息发挥更大的作用，是未来行业发展要关注的重要课题。

目前，中国互联网金融协会及各地方行业协会已开始推动网络借贷信用信息共享系统建设。未来，希望可以逐步完善网络借贷统计监测数据库及失信惩戒机制，通过司法和舆论导向，加大对违约群体的惩戒力度，提高失信人的失信社会成本，帮助涉农互金企业实现更加良性的发展。

（为保护个人隐私，本文涉及的借款人姓名均为化名）

B.6
"三农"互联网金融助力农村
发展的深度剖析

摘　要：　本文主要通过案例来具体分析"三农"互联网金融对农村发
展的影响，可以分为助力农村的经济发展和助力农村的社会
发展两个大方面。"三农"互联网金融助力农村的经济发展，
主要体现在：第一，提升农民收入水平；第二，完善农村的
数字经济基础设施建设；第三，解决农村人口就业；第四，
助力农村供给侧结构性改革。而"三农"互联网金融助力农
村社会发展则体现在：第一，有助于改善农村的劳动力结构；
第二，有助于转变农民的消费观念，提升农民的生活质量；
第三，有助于国家精准扶贫战略的进一步实现；第四，有助
于农村特色农产品与文化的传播。本文搜集从事"三农"互
联网金融领域相关业务的企业实际案例及企业运营数据，通
过案例分析来叙述"三农"互联网金融的发展对农村发展所
产生的深远影响，这类影响直观、深远，它们都是推动中国
农业现代化建设和农村发展的重要方面。

关键词：　经济发展　农村发展　"三农"互联网金融

---

* 徐杨，中国社会科学院研究生院金融系硕士研究生，主要研究方向为货币政策与金融学前沿
理论；李勇坚，研究员，教授，博士后合作导师，博士，中国社会科学院财经战略研究院互
联网经济研究室主任，主要研究方向为互联网经济、服务经济等；杨莹，中国社会科学院研
究生院法学系法律硕士，主要研究方向为民商法。

在《中国"三农"互联网金融发展报告（2016）》中，我们提出了在"三农"互联网金融的发展过程中，由于农业的发展具有不同特色和地域特点，互联网金融在农村的业务开展和产品设计也因地制宜，具有特色。随着农村市场的前景逐渐被市场发掘，越来越多的互联网金融企业开始布局农村市场。这些"三农"互联网金融企业主要可以分为五种运作模式：基于P2P网络借贷的模式、基于电子商务大数据衍生出的供应链/产业链的模式、基于众筹的模式、基于公益目的的模式以及基于传统金融转型的模式。

由于"三农"领域存在巨大金融缺口，而互联网金融在"三农"领域能够起到对现有金融的重要补充作用。P2P网络借贷模式的主要价值有三点：其一，满足小微企业或个人的资金需求；其二，将社会中的闲置富余资金更充分利用；其三，发展和完善信用体系，而农业恰恰是资金需求旺盛的产业，农村恰恰是个人信用极其不完善的地方。因此，P2P网贷资金注入"三农"领域，能够促进"三农"领域实体经济发展①，给农村社会经济带来强力支持作用。

一　互联网金融助力农村经济发展的途径

1. 互联网金融有助于提升农民收入

我国农村居民的收入水平相较于城市居民的收入水平来说一直是偏低的，但一直保持着较快的增长速度，农村居民的人均可支配收入逐年稳步提升，2016年，我国的农村居民人均可支配收入达到12363元，相较于2015年提高了941.3元，同比增长8.24%。

其中，根据2015年的数据，可以看到，在农村居民年人均收入中，

---

① 在缺钱的时候，农民首先会想到去当地农村信用合作社借款，但是农村信用合作社需要非常严格的抵押担保制度，通常需要抵押资产或者通过公务员担保的形式，这是很让农民头疼的问题，而且，一般情况下，农村信用社的放款速度较慢，通常需要15～20个工作日，等到钱款到账，农时却被耽误了。为了解决农民贷款难、贷款慢的问题，P2P网络借贷能够为"三农"领域提供实时的资金支持。

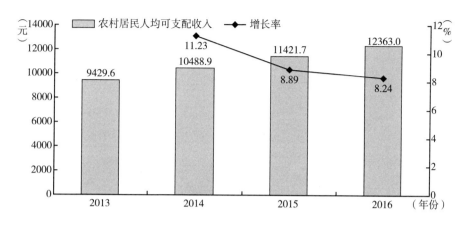

图1 农村居民人均可支配收入

资料来源：国家统计局。

40%来源于工资性收入，40%来源于经营净收入，两者之和约占农村居民人均可支配收入的八成，是收入的主要来源。中国社会科学院农村发展研究所曾经做过调查，表明，16.8%的农民认为需要钱，56.8%的农民认为自身资金很紧张，而农民认为农村贷款不便利的比例占到69.6%。农民贷款难是目前农村金融发展遇到的主要问题。如果能够增加融资渠道，农民的经营净收入完全可能增加。从"三农"互联网金融看，通过为农业生产经营注入资金，能够提高农村经营净收入；而通过提供资金，可以促进农村地区本地化的产业体系发展，包括一二三产业融合发展体系的发展，有利于增强农村的本地化就业能力，实现农民增收。

再来看区域间的收入差距，虽然农村居民人均可支配收入与日俱增，但是我国区域间的收入依旧存在差距，从图3可以明显地看出，我国的农村居民收入呈现"东高西低"的基本态势，其中存在自然条件的限制，东部地区、东北地区自然条件优良，有利于发展农业生产，而中、西部地区条件不好，农业发展相对较差。但与此同时，技术、人口、政策等方面的差距也是区域间收入存在差距的重要原因。

农村居民收入低于城镇以及农村收入区域间不平衡，与农村地区的经济发展水平、产业发展模式有着直接联系，也与农村金融发展状况有着直接关

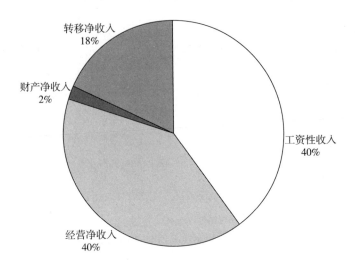

图2　2015 年农村居民可支配收入来源

资料来源：国家统计局。

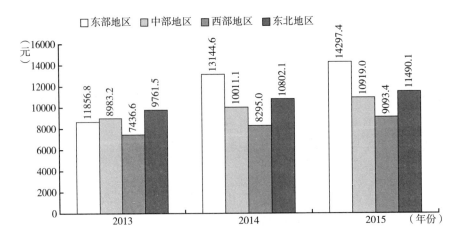

图3　农村居民区域间人均可支配收入情况

资料来源：国家统计局。

系。金融服务供给不足导致"三农"领域收入过低。研究表明，农村金融在发展结构、规模和效率等方面均与城市存在差距，这与城乡之间的收入差距是正向相关的。而农村金融的发展在一定程度上扩大了这种城乡差距。我

144

国农村金融具有很强的虹吸效应，一些中西部地区的农村金融机构在此过程中扮演着类似抽水机的角色，农村资金反而流向城市，中西部资金向东部地区转移。

据《中国普惠金融发展报告（2016）》，平均每贷款 1 元，可以增加人均收入 0.2018 元，贷款 1.1 万元，其收入增长相当于增加 1 个外出务工人员给家庭带来的人均纯收入，或人均增加 3.2 亩耕地带来的纯收入。"三农"互联网金融利用互联网技术，将城市资金"输血"到"三农"领域，有助于农民收入的增加。

互联网金融作为新兴的经济形态，在"三农"领域有着独特的优势。"三农"互联网金融运用其优势，扎根于农村，发力于农业，服务于农民，通过发挥其优势，提高农民收入。"三农"互联网金融可以通过解决农业生产、农产品销售的资金缺口、降低农民使用资金成本等多角度来实现农民的增收，这不仅促进农产品销售，也提高收入水平。

第一，通过解决生产过程中的资金短缺问题提高收入。

对农田、牧场规模较小的农牧民来说，季节性、时效性非常重要，农民采购种子、化肥、农机具，牧民冬储牧草牛羊都需要资金，这些资金需求量并不大，但频次高，时间要求急，传统金融机构无论是产品设计还是放款速度，都难以适应这种需求。而如果不能及时投入资金用于农业生产，则会导致不必要的减产减收。从实地调研看，银行等传统金融机构仅征信就需要一两个月，很难全面介入，只能是鞭长莫及。在很多情况下，"三农"互联网金融还能通过利用农业生产与农村金融需求的大数据，对农民生产资金进行预测，通过线上借贷信息撮合，为农民提供更为便捷的资金解决方案。例如，P2P 形式的"三农"互联网金融往往能够更好更快地做到深入农村，通过实地走访农民的借款需求，确定农民的还款能力，一旦达标，资金将很快到位。

例如，河南省周口市商水县养鸡户朱某，通过翼龙贷平台借款 9 万元，用于购买鸡饲料。而周口市翼龙贷运营中心通过对客户养殖大数据进行分析，促成了快速借款，解决了其在养殖过程中遇到的资金困难。

第二,通过解决销售问题提高收入。

供应链金融模式正在农村快速发展。供应链金融这种模式,将农业产业链与互联网金融联系起来,使农业销售环节更为稳定,有利于提高农民收入。尤其是阿里或者京东这样的电商巨头,依托其强大的渠道整合能力,将前期金融需求与后期产品销售结合起来,拓展了"三农"互联网金融的新空间。例如,2015 年 9 月 18 日,京东金融正式推出农村信贷产品"京农贷",用以解决农民融资难的问题。四川省仁寿县福仁缘食品开发有限公司的主要业务是在网上卖枇杷,作为"京农贷"第一家合作企业,该公司是京东平台的供应商之一。公司在种植前期与农户签订协议,承诺将以高于市场的价格收购果实,收购费用从京东金融贷款,收果时种植户直接将枇杷送到公司,之后直接在京东商城销售,销售收益最终有一部分还给京东金融。这是一种"订单式融资"业务,适用于京东所有的供应商、入股企业以及农产品入股企业背后的农产品加工商和供应商,而最终受益的是大批的农产品种植农户。

互联网金融中的"众筹"模式也是将农产品销售与金融联系起来的一条良好渠道。"农业众筹"为"三农"金融问题的解决提供了一种全新的视角,因为众筹完全依赖于"三农"领域的现有资源,借助"互联网 + 金融"模式,以解决"三农"方面的金融问题。这种模式对农民收入的提升是一个极大的促进。在传统农业产业发展模式中,农民或农业经营者根据自身的判断决定生产什么农产品、如何销售农产品,导致农业生产与流通之间的信息不对称。而农业主要存在生产周期长、产品品质影响因素多、消费者与生产者之间沟通困难等问题,这样,农产品容易出现周期性过剩或者短缺,经常产生结构性失衡。而"农业众筹"解决了农业生产过程中所需资金的问题,也解决了农产品的价格波动问题,有利于农民收入的提升。例如,2016年 11 月,平和县山格镇山格村的农户陈贺,在淘宝众筹平台发起了一个平和蜜柚众筹项目,并且取得了成功。

农业用地众筹也有利于农民收入的提高。例如,2015 年,淘宝聚划算就以农业用地众筹为运营核心,推出了私家农场定制活动,活动从安徽省绩溪县开始，该县承包了 1000 亩 5A 级优质土地，并推出一分、半亩、一亩良田三种套餐供顾客选择，定制价格分别为 580 元、2400 元、4800 元。对于在土地上种植的植物也是有限制的，规定粮油植物占 80%，蔬菜占 10%，水果占 10%，而在大分类下的种植品类就任由用户选择了。用户完成购买定制后，聚划算会分配专业农户种植、养护，并在每个月的中旬、月末将约定的产出快递给用户。此活动推出后引起了巨大反响，仅一天就有数千人预约。这种土地众筹的模式，不但提高了农业用地的价值，同时还解决了农民的就业问题，促进了农民增收。

第三，通过互联网理财增加投资收入。

随着智能手机、移动支付在农民群体中应用的不断普及，农村互联网理财市场也将迎来新的发展机遇。农民可以通过互联网了解到很多的投资信息，不但可以通过互联网金融来解决自身的融资问题，而且在丰收的季节，农民往往有很多的现金需要存放。目前中国的银行在连续降低利率后利息回报相对较低，而互联网金融的普及，正好给了农民更多的理财选择，农民可以足不出户地在网上进行投资，购买理财产品。目前，市面上有大量的互联网金融理财产品的回报高于商业银行，这无疑也是农民增加自身额外收入的一个重要来源。

京东农村金融战略中很重要的一系列产品就是乡村白条、消费宝以及小金库等产品。开通乡村白条，不仅可以享受白条带来的各项优惠活动，还可以享受分期付款和免息活动。京东设计了一个配套的激励政策，比如，客户在购买了理财产品——消费宝之后，除了可以得到本金利息外，还可以凭借消费宝的消费开通京东白条并得到相应的白条额度，之后就可以使用白条进行支付。小金库更是方便，只要开通了小金库，就能获得一定额度的白条，将钱存入小金库，收益远远高于银行活期存款，最重要的一点是，小金库不用通过外部网关接口支付，可以瞬间支付购物款。在抢货高峰期，小金库优势更是明显，速度高于用银行卡支付等付款方式。

第四，通过互联网金融降低融资成本，降低农业的成本支出，增加经营收入。

从"三农"金融看，由于传统金融的覆盖面较小，大量的金融缺口由民间借贷来填补，这使融资成本非常高，大大增加了农业的成本支出。而且，即使像传统金融机构，如农村信用社、村镇银行等，其成本也并不低①。农村民间借贷的成本非常高。课题组在山东省聊城市茌平县调研的结果表明，小贷公司利率达到3%/月，而一些民间的高利贷则达到5%/月②。而这些高利贷还可能存在"利滚利"的陷阱，这样给农业带来了巨大的成本支出压力。

反观P2P借贷行业，根据《2016年中国网络借贷行业年报》中的数据，2016年全年网贷行业成交量达到20638.72亿元，年化收益率在9%～10%，包括各种手续费等，其成本普遍为15%～24%，这个比例远低于民间借贷。而且，随着P2P网络借贷的合规化，借款成本总体呈逐年下降趋势。

南京浦口林场张某，高中毕业后就进入林场工作。后来由于品种、体制等因素，林场经济效益下滑，林场濒临倒闭，他选择了自主创业——种茶，通过翼龙贷平台借到了9万元，其不断扩大规模，并培育出新品种茶，还通过互联网打造销售平台，将茶园和旅游业相结合，使生产效益不断提升，收入也大幅度提升。

第五，通过"三农"互联网保险规避意外风险。

农业自然风险较高，"看天"吃饭，最容易受到自然灾害的影响，而农民购买保险又受到地理环境、交通条件等的制约，因此，目前的农业保险主要局限于一些政策支持的险种。从市场需求看，农村市场的保险意识向来低于城市，以往农民投保，有很多是因为政府补助，而"三农"互联网保险以其快捷方便的特征，提高了农民购买保险的意识，为农业提供了更多的支持。

---

① 据课题组在河北某市调研的结果，虽然农村正规金融的表面利率较低，一般为年化9%左右，但是，由于需要增加担保人而支出的担保费或者人情费，以及其他人情费用等，实际成本不低于每月1.5%。

② 例如，2017年3月发生的"刺死辱母者"案件即发生在山东聊城的冠县，本案背后的一个重要推手是当地民间借贷的利率过高。

根据公开资料，在风力指数保险等具有农村特色的保险险种上，农村居民的投保比例甚至高于城市。例如，福州福清市蔬菜种植户陈先生拥有 50 余亩蔬菜大棚基地，因为刚从事蔬菜种植不久，还未来得及投保传统蔬菜种植保险，由于担心大风灾害，他在支付宝上购买了一份蚂蚁金服与安信农保联合推出的风力指数保险。结果没多久，台风"杜鹃"来袭，陈先生 50% 以上的大棚毁于台风。但令他感到意外的是，第二天的风还没停，自己的保险理赔款就已到账，及时弥补了部分损失。

在政府政策方面，2015 年 8 月，农业部信息中心与中航安盟产险签署了战略合作协议，共同实施"互联网 + 三农"保险行动计划。"互联网 + 三农"保险行动计划将保险与信息技术融合，拓宽保险服务渠道，提升保险运行效率和精准程度，有利于转变农业发展方式，发展现代农业。这一政策的出台，将促进农民增收，并为繁荣农村经济提供支持与服务。

2. 互联网金融有利于完善农村数字经济基础设施建设

在 2017 年的政府工作报告中，李克强总理强调，2017 年政府要"推动'互联网 +'深入发展、促进数字经济加快成长，让企业广泛受益、群众得到更多实惠"。数字经济作为新的经济形态，是我国经济转型升级的重要驱动力，更是全球新一轮产业竞争的战略制高点。中国信息通信研究院发布的《2017 年中国数字经济发展白皮书》显示，2016 年，我国数字经济规模首次超过 20 万亿元，达 22.6 万亿元，增速高达 19%，占 GDP 的比重达到 30.3%。报告显示，目前我国数字经济规模位居世界第二，仅次于美国（约 11 万亿美元），而增速位居世界第一。

互联网金融是数字经济发展的一个重要形式，在我国发展十分迅速。数字经济强调要利用数字经济的优势发展普惠经济，让老百姓受惠。中国拥有广大的农民，农村面积辽阔，相较于城市而言，农村现有的网络基础设施相对落后，农村网民密度较小，互联网普及程度还不够。根据中国互联网络信息中心发布的第 40 次《中国互联网络发展状况统计报告》，截至 2017 年 6 月，我国农村网民数量达到 2.01 亿人，与 2016 年底基本持平。我国农村网民绝对数量虽然较大，但是占比低，增长速度慢。2016 年底至 2017 年 6 月的半年基本零增长。我国农村网民占全部网民的比重也长期低位徘徊。2016
年城镇的互联网普及率为 69.4%，而农村地区仅为 34%，二者差距为 35.4
个百分点。而 2015 年底，该差距仅为 34.2 个百分点。从农村互联网用户占
比看，2014～2016 年连续三年徘徊在 27%～28%。与城镇相比，互联网普
及率的差距不断加大。

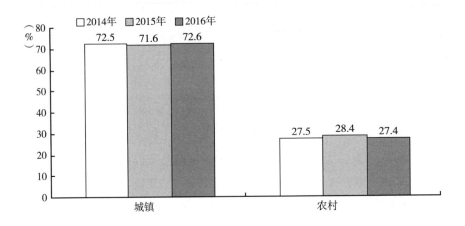

图 4　中国网民城乡结构

资料来源：中国互联网络信息中心第 39 次《中国互联网络发展状况统计报告》，2017。

　　城镇的互联网渗透率远远超过农村的根本原因，一方面在于城镇相较于
农村而言，在互联网的基础设施建设上较为完善，网络覆盖更加全面；另一
方面在于城镇人口相较于农村人口，受教育程度较高，城镇人口更加懂得使
用互联网工具服务于自己的生活。"三农"互联网金融拓展了农村互联网的
用途与功能，提升了互联网的普及空间。2016 年 4 月，农业部下发《关于
开展农民手机应用技能培训提升信息化能力的通知》，更是旨在提升农民手
机应用能力，提升其信息化能力，与此同时，拓展农村互联网的功能。12
月 21 日，《农业部办公厅关于与相关单位共同推进农民手机应用技能培训
工作的通知》明确，"三农"互联网金融的代表企业翼龙贷、蚂蚁金服成为
推进农民手机应用技能培训的合作单位。这说明"三农"互联网金融对推
进农村数字经济基础设施建设发挥了巨大的作用。

3.互联网金融有助于进一步解决农民就业

2016 年中国城镇常住人口为 79298 万人，比上年末增加 2182 万人，乡村常住人口为 58973 万人，减少 1373 万人，城镇人口占总人口比重（城镇化率）为 57.35%。根据统计年鉴的数据可以看到，目前中国乡村就业人员中，私营企业的就业人员数量正在逐步上升，2012 年为 3739 万人，而到 2015 年则达到 5215 万人，增长了 39.5%。从事个体经营的农民数量则从 2012 年的 2986 万人增加到 2015 年的 3882 万人，增长了 30%。从事农林牧渔业的农民就业数量正在逐年降低，2012 年为 33890 万人，2015 年则降为 27000 万人，下降了 20.3%。从发展趋势可以看出更多的农民选择了农业之外的其他行业。由此可以看出，农村人口占总人口的比重虽然有所降低，但比重依旧相当大。因此，农村劳动力就业问题也就成为影响农村经济发展的掣肘。

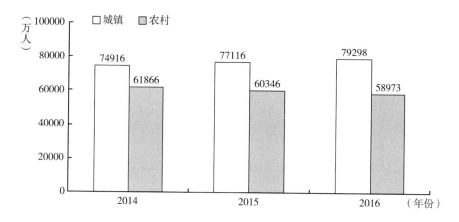

图 5　中国城镇与农村人口数量

我们认为，中国"三农"问题的最终解决，其最重要的途径就是让农民在农业之外的产业进行就业，可以说，解决了农村就业问题，就解决了"三农"问题。这也是中央鼓励在农村地区一二三产融合发展的重要原因。

从发展现实看，农村人口就业存在以下几个问题。第一，农村劳动力

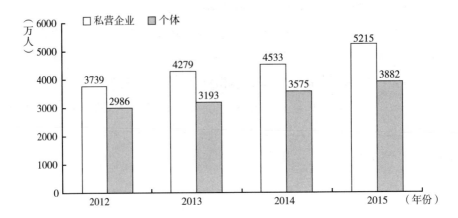

图6 中国乡村就业人员数

资料来源:《中国统计年鉴》(2016)。

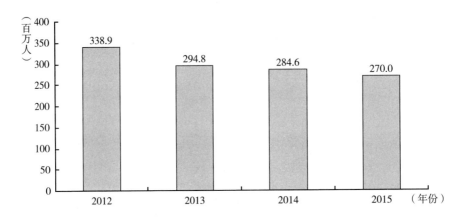

图7 中国农林牧渔业的就业人数

资料来源:《中国统计年鉴》(2016)。

中,在第一产业就业的比重过高,据测算,至少有70%的农村劳动力仍以从事第一产业为主。第二,留在农村的劳动力以女性等就业能力相对较低的群体为主。第三,农村留守人员主要是老人和未成年人,青壮劳动力大多外出务工。这些特点使农村劳动就业问题的解决需要更广阔的思路。这也是制约农村经济发展的重要因素。农村就业问题的解决,与金融支持是分不开的。"三农"互联网金融对于助力解决农村就业问题主要可以着力于以下几点。

第一，"三农"互联网金融平台企业所服务的个体经营户、私营企业或者家庭农场等可以解决部分农村人口的就业。

"三农"互联网金融平台将城市富余资金通过互联网技术，引导投入"三农"领域，有利于解决就业问题。我们调研的结果显示，每3万元借款可以解决一个人员的全时或季节性就业。例如，"三农"互联网金融平台翼龙贷以扶持农民创业，鼓励农民发展副业、种植养殖业、手工业等为主，以此类农民为目标客群，撮合资金供求，为农村地区提供了250亿元以上的资金，据测算，解决了农村地区80万人以上的就业问题。以翼龙贷保定市运营中心为例，该中心成立于2012年9月，截至2016年12月底，该中心累计撮合借款8952笔，金额6.72亿元。保定市下辖24个县市区，涉及金额最高的县累计为4650万元，占6.9%，最少的县累计借款金额1720万元，占2.55%，共支持3425个商品生产及商品流通和农村农副产品生产及收购项目，共解决962个农村餐饮旅游等服务类行业项目的扩大再产生以及规模发展，共解决2.4万多人就业。再如，自翼龙贷周口市运营中心开办以来，累计撮合借款近1.2万笔，撮合借款金额8.13亿元，撮合的借款用途均用于种植业或养殖业，共支持4572个商品生产及商品流通和农村农副产品生产及收购项目，共解决2.8万人就业。

又如山东省茌平县振兴办事处养殖户李某，为了扩建厂房，扩大养殖规模，通过翼龙贷平台借款9万元，解决当地5人的就业问题，每人日均工资130余元。胡屯乡于某某通过平台借款4万元，在村里承包土地20余亩种植桃树，解决3~4人的季节性就业，主要从事施肥、平地、种植等诸多工作。

通过抽样调查发现，在养殖业、种植业、简单农产品加工业、农村服务业等相关领域中，互联网金融支持的经营户所解决的就业人员一般都是年龄较大、外出就业可能较小的本地农民。在互联网金融的支持下，解决这些人的就业问题，可以给其家庭收入带来净增量。

第二，与"三农"互联网金融相关的其他行业可以带动农村就业。"三农"互联网金融的产生，有助于农民能够更好地解决自身的融资问题，使自身的生产销售变得更加流畅，这就会吸引一部分外出务工的农民回到自己的家乡从事农业生产，带动农村的就业与发展。很多"三农"互联网金融的企业依托农村电商、农村一二三产业融合发展等来开展金融服务业务，农村各类产业的发展会带来大量的就业机会，比如，农产品加工、小商品生产、物流配送等，都会产生很多就业机会。

第三，"三农"互联网金融企业设立在农村的乡镇运营中心等分支机构可以解决部分农村劳动力的就业问题。

目前，大部分从事"三农"互联网金融相关业务的企业，在最终深入村镇一级的时候，都更多地依靠实体支撑、依靠人力进行实际操作，这些本地化的人力需求解决了很多当地农民的就业问题。截至 2017 年 1 月底，翼龙贷在全国建立了近 200 个运营中心，这些运营中心服务了全国近 1300 个区县、10000 余个乡镇。

2015 年初，京东开始了其在"三农"互联网金融领域的布局，提出了京东农村电商的"3F 战略"。同年，农村电商计划在全国乡村大规模开启。在京东金融"电商下乡＋农产品进城"的双路径下，发挥着物流网络的优势。到 2016 年底，京东在 1700 余个县建立了县级服务中心和京东帮扶店，培育了 30 万名乡村推广员，覆盖 44 万个行政村，这些业务人员未来可能会与京东金融进行整合。阿里集团"千县万村计划"已覆盖约 500 个县，2.2 万个村，合伙人超过 2 万人，这些合伙人与网商银行、阿里小贷合作，试点开展金融业务。

4. 互联网金融有助于实现农业供给侧结构性改革

2017 年 2 月 5 日，《中共中央国务院关于深入推进农业供给侧结构性改革加快培育农业农村发展新动能的若干意见》（以下简称《意见》）正式发布。21 世纪以来，针对"三农"的文件不断发布，最新发布的文件已是第 14 个，相较过去几年一号文件针对"三农"的某个具体领域提出要求，

2017 年的中央一号文件则对今后一个时期的"三农"工作做出了全面的宏观部署，指明了"三农"工作新的发展理念与工作主线。

农业的主要矛盾由总量不足转变为结构性矛盾，突出表现为阶段性供过于求和供给不足并存，矛盾的主要方面在供给侧。金融供给不足也使农业生产结构调整较为困难，而互联网金融能够为调结构提供资金支持。

在这样的大背景下，新政策须顺应实际需要，把好方向舵，调整工作重心，把深入推进农业供给侧结构性改革作为新的历史阶段农业农村工作主线，围绕农业增效、农民增收、农村增绿，加大农村改革力度，开创农业现代化建设新局面。

加快农村金融创新是农业供给侧结构性改革中的重要内容，也是培育农村农业新动能的重要方式。互联网金融作为我国金融改革与创新的最新成果，应该在"三农"工作中发挥其应有的作用。互联网金融应被视为供给侧结构性改革的主要内容，也是培育新动能的重要支撑工具。供给侧结构性改革的根本是充分地标准化、规模化、现代化农业经营机制，同时解决农村资金不足借贷难的问题。农业规模化就意味着大量的金融需求。几十公顷的家庭农场，一年需要的农资就有几十万元，更别说还需要配置农机设备以及其中的人力成本等。例如，2400 亩的褚橙，褚时健就估算过，从 2002 年到 2009 年，4000 余万元基础设施投入，足球场大小的水池在果园修建起来，用于果林灌溉，而果园的引水工程也耗资百万元。有机肥料厂、冷库、鲜果厂大概花费近千万元。另外还有土地流转、修路等费用。借助外来资本，对种植业进行大规模投入，进行标准化生产，不仅能提高生产效率，降低单个产品成本，还能保障产品品质维持在一定标准之上，解决"滞销"难题。

金融供给不足也使农业生产结构调整较为困难。互联网金融能够为调结构提供资金支持。利用互联网在城市的高覆盖面和城市人群的互联网生活习惯，把城市居民的闲散资金引入农村，助力农民提高农业装备水平，提高种植效率，用互联网金融的方式反哺农村，促进农村实体经济的发展，将是农业供给侧结构性改革的一个重要方面。

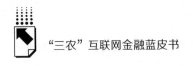

二 互联网金融助力农村社会发展

1. 互联网金融有助于改善农村劳动力结构性问题

农村剩余劳动力问题，不单单是经济问题，更是一个社会问题。受工农收入差距、城乡收入差距的双重影响，农村剩余劳动力向非农产业转移、向城市转移是必然的。但是，从中国的现实看，在劳动力转移过程中，由于举家迁移的较少，大多都是以青壮年劳动力到城市务工而妇女儿童老人留守的模式为主，这样就造成了农村的劳动力出现了结构性问题。

在农村地区的农业相关企业、农业合作社、家庭农场、个体经营的农户、农村一二三产融合发展的经营者，都能够或多或少地解决农村劳动力的就业问题。但是，这些主体的生存与发展，与金融支持有着密切的联系。"三农"互联网金融的草根性特点，使其能够直接面对这些"三农"领域的生产经营主体，为其解决资金难题，使其能够雇用农村现有的劳动力。

例如，河南省周口市商水县巴村的翼龙贷服务客户陈某，在建成了一家玩具加工厂之后，当地政府主动将其纳入"巧媳妇"工程，为其提供生产机械的购置补贴，并且为其带来了很多留守妇女和老人作为员工。据了解，该玩具加工厂总共招收了当地留守妇女60多人进行玩具加工，其中还包含一些有工作意愿的年过六旬的留守老人，玩具加工工作实行按件计费工资制，在工作时间上非常灵活，工作强度不大。据女工们透露，她们可以在带孩子的闲暇时间来工厂干活，每月的工钱也足够补贴家用。村中的老人也来工厂帮忙，他们把这里的工作当作消遣，既挣到了工钱又锻炼了身体。另外，在调研的过程中，还发现陆续有放学的孩子前来工厂，围坐在亲人周围，或者看书，或者玩耍，大人无须担心孩子放学后的安全问题。像这样解决农村儿童、妇女留守问题的借款人案例对于翼龙贷这样的企业来说并不是个例。

同时，从发展趋势看，随着道路、交通、通信网络等基础设施的进一步完善，农村的创新创业环境大为改善，很多原先出去务工的农村劳动力有意向返乡创业，而返乡创业过程中，首要的是资金问题。"三农"互联网金融利用大数据风控模型，为这些返乡创业者提供一些资金支持。互联网金融天生的互联网基因，还能为农村电子商务发展提供金融支持。阿里研究院和西南财经大学中国家庭金融调查与研究中心联合发布的《农村网商发展研究报告（2016）》表明，网商提高家庭平均收入 2.05 万元，提高家庭财富 21.3 万元。这些事例都说明，在互联网金融支持下，可以改善农村的劳动力就业结构，解决农村劳动力的结构性问题。例如，家住湖南省益阳市槐奇岭村的晏某，早年在北京务工，从事导购工作，每月薪水 3000 元，后来听说家乡对于农业有大量的鼓励和优惠政策，于是选择回到自己的家乡从事苗木种植和家禽饲养的工作，他通过一家"三农"互联网金融企业迅速筹集到一笔资金，再加上多年打工的积蓄，租了一片荒山开始种植苗木，并在其中一个区域进行鸡鸭散养。现在，晏某已经将家中的房子重新翻盖，还添置了一辆十几万元的小轿车。在这个过程中，晏某还可以同时照顾家中的老人和自己五岁大的孩子，让家人感受到温暖和安全。

翼龙贷这类服务"三农"的企业在发展自身业务的同时，帮助了农村个人与企业的自身发展，使更多的农村留守劳动力拥有了工作的机会，使更多的留守妇女和老人有了自食其力的可能。

"三农"互联网金融在农村的发展，使农村留守的妇女和老人可以拥有更多的就业机会，可以为家庭贡献自身的力量；使更多开始选择回归的劳动力没有后顾之忧，他们可以在农村享受到与城市一样的金融服务，可以顺利地开始自身的事业。这样，农村劳动力逐渐有动力回流，农村的男女结构失衡问题也逐渐得到缓解。农村老人和儿童的赡养和抚养难题也逐渐得到解决。当然，要想解决农村劳动力结构性失衡的问题，还可以通过扶植乡镇企业，发展乡镇企业为农民创造大量的就业机会，缓解农村剩余劳动力大规模向城市转移的压力，同时也会带动农村的经济发展，政府应该大力支持其发展。

2. 互联网金融有助于实现农村消费观念的升级，提高农民生活质量

"三农"互联网金融的发展，有利于农村消费方式的转换，有利于农村金融服务观念的转变，有利于农民生活质量的提升。

互联网金融与电子商务都是借助互联网的。这些业务相互促进，有利于农民接受互联网在生产、生活、消费等过程中的作用与意义。电商巨头阿里巴巴在发展"三农"互联网金融业务的时候，基于电商平台优势，深入农村，先激发农民的消费热情，再为农民提供金融服务。"要想生活好，赶紧上淘宝"。商务部数据显示，2016年农村网络零售额超过8934亿元，预计全年农民产品网络销售额达2200亿元，面对这个潜力无限的市场，农村电商成了不少企业追逐的风口。如今网商也深入农村，让普普通通的农民也能享受到网购的快乐，让农民也接受先进科技带来的便利和实惠，而农村淘宝就是其中典范。根据阿里提供的数据，河北省乐亭县农村淘宝服务站2015年"双11"订单超7000个，销售总额超过140万元，在阿里巴巴华北地区位居前列。全国将近1500个县，据此推算，这将是一个非常庞大的数据，同时，更是一个振奋人心的数据。上一辈农民辛苦一生的收入大部分都在银行"沉睡"，如今，随着农民消费观念不断地改变，新生一代农民的崛起，让这些"沉睡的人民币"活起来，农村电商的普及功不可没。农村淘宝改变了农民的购物观念。之前历史悠久的农村集市的现货交易在农民的思想里根深蒂固，而网上消费要先付款后收货，让农民有一种失去控制的感觉，这就造成了网络购物和现实购物之间的矛盾。而现在在很多农村地区，电脑的普及率很高，随之带来的是网购普及率的大大提高，农村淘宝在潜移默化中改变了农民的购物观念，越来越多的人享受农村淘宝带来的幸福生活。阿里计划投资100亿元在三至五年内建起1000个县级服务中心和10万余个村级服务站，通过电子商务平台这一渠道建设县村两级服务网。可以看到，农村经济发展在农村淘宝的带动下不断提速。

当今中国，农民手中的富余资金越来越多，随之而来的是农村购买力的递增。尽管目前农村群众还没有习惯快捷高效的消费方式，但随着电商对农业领域的业务扩张，不久后农民就会意识到电商产品的好处，并增加消费。我国农民的金融观念也渐渐改变，不再是金融绝缘体。贷款等消费理念已经普及到农村的千家万户，提供了更多消费手段。同时，过去农村的生活质量普遍不高，农民对汽车、家电等产品抱有可有可无的态度，金融需求低。在教育方面也采取读不好书回家种地的消极态度。但随着国内社会保障体系的趋于完善，农村群众与城市群众享有等同福利，农民手中有钱了，农民的金融消费需求可以实现了。过去，农村没有银行等金融基础设施，随着城乡一体化的不断推进，金融机构网点在农村建立起来，金融活动普及到农村千家万户。大型的金融消费场所，惠民的金融消费活动不断发展着，让农民在有钱可花的同时，能花出去。汽车下乡、家电下乡、农村新房建设等项目都在为农民群众改善生活，带来的种种好处使农民群众对金融消费建立了信任感。对于"三农"互联网金融来说，最难得的还是让农民习惯消费金融。在此之前还需要解决网络落后这一问题，大部分的农民为60后、70后，他们对于网络的接触很少，在互联网金融平台消费就是更遥远的事情了。随着农村金融消费环境的优化，农民朋友渐渐习惯了消费金融，最终将消费金融融入生活的一部分。

3. 互联网金融有助于实现精准扶贫目标

精准扶贫项目是"十三五"期间要落实到位的一项利国利民的政策，该项目对农户、地方政府、建设企业、金融服务机构等各方收益极具建设价值。当前精准扶贫、精准脱贫已经成为党和国家扶贫开发工作的指导性思想，在各行各业深入贯彻落实精准扶贫工作之际，"三农"互联网金融企业正在借助行业自身特色和优势践行普惠金融，探索"互联网＋精准扶贫"新模式。

过去一提到扶贫，企业和个人可能首先想到的就是捐钱捐物，对贫困地区进行"输血"。但是单纯的输血式扶贫能解燃眉之急却不是长久之计。近年来，随着扶贫战略的推行，越来越多的互联网公司结合各自特点展开系列扶贫工作，特别是拥有金融信息服务中介功能这一先天属性优势的互联网金融企业在农村扶贫、脱贫工作中可以有效地提升帮扶对象的造血能力，这个特点可以在很大程度上促进精准扶贫、精准脱贫。

据不完全统计，截至2016年底，翼龙贷业务覆盖中国180个国家扶贫工作重点县，共为这些县域42627个主体输入资金25.16亿元，平均利率为15.83%，平均规模为59026元。

表1　翼龙贷在国家扶贫工作重点县的业务情况

借款金额	1万元以下	1万~5万元	5万~10万元	10万元及以上	合计
借款笔数（笔）	7	9194	32274	1152	42627
占比（%）	0.02	21.57	75.71	2.70	100

从表1的数据可以看出，在翼龙贷平台内，贫困地区的借款额97%以上处于10万元以下，其中3/4以上处于5万~10万元的区间。这一金额性质其实符合贫困地区的生产生活特征。据课题组实地调研，在2016年，在贫困地区大约每增加3万元生产资金注入，就能够解决1个人员的就业问题[①]，翼龙贷在贫困地区预计帮助解决了8万人以上的就业。

表2　翼龙贷在各省份贫困县域的业务情况

省份	借款分布区间				总笔数（笔）	平均单笔金额（元）	占总笔数的比重（%）	占总金额的比重（%）
	1万元以下	1万~5万元	5万~10万元	10万元及以上				
云南省	0	101	146	0	247	47975.71	0.58%	0.47%
内蒙古自治区	5	2949	13780	68	16802	57685.27	39.42%	38.52%
四川省	0	227	196	37	460	62067.39	1.08%	1.13%
宁夏回族自治区	1	295	591	1	888	53506.53	2.08%	1.89%
安徽省	0	27	200	21	248	67566.94	0.58%	0.67%
山西省	0	476	2342	115	2933	62153.36	6.88%	7.25%
江西省	1	383	997	119	1500	64300.00	3.52%	3.83%
河北省	0	1258	5294	308	6860	61009.29	16.09%	16.63%
河南省	0	748	5219	229	6196	65736.40	14.54%	16.19%
湖北省	0	81	97	12	190	50105.26	0.45%	0.38%
湖南省	0	9	28	9	46	76739.13	0.11%	0.14%
甘肃省	0	136	455	17	608	56739.14	1.43%	1.37%
重庆市	0	198	348	59	605	65221.49	1.42%	1.57%
陕西省	0	2030	1643	45	3718	42857.58	8.72%	6.33%
黑龙江省	0	276	938	112	1326	68842.38	3.11%	3.63%
总计	7	9194	32274	1152	42627	59026.14	100.00%	100.00%

资料来源：课题组调研整理。

---

① 当然，由于农业生产的特性，这种就业有可能是季节性的，但是，即使这种季节性的就业，对于扶贫事业也是有着非常明显帮助的。参见本书相关章节的论述。

例如，固原市原州区三营镇东塬村位于平均海拔 2000 米的黄土高原上，干旱少雨，生存条件恶劣，直到 2016 年东塬村才接上自来水，此前村民们喝的是靠母亲水窖积蓄的雨水。这是一个典型的西部贫困村。该村村民罗某（回族）计划利用当地未污染的草地养羊，为家庭创收，但是，由于其不具备足够的抵押资产，又缺乏信用记录，因此，无法在传统金融机构获得贷款。后通过翼龙贷平台，获得借款 5 万元，用于扩大养殖规模，不但解决了生产经营难题，而且积累了很好的信用基础。

"宜农贷"以借代捐——用借贷代替捐赠，积极推进扶贫工作。农妇不再是张手要钱，而是借钱，拿到钱买种子、买饲料、买羊羔，到了收获的季节，用劳动的果实去改变自己的生活，然后再把钱还上，这样的帮扶，让被帮助人觉得成功是自己用勤劳换来的、是有尊严的，这样的帮扶从物质到精神给予双重的帮助。2014 年，宜农贷发起"保贝计划"活动，为贫困地区的孩子购买意外伤害险，三年来，共为 10968 人次购买保险，保额超过 2 亿元。只为让更多孩子平安成长。自 2009 年成立至今，宜农贷已在全国 13 个省份、24 个农村贫困地区支持了超过 2 万名贫困农户的创业发展。截至 2016 年 12 月，宜农贷累计资助农户 21598 位，累计爱心出借人 168730 位，累计出借金额 230483800 元，合作机构 24 家，覆盖全国 13 个省份。宜民贷等互联网金融平台则以光伏扶贫等模式，推进互联网金融在扶贫领域的工作。

传统金融机构也借助互联网的优势，积极参与扶贫工作。中国工商银行四川省分行也发挥"互联网＋金融"资源优势，积极推荐贫困山区特色农产品和绿色环保土特产商户入驻融 e 购电子商城。截至 2016 年 6 月底，全省贫困地区上线融 e 购商户 45 家，销售金额达 900 余万元。其中，通江、南江、万源上线融 e 购土特产商户 5 家，土特产品 500 余种，组织参加融 e 购专项活动 5 次，销售金额达 748 万元。

4. 互联网金融有助于宣传农村特色产品与文化

随着国家支持政策的不断完善，各地在推进农村产业融合方面做出了多种探索。农业生产经营主体接二连三，龙头企业前延后伸，"互联网＋"等新信息技术快速发展，将电子商务、物联网、互联网金融等新业态引入农业领域，休闲农业、乡村旅游、城郊农业、文化创意农业、农家乐等发展十分迅猛。

农业部印发的《全国农产品加工业与农村一二三产业融合发展规划（2016～2020年）》要求，到2020年，农产品电子商务交易额达到8000亿元，年均增速保持在40%左右；同时要求积极发展电子商务等新业态新模式，推进大数据、物联网、云计算、移动互联网等新一代信息技术向农业生产、经营、加工、流通、服务领域的渗透和应用，促进农业与互联网的深度融合。2016年，"互联网＋现代农业"行动正在加快实施。农产品电子商务和创意农业蓬勃兴起，工厂化高科技农业、会展农业以及农业众筹等新兴业态、新型模式正在加速发展中。而互联网金融通过介入这些一二三产融合项目，实现对当地特色文化的保护与传承。

例如，福建省漳州市平和县通过淘宝众筹平台，将其特产平和蜜柚在互联网上做了一次大范围的宣传。而永和县是国家级贫困县，盛产核桃。通过众筹网的渠道推广，这个县也成了闻名的"县长核桃县"。当前，很多县长都将这个项目作为模版将农产品推广出去，县长作为农产品和乡村代言人，于是出现了"土豆县长""板栗县长""九道弯旅游县长"等，促进了乡村经济的发展。

许多非物质文化遗产，尤其是一些民俗、传统民歌、传统技艺等，正逐渐远离人们的生活，如同一粒小石子被历史的浪花冲刷到了河床边缘，也许再也无缘进入河流，融入岁月的浪涛中。当下时代日新月异，这条历史之河流速极快，许多优秀的传统文化，被冲击得体无完肤，甚至灰飞烟灭。著名作家冯骥才先生曾心痛地表示，我国的古村正在快速消失，根据国家统计数据，在2000年中国还有360万个自然村落，到2010年减少到270万个，短短十年间，90万个村子不复存在，相当于一天就有300个自然村落消失，而在这些村子中还包括众多珍贵的古村落。现在众筹等互联网金融模式为拯救古村落提供了平台，能够为这些古村落的保护做出贡献。例如，寿阳县西洛镇林家坡村举行了"山西乡村文化再造暨山西传统村落民居保护第一筹项目"启动仪式。在众多业内人士看来，此举不仅对保护古村落方面有积极的实践意义，更大的意义在于它揭开了山西传统文化与互联网众筹天作之合的序幕。发起这次众筹，旨在挖掘和保护中国传统文化，唤起全民族的文化自觉，更重要的目的是希望通过新技术和新思维，来唤醒更多人的文化参与和保护意识，这也是在互联网经济飞速发展的时代，传统文化界的一次全新尝试。

三 结论及值得进一步探讨的问题

农村需求十分庞大，长期供求不均衡是农村金融的现实。有分析指出，"互联网 + 农业"将是一个以 10 万亿元计的大市场，仅在种植业的种子、化肥和农药采购环节，"互联网 + 农业 + 金融"也至少是一个 3 万亿元的市场。长期以来，农村是金融服务的"半荒地"，人们常讲"企业融资难"，"三农"融资更是难上加难。农业不同于其他产业，农业资金需求不大，但是往往很急。传统金融机构的短板是难以在短时间内提供资金支持。"农户融资难"这一缺陷已经被机敏的市场先行者发现，此时需要的是一批新型"三农"融资产品，和先进互联网技术结合的"三农"互联网金融产品。以改变现在的困局，从根本上解决"三农"融资难问题。现有的翼龙贷等"三农"互联网金融平台，能在 3 ~ 5 个工作日内就帮助农民解决资金需求，这样的效率远高于传统金融机构，适合农村生产生活的特点。另外，通过互联网金融信息中介企业的筹集的资金成本会比传统的民间借贷低，农民是可以承受的，并且，这些成本还在不断降低。

在业务模式方面，从事"三农"互联网金融相关业务的企业，不但高效，更是创新工作方法提供金融服务，在中国，农村的信用体系最不完善，央行征信未能覆盖的人群，绝大部分处在农村。于是，"三农"互联网金融公司的参与，为信用不完善甚至是"白户"的农民提供了金融服务。

"三农"互联网金融的发展，有助于农村的社会经济发展。从生产端来说，通过为生产提供更多的资金，增加收入。从销售端看，类似于供应链金

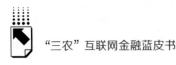

融的模式，则很好地发挥了上下游企业的优势，为农民的产品提供了更多、更稳定、利润更高的销售渠道，在缓解农民融资难问题的同时，更为农产品的及时销售提供了更多出路。互联网理财突破了地理条件的局限与门槛限制，可以在农民资金闲置的时候，有更多投资选择，增加收入。"三农"互联网保险的发展，为农民的生产提供了更多安全保障，不仅可以减少在自然灾害风险面前的损失，也可以减少农民在继续用钱的情况下去被迫选择"高利贷"等后患无穷的融资方式。

农村金融业务在开展的同时，还可以产生很多附加的效益，有助于农村的社会发展。比如，很多农村合作社或者小微企业，可以解决大量的留守人员的就业问题，有效推动农村劳动力的充分就业。互联网金融在农村的普及还会带动农村互联网基础设施的建设，拉动消费，让互联网在农村全面普及。让农村与外界紧密联系、紧密交流，有利于农民生活质量的改善。

政 策 篇

Policy Reports

B.7

"三农"互联网金融：监管、政策与实施

曹超 李勇坚 聂丽琴 陆碧波*

摘　要：　2017年的中央一号文件首次提出要严厉打击农村非法集资和
金融诈骗，这不仅与从2016年开始的为期一年的互联网金融
风险专项整治有关，同时也契合了2016年底中央经济工作会
议防风险的要求，这为我国"三农"互联网金融的健康发展
打下了基础。本文首先研究了我国"三农"互联网金融监管
的背景，其次对"三农"互联网金融监管政策特点进行了分
析，最后对我国"三农"互联网金融监管政策的实施情况进
行了梳理，具体对P2P网贷、股权众筹、互联网保险、第三

---

* 曹超，中国人民大学财政金融学院博士研究生，研究方向为互联网金融、资本市场、绿色金
融、地方债、国际金融等；李勇坚，研究员，教授，博士后合作导师，博士，中国社会科学
院财经战略研究院互联网经济研究室主任，主要研究方向为互联网经济、服务经济等；聂丽
琴、陆碧波，北京中金国盛认证有限公司。

方支付、通过互联网开展资产管理及跨界从事金融业务和互联网金融广告六大方面进行了总结。

关键词： "三农"互联网金融　金融监管　P2P 网络借贷

农村互联网金融之所以能有爆发式增长，与我国长期以来对"三农"进行大量的政策支持有很大的关系。2016 年初中央一号文件首次提及支持农村互联网金融，同年国家发改委印发《全国农村经济发展"十三五"规划》，提出加快建设健全农村金融体系。不少互联网金融平台纷纷响应，运用互联网数据优势，开展针对"三农"领域的金融服务。

但是，应该看到，互联网金融向"三农"领域渗透的过程中，也产生了一些风险因素。2016 年 4 月底，中央有关部门开始全面对互联网金融进行分类整治工作。2016 年底召开的中央经济工作会议强调，要把防控金融风险放到更加重要的位置，下决心处置一批风险点，着力防控资产泡沫，提高和改进监管能力，确保不发生系统性金融风险。2017 年中央一号文件明确提出要严厉打击农村非法集资和金融诈骗，积极推动农村金融立法。党的十九大报告也明确指出，"健全金融监管体系，守住不发生系统性金融风险的底线"。这样明确的指向既与近年来金融监管"去杠杆"任务紧密相关，也与当下正在开展的互联网金融风险专项整治有关，更为农村金融的未来发展指出了方向——扫清陷阱和障碍，清除这片蓝海上的"暗礁"。

一　"三农"互联网金融监管背景

（一）农村改革发展有效释放了"三农"互联网金融发展需求

一是政府在政策、资金、示范引领等方面加大对农村电商战略推进力度，农村电商快速增长，农村网络接受度大幅度上升。2016 年农村网店销售规模达到 8945.4 亿元①，增长率超过 50%，远超同期电商网购增长率（25.2%），占全部网络零售额的比重达到 17.4%，较上年大幅度提高。随着农村网店销售规模的增长，农村地区对网络的接受度大幅度提升，有利于互联网金融发展。二是"宽带乡村、信息下乡、三网融合"等农村数字化建设工程使农村网络设施覆盖面不断扩大。三是工商资本加快向农业输入现代生产要素和经营模式，农业新型经营主体发展和集约化经营水平快速提高，"三农"领域资金需求主体与用途发生了改变。四是农村"三权"抵押贷款试点推进，土地确权和流转形成有价值抵押物和耕地集中规模化生产，打开了"三农"互联网金融发展空间。

（二）互联网经济和技术给"三农"互联网金融的发展带来了机遇

一是互联网经济使基于互联网平台的供应链加速形成，"三农"传统企业加快电商转型，平台商业模式渐成主流，农民消费日趋互联网化，网购在农村消费中已占到 10% 以上。在"三农"领域积累了大量的数据，为"三农"互联网金融的快速发展提供了基础。二是基于互联网金融低成本、高效率、广覆盖、批量营销与规模定制的优势，农村普惠金融高成本、低效率难题得以有效解决。基于交易行为的大数据挖掘使针对"三农"客户的精准营销与服务定制成为可能。三是"三农"互联网金融的发展模式契合从工业时代向云时代转变浪潮，客户偏好契合从"二八效应"向"长尾效应"转变趋势，风险管理契合从定性判断向定量分析转变需求。"移动"与"互联"渠道渐成"三农"金融主渠道，互联网金融在"三农"领域发展的空间已经打开。

（三）"三农"互联网金融的现实困境

1. 农村金融尤其是互联网金融出现了一些不法情形

2017 年的中央一号文件第六部分第 29 条指出：严厉打击农村非法集资

---

① 《2016 年我国农村网络零售额 8945.4 亿　占网络零售总额 17.4%》，新浪财经_新浪网，http：//finance. sina. com. cn/stock/t/2017 - 03 - 02/doc - ifyazwha3550692. shtml。

和金融诈骗。积极推动农村金融立法。这是中央首次对"三农"互联网金融监管进行表态，提出要严厉打击"三农"互联网金融乱象。

从现实看，农村金融尤其是互联网金融出现了一些不法情形。2016年，一个个奇葩的跑路事件给互联网金融行业造成了极为难堪的局面。同鑫创投、鑫利源、惠卡世纪、网金宝理财、漳州汇霖、望洲财富、快鹿等P2P平台先后跑路，有些平台甚至公开发布诸如"老板已火化，有事烧香""老子就是来骗钱的，骗了你们又咋地？"等奇葩公告。其中不少平台涉及农村互联网金融业务。如深圳"惠卡世纪"的主要业务之一便是面向农村的互联网金融，其拳头产品"农村宝"吸引广大农民投资，最后出现跑路。2016年2月24日，该公司发布一则奇葩公告，"恳请党和国家接收惠卡世纪投靠和庇护，让惠卡世纪变为国家控股企业"。该公司以高额利息回报向来自广东、北京、江苏等十多个省份的3万多名投资者吸收了共计3亿多元资金。

事实上，目前非法集资已经逐渐从城市向农村蔓延，农村已成为金融诈骗高发区域。自互联网金融诞生以来，一些机构打着各种金融创新旗号在农村开展非法集资和金融诈骗的行为，随着"三农"互联网金融兴起，一些披着互联网金融外衣的"庞氏骗局"从城市蔓延到小镇乡村，不少农民成为受害者。例如，自2016年以来，随着监管政策的趋紧，借P2P外衣进行诈骗的现象在城市有所收敛，但它们将魔爪伸向了广大农村地区。农村非法集资、金融诈骗的受害者不在少数。河北邢台隆尧县三地农民专业合作社非法集资80多亿元，波及16个省市；河南一个国家扶贫开发重点县的16个乡里，有14个乡都被"伪P2P"、非法集资"洗劫"，其中一个村被骗800多万元[1]。

出现这种情况的主要原因在于：一是，农民收入的不断提高，没有很便捷的理财投资方式供他们投资。农村投资渠道少、风险意识缺失的现实，给

---

[1] 河南浩宸投资担保有限公司则是另一个典型。该公司在河南西平县共招聘了40多名德高望重的农民做业务员，让他们从全县4000多户农民手中揽走资金近2亿元。

了不法分子可乘之机。二是，中国金融发展严重失衡，特别是农民由于文化水平相对较低，投资理财知识和相关经验严重不足，甚至缺乏最基本的金融常识，信息不对称问题更为严重；据融360《维度》调查，超过半数（54.54%）以种地为业的农民不知理财为何物，或认为理财不是普通老百姓应该考虑的事。而22.07%的农村居民曾参与过民间借贷。三是，农村居民之间更容易形成"杀熟"现象，更易引发群体性事件。

2. "三农"P2P平台能力不一，容易产生风险

农村互联网金融市场无疑是当下新的蓝海，吸引着各种规模的互联网金融平台扎堆进入。由于缺乏明确的市场准入制度和统一的行业标准，同时监管相对滞后，"三农"P2P平台鱼龙混杂，整体质量不断降低。截至2016年底，共计335家P2P平台含涉农业务，其中专注于农村金融业务领域的P2P网贷平台有29家①。

"三农"互联网金融的竞争优势在于建立在大数据基础上的数据挖掘和数据重构。许多互联网金融公司涌入农村市场，也面临着一些风险：一是用户个人信息泄露导致个人隐私权受到侵犯，尤其是农村互联网金融很多依赖现场信息采集，可能存在信息采集不足或者过度的问题；二是互联网技术漏洞导致金融消费者的合法权益受损，例如，由于技术缺陷，信息安全缺乏保障；三是存在部分互联网金融平台无法保证资金安全的问题，这些都严重阻碍"三农"互联网金融的发展。

3. 农村信用生态环境尚未完善，坏账率高发

农业生产具有较低的稳定性和较高的不可预见性，互联网金融企业无法对农村用户的信誉和融资的可靠性进行保障，很多时候，可能面临投资者投资难以回笼的风险，债务人不能按时还本付息，最后转嫁到互联网金融平台，造成信用风险。农村诚信宣传教育滞后，农户和企业的守信意识淡薄，相应的征信体系没有建立，企业和个人的信用信息数据库完善也未有所发展，相关的失信惩戒机制更不全面，没有对违约行为进行的惩罚措施，导致

---

① 数据来自网贷之家。

目前农村普遍存在赖账躲债的现象。这无形中增加了农村互联网金融的风险，也加大了运营"三农"互联网金融平台的难度。

一是农民的契约精神、法治意识、信用意识较为淡薄。农村经济发展滞后，农民文化素养普遍较低，现代金融知识和金融意识匮乏。传统的农村宗法社会中，主要依靠血缘亲情维系，小农意识浓厚，缺失契约精神，民众之间的借贷多以口头信用为主，出现违约纠纷时难以取证。受经济来源、契约精神、法治意识等综合因素制约，农村信用环境运行不良，没有形成信用价值观念。二是农村信用体系不健全。由于农户从正规金融机构寻求贷款时，普遍面临抵押担保物的硬约束，只能被动求助于民间借贷，农户信用踪迹无法留在正规金融系统，其信用交易数据难以收集，违约行为无法查询、获知，致使农户违约成本过低，极易诱发道德风险。同时由于我国农村互联网金融基础发展非常不完善，历史积累少，主要以传统银行业务为主，没有一个全面和完善的信用体系做支撑，互联网金融就很难发挥出云计算和大数据等技术工具的优势。虽然可以快速刺激农村市场，但其面临的风险也是可想而知的。三是维权难度大。农业企业逃避、废止债务，农户借天气、市场等违约，同时债权案件判决后不仅执行费用较高，而且难以实施。

二 "三农"互联网金融监管政策的特点

由于"三农"金融发展的巨大缺口以及互联网金融与"三农"领域契合的理论可能性[①]，很多互联网金融企业或平台将"三农"领域视为一片待开发的蓝海。作为一片"希望的田野上"，很多互联网金融企业以及以电商为基础的互联网企业，都开始开展"三农"业务。作为农村传统金融的有益补充，互联网金融在农村的落地生根，给农村发展、农业生产、农民生活多方面带来了较大变革。但是，应该看到，"三农"领域的互联网金

---

① 相关论述参阅《中国"三农"互联网金融发展报告（2016）》。

融发展，仍存在较多的风险，忽视对这些风险的防控，将使互联网金融在"三农"领域的发展面临很多困境。2004～2017年，中央已连续十四年出台了关于"三农"工作的中央一号文件，并对"三农金融"给予了一系列的政策支持。总之，"三农"互联网金融监管政策有着其自身的特点，一方面是积极引导互联网金融在"三农"领域加快发展，并给予一定的政策支持；另一方面是对互联网金融进入"三农"领域可能存在的风险进行防范。

第一，在顶层设计方面，中央对"三农"金融的政策重心是支持其快速发展，但对"三农"金融的风险也有着清醒的认识。

由于存在成本高、风险大、收益低的特点，农村金融一直是一个世界性难题，特别是在以小农经济为主的中国农村体现得尤为明显。我国农村地区金融基础数据缺乏，农民种植规模过小，使农村金融的高风险高成本特质尤其突出[1]，中国的农村金融不可避免地成为金融体系中的薄弱环节。央行数据显示，截至2014年底，中国2862个县级行政区中，还有1570个是金融机构空白乡镇。2011年至2016年上半年，中国仍有半数的农村地区和农村人口获得金融服务存在一定的困难，他们的金融需求主要依靠影子银行或者民间金融来满足[2]。为解决农业金融服务不足的难题，中央层面对"三农"互联网金融发展是将"规范引导、防范风险"作为政策基点。

在具体政策表述方面，2015年中央一号文件指出要充分发挥商业性金融、政策性金融和合作性金融的作用，大力发展农村普惠金融，促进"三农"贷款的可得性。2015年中央一号文件通过聚焦"互联网"和"三农"，体现了中央对"三农"问题的高度重视，以及对"三农+互联网+金融"模式的认可，让很多有远见的人士看到了互联网金融在农村将有广

---

① 农村贷款的不良率一直高于其他行业，2011～2014年，金融机构贷款不良率一般在1%左右，但涉农贷款的不良率一直在2%左右，最高的2011年是2.9%，最低的2014年为2.4%，2015年的不良率则达到4.3%。
② 根据央行历年发布的《金融机构贷款投向统计报告》。

阔的发展前景。2015年11月通过的"十三五"规划指出要规范发展互联网金融，也是互联网金融首次被写入国家五年规划中。2016年出台的中央一号文件首次提到互联网金融。从整体上看，2016年，农村金融领域的思路扩展为"推动金融资源更多向农村倾斜"，其中创新性地提出"引导互联网金融、移动金融在农村规范发展"的思路，在监管方面明确指出"完善中央与地方双层金融监管机制，切实防范农村金融风险"，同时强调了"强化农村金融消费者风险教育和保护"的要求。其中"规范"二字是关键，说明中央对互联网金融在"三农"领域的规范发展非常重视，目的在于让农村居民在接受金融服务时有效避免金融风险。2016年7月27日，中共中央办公厅、国务院办公厅印发《国家信息化发展战略纲要》，再次提到"引导和规范互联网金融发展，有效防范和化解金融风险"。

2014~2016年连续三年政府工作报告中提到互联网金融，在富农惠农强农政策上，强调建立全国农业信贷担保体系，积极引导更多的资金向农业现代化建设投入；同时，财政部也积极出台财税政策，明确指出对农村金融有关税收的减免政策，这些优惠政策都强有力地支撑着互联网金融推动农村普惠金融的加速发展。

表1 2004~2017年中央一号文件对"三农"金融的相关表述

时间	中央一号文件	涉及农村金融主题	涉及监管主题
2017年	《关于深入推进农业供给侧结构性改革加快培育农业农村发展新动能的若干意见》	加快农村金融创新	鼓励金融机构积极利用互联网技术，为农业经营主体提供小额存贷款、支付结算和保险等金融服务。严厉打击农村非法集资和金融诈骗。积极推动农村金融立法
2016年	《关于落实发展新理念加快农业现代化实现全面小康目标的若干意见》	推动金融资源更多向农村倾斜	引导互联网金融、移动金融在农村规范发展。完善中央与地方双层金融监管机制，切实防范农村金融风险。强化农村金融消费者风险教育和保护
2015年	《关于加大改革创新力度加快农业现代化建设的若干意见》	推进农村金融体制改革	鼓励各类商业银行创新"三农"金融服务。强化农村普惠金融

时间	中央一号文件	涉及农村金融主题	涉及监管主题
2014 年	《关于全面深化农村改革加快推进农业现代化的若干意见》	加快农村金融制度创新	强化金融机构服务"三农"职责。完善地方农村金融管理体制，明确地方政府对新型农村合作金融监管职责，鼓励地方建立风险补偿基金，有效防范金融风险。适时制定农村合作金融发展管理办法
2013 年	《关于加快发展现代农业进一步增强农村发展活力的若干意见》	改善农村金融服务	加强国家对农村金融改革发展的扶持和引导，切实加大商业性金融支农力度，充分发挥政策性金融和合作性金融作用，确保持续加大涉农信贷投放。支持社会资本参与设立新型农村金融机构
2012 年	《关于加快推进农业科技创新持续增强农产品供给保障能力的若干意见》	提升农村金融服务水平	发展多元化农村金融机构，鼓励民间资本进入农村金融服务领域，支持商业银行到中西部地区县域设立村镇银行。完善符合农村银行业金融机构和业务特点的差别化监管政策，适当提高涉农贷款风险容忍度，实行适度宽松的市场准入、弹性存贷比政策
2011 年	《关于加快水利改革发展的决定》	加强对水利建设的金融支持	综合运用财政和货币政策，引导金融机构增加水利信贷资金
2010 年	《关于加大统筹城乡发展力度 进一步夯实农业农村发展基础的若干意见》	提高农村金融服务质量和水平	针对农业农村特点，创新金融产品和服务方式，搞好农村信用环境建设，加强和改进农村金融监管
2009 年	《关于促进农业稳定发展农民持续增收的若干意见》	增强农村金融服务能力	在加强监管、防范风险的前提下，加快发展多种形式新型农村金融组织和以服务农村为主的地区性中小银行。鼓励和支持金融机构创新农村金融产品和金融服务，大力发展小额信贷和微型金融服务，农村微小型金融组织可通过多种方式从金融机构融入资金
2008 年	《关于切实加强农业基础建设进一步促进农业发展农民增收的若干意见》	加快农村金融体制改革和创新	加强财税、货币政策的协调和支持，引导各类金融机构到农村开展业务

续表

时间	中央一号文件	涉及农村金融主题	涉及监管主题
2007 年	《关于积极发展现代农业扎实推进社会主义新农村建设的若干意见》	大幅度增加对"三农"的投入	加快制定农村金融整体改革方案,努力形成商业金融、合作金融、政策性金融和小额贷款组织互为补充、功能齐备的农村金融体系,探索建立多种形式的担保机制,引导金融机构增加对"三农"的信贷投放
2006 年	《关于推进社会主义新农村建设的若干意见》	加快推进农村金融改革	县域内各金融机构在保证资金安全的前提下,将一定比例的新增存款投放当地,支持农业和农村经济发展,有关部门要抓紧制定管理办法。在保证资本金充足、严格金融监管和建立合理有效的退出机制的前提下,鼓励在县域内设立多种所有制的社区金融机构,允许私有资本、外资等参股。规范民间借贷
2005 年	《关于进一步加强农村工作提高农业综合生产能力若干政策的意见》	推进农村金融改革和创新	要针对农村金融需求的特点,加快构建功能完善、分工合理、产权明晰、监管有力的农村金融体系。抓紧研究制定农村金融总体改革方案。培育竞争性的农村金融市场,有关部门要抓紧制定农村新办多种所有制金融机构的准入条件和监管办法,在有效防范金融风险的前提下,尽快启动试点工作
2004 年	《关于促进农民增加收入若干政策的意见》	改革和创新农村金融体制	鼓励有条件的地方,在严格监管、有效防范金融风险的前提下,通过吸引社会资本和外资,积极兴办直接为"三农"服务的多种所有制的金融组织

资料来源:根据网上资料自行整理。

第二,在政策执行方面,以支持为主导,以风险防控为底线。

在政策执行方面,不断出台支持"三农"互联网金融发展的政策。2013 年 8 月,国务院出台《关于促进信息消费扩大内需的若干意见》提出,"推动互联网金融创新,规范互联网金融服务"。这是"互联网金融"第一次进入中央层面的文件中。2014 年 4 月,国务院办公厅出台《关于金融服务"三农"发展的若干意见》(国办发〔2014〕17 号),明确指出"大力发展农村普惠金融"。其中第三十四条对金融风险防范、监管协调、风险处置等进行了具体规定，从而守住底线，维护金融稳定。2016 年 1 月，国务院印发的《推进普惠金融发展规划（2016～2020 年）》，对构建我国普惠金融体系进行了顶层设计，明确指出，促进互联网金融组织规范健康发展，发挥互联网促进普惠金融发展的有益作用。

同时，相关部门也出台了一些政策大力支持"三农"互联网金融发展。2015 年 7 月，由央行牵头，工信部等十部委联合出台的《关于促进互联网金融健康发展的指导意见》，明确互联网金融监管责任，有效规范市场秩序，促进其健康发展。这也是我国政府部门出台的首个关于规范互联网金融发展的指导性文件。2016 年 11 月，国家发改委印发《全国农村经济发展"十三五"规划》，提出加快建设健全的农村金融体系等具体措施。

第三，在实际监管操作方面，重点对互联网金融的风险保持高度关注。

2016 年 4 月，国务院在全国范围内开启为期一年的互联网金融风险专项整治。厘清互联网金融的本质，规范互联网金融运行，严厉打击披着互联网金融外衣的非法金融活动，引导公众正确看待互联网金融风险案件，营造行业健康发展的良好环境。加强对互联网金融的监管，继续坚持政府监管与行业自律协同、安全与效率兼顾、鼓励创新与规范发展相结合、监管与服务并重、监管标准一致的原则，加快监管转型，更加关注业务本质，做好事前监管、功能监管、分类监管、差异化监管，促进"三农"互联网金融领域健康发展。而 P2P 网贷行业作为风险高发频发领域，无疑将是这次专项整治的主要对象之一。这是历次互联网金融整治时间最长、整治力度最大、整治范围最广的工作，这也充分显示了国家对互联网金融风险的高度重视。2016 年 11 月，银监会联合工信部、国家工商局发布了《网络借贷信息中介备案登记管理指引》，为新注册及已经设立并开展经营的网贷平台备案登记给予指引，将互联网金融监管纳入法制化轨道。

2017 年 1 月，中共中央办公厅、国务院办公厅印发《关于促进移动互联网健康有序发展的意见》。这是近年来由中共中央办公厅、国务院办公厅发布的首个移动互联网方面的"发展新政"和"顶层设计"。其颁布实施，对于全方位促进移动互联网健康有序发展、更好地服务党和国家事业发展大局、让移动互联网发展成果更好地造福人民，具有重要作用。2017年2月4日，央行副行长潘功胜调研中国互联网金融协会时表示，"互联网金融协会要坚决贯彻经济工作会议'防控金融风险放到更加重要的位置'的部署要求，继续配合和支持互联网金融风险专项整治工作，抓紧研究建立全国互联网金融风险监测预警平台"。最高检也表示要积极贯彻中央精神，把防范金融风险放在更加重要位置，严惩非法集资洗钱、地下钱庄、网络传销等犯罪，积极参与互联网金融风险专项整治，维护金融管理秩序。

2017年2月，中央一号文件《中共中央国务院关于深入推进农业供给侧结构性改革加快培育农业农村发展新动能的若干意见》发布，连续14年聚焦"三农"工作。与2016年相比，2017年的中央一号文件并没有明确地提出发展农村互联网金融、移动金融，更多的是引导传统金融机构利用互联网技术开拓农村金融市场。文件中第29条明确指出：鼓励金融机构积极利用互联网技术，为农业经营主体提供小额存贷款、支付结算和保险等金融服务。这是首次提出要严厉打击农村非法集资和金融诈骗，积极推动农村金融立法。与此同时，2017年3月的政府工作报告提出，要高度警惕互联网金融等累积风险。这体现了中央对金融风险防控的重视，且与开展的为期一年的互联网金融风险专项整治工作息息相关。

表2　国家关于"三农"互联网金融风险关注与监管的重要政策

时间	文件名称	颁布机构
2015年7月4日	《国务院关于积极推进"互联网+"行动的指导意见》	国务院
2015年7月18日	《关于促进互联网金融健康发展的指导意见》	央行等十部委
2015年8月6日	《最高人民法院关于审理民间借贷案件适用法律若干问题的意见》	最高人民法院
2015年12月31日	《国务院关于印发推进普惠金融发展规划(2016~2010年)》	国务院
2015年12月28日	《网络借贷信息中介机构业务活动管理暂行办法(征求意见稿)》	银监会等
2016年1月27日	《关于落实发展新理念加快农业现代化实现全面小康目标的若干意见》(中央一号文件)	中共中央、国务院

时间	文件名称	颁布机构
2016 年 1 月 15 日	《推进普惠金融发展规划(2016~2020 年)》	国务院
2016 年 2 月 24 日	《关于进一步做好防范和处置非法集资工作的意见》	国务院
2016 年 3 月 10 日	《互联网金融信息披露规范(初稿)》	中国互联网金融协会
2016 年 8 月 24 日	《网络借贷信息中介机构业务活动管理暂行办法》	银监会等
2016 年 10 月 13 日	《互联网金融风险专项整治工作实施方案》	国务院办公厅
2017 年 2 月 5 日	《关于深入推进农业供给侧结构性改革加快培育农业农村发展新动能的若干意见》(中央一号文件)	中共中央、国务院

资料来源：自行整理。

从国家政策层面看，互联网金融得到了党和国家的高度重视。总之，由于互联网金融基础设施已经渗透到农村基层，发展农村各类经济都需要有"互联网＋金融创新"的形式来予以支持和推动，这样才能让农村的供给侧结构性改革和新动能的培育得到保障。我国农民金融风险防范意识淡薄，打击金融违法犯罪将成为农村金融工作的重点，未来农村金融的监管将趋严，P2P 网贷平台面临的监管压力也将增大。

三 "三农"互联网金融监管政策的具体实施

随着互联网金融、金融科技、移动支付等不断由城市向城市周边和农村地区普及和渗透，农村金融环境也伴生着风险隐患、监管空白甚至违规违法行为。监管部门快速反应，迅速行动，力将互联网金融纳入常态化的法治轨道。随着整治工作力度的不断升级，监管的空白被逐步填补，违规违法的经营活动被排除出市场，互联网金融将在风险治理的长效机制下迎来新的发展，这为"三农"互联网金融的健康稳定发展打下了坚实基础。

（一）P2P 网络借贷

从 2007 年起至今，P2P 在中国走过了十年的发展期，借助互联网信息技术的兴起与普及，成为传统金融体系的有效补充。但监管缺位、制度缺失，也造成 P2P 蓬勃生长与乱象丛生并存的独特发展局面，卷款跑路、非法集资的风波此起彼伏。数据显示，截至 2016 年底，全国累计有 3000 余家停业及问题平台，其中 2015 年、2016 年分别有 896 家、1741 家①。

从 2007 年拍拍贷成立到 2012 年是我国 P2P 网贷的监管空白期。2010 年 5 月国务院颁布了《关于鼓励和引导民间投资健康发展的若干意见》，明确指出：鼓励民间资本发起设立金融中介服务机构。同时，国家发改委相关负责人表示，"草根金融需要草根经济来办"，是解决中小企业融资难问题的根本途径，这为民间资本进入金融领域提供了指导依据。2011 年 8 月，银监会颁布《关于人人贷有关风险提示的通知》，首次将 P2P 译为"人人贷"，详细指出了 P2P 平台存在七大主要问题和风险，并要求银行业金融机构做好防范潜在金融风险准备。这是监管层首次对 P2P 进行风险提示，但没有明确 P2P 的市场地位、监管主体和监管原则等。2013 年 6 月，就网络信贷潜在的业务风险，央行对商业银行和第三方支付平台进行了风险警示②。这是自银监会在 2011 年警示 P2P 风险后，央行第一次对 P2P 网贷表态。2013 年 7 月，央行、银监会及各部委对包括 P2P 在内的互联网金融行业进行了多次调研，央行也多次在公开场合给 P2P 行业划定红线，高层的关注度持续升温。

2016 年 10 月，银监会等 14 个部委联合印发了《P2P 网络借贷风险专项整治工作实施方案》，将通过摸底排查、分类处置及验收规范 3 个步骤，对网贷行业进行全面整治。

整治工作旨在通过分类处置和划定监管红线，促使 P2P 平台回归信息中介定位和普惠金融本质。按照相关监管规定，明确了五项分类处置标准：一是网贷机构满足信息中介的定性；二是业务符合直接借贷的标准；三是不得触及业务"红线"；四是落实出借人及借款人资金第三方存管要求；五是信息披露完整、客观、及时，并且具备合规的网络安全设施。

---

① 数据来自网贷之家。
② 参见 2013 年 6 月央行颁布的《支付业务风险提示——加大审核力度提高管理水平防范网络信贷平台风险》。

　　根据网贷机构的风险程度、问题轻重、处理方式将其划分为合规、整改及取缔三大类，实施分类处置。对合规类机构实施持续监管，支持鼓励其合规发展，督促其规范运营。对整改类机构责令其限期整改，并对整改不到位、不达标者，按照有关规定继续整改或淘汰整合，并依法予以处置。对取缔类机构涉嫌从事非法集资等违法违规活动，对其严厉打击，坚决实施市场退出，有关政府部门按照相关法律法规给予相应处罚措施，政府不承担兜底责任。

1. 备案登记

　　2016 年 11 月 28 日，银监会联合工信部、工商局联合发布了《网络借贷信息中介备案登记管理指引》，要求新设立网贷平台办理备案登记需要九大部分材料。对于已设立的网贷平台，除上述九大材料外，还须提交机构经营总体情况、产品信息及违法违规整改情况说明。按照指引要求，已设立的网贷平台，办理备案登记的具体时限不得超过 50 个工作日。从 2017 年开始，合规发展成为互金行业发展的核心方向，各地纷纷出台相关文件细则来指引 P2P 平台的发展，如厦门、上海、北京等地。但截至本文写作时，全国尚没有一家 P2P 平台获得相关政府部门的备案许可。

2. 资金存管

　　银行存管成为网贷合规的重要监管手段，凡是设计网贷管理的相关规定，无不提及和要求进行资金存管。据网贷之家及盈灿咨询不完全统计，截至 2017 年 2 月 23 日，共有 118 家平台完成银行直接存管系统对接并上线，还有共 209 家已经宣布签订存管协议的平台，分别约占 P2P 网贷行业正常运营平台总数量的 4.94%、8.75%。另外，已有民生银行、江西银行、徽商银行等 33 家银行布局 P2P 网贷平台资金直接存管业务。

　　2015 年颁布的《关于促进互联网金融健康发展的指导意见》明确提出"网贷平台与银行合作上线资金存管系统"的要求。2016 年 11 月，银监会又联合工信部、国家工商总局发布《网络借贷中介机构备案登记管理指引》，再次明确 P2P 网贷平台必须对接银行完成资金存管。2016 年 8 月 14 日，银监会向各银行下发《网络借贷资金存管业务指引（征求意见稿）》之

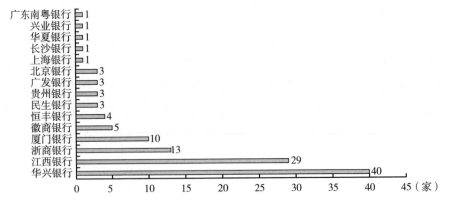

图1 银行直接存管平台数量

资料来源：网贷之家，盈灿咨询。

后，2017年2月23日，银监会正式发布了《网络借贷资金存管业务指引》（银监办发〔2017〕21号，以下简称《存管指引》）。《存管指引》全文内容共计五章二十九条。《存管指引》的正式出台，意味着网贷行业迎来了继备案登记之后又一合规细则的最终落地。这一规定明确要求网络信息中介机构严格区分自有资金和借贷资金，实行有效分离，并将借款人和出借人的资金在商业银行进行存管；银行业金融机构明确为商业银行；第三方支付存管、联合存管等模式都属于禁止之例，存管人不对借贷行为进行任何性质的信用背书。

（二）股权众筹

作为依托互联网兴起的一种低门槛资金募集模式，众筹为创业创新者提供了资金基础。其中，为初创企业提供直接融资的股权众筹，尤其受到投融双方的青睐，但也因为其存在的诸多法律风险而饱受争议。对投资者合法权益的保护是股权众筹健康发展的重要前提。其监管的重点是严厉打击非法集资，从而引导行业朝规范有序方向发展。

1.政府对众筹行业的规范与监管

2016年3月5日，李克强总理在政府工作报告中指出充分释放全社会创业创新潜能，打造众创、众包、众扶、众筹平台，构建多方协同的新型创业创新机制。①

2016年4月14日，国务院组织14个部委召开电视会议，决定由证监会具体负责对股权众筹进行全面的清理与整治。4月27日，央行等14个部委召开处置非法集资部际联席会议，介绍当前非法集资形势和主要特点，并部署下一步排查和处置工作。证监会将在打击非法发行原始股、专项检查互联网股权融资平台、进一步规范私募基金治理等六个方面开展工作。证监会在座谈会上表示会在证券法修改中对非公开股权融资做出规范，进一步加强对非公开股权融资、私募基金等领域的监管。

2016年，由于房地产行业持续升温，众筹行业出现了"众筹炒房"等诸多现象，这种现象给房地产市场带来了一定的影响。各地开始进行一些监管行动，如深圳、广州等地，对众筹炒房等行为进行限制。

2. 众筹行业的一些具体监管政策

2016年国务院、国家工商总局、证监会等部门出台了多份文件，先后颁布了《国务院关于印发推进普惠金融发展规划（2016～2020年）的通知》、《"十三五"国家科技创新规划》和《"十三五"国家战略性新兴产业发展规划》等多份鼓励众筹发展和开展非公开股权融资试点的文件，同时也颁布了《国务院关于进一步做好防范和处置非法集资工作的意见》《股权众筹风险专项整治工作实施方案》等互金专项整治文件。从发布的系列政策文件来看，国家是鼓励和支持众筹发展，但对于非法集资等"踩红线"行为是严厉打击的态度，对非公开股权融资进行规范。

在对众筹的支持方面，2016年12月19日，国务院在印发的《"十三五"国家战略性新兴产业发展规划》中提及众筹，并将众筹纳入"十三五"期间国家战略性新兴产业69个重点任务之一。规划要求深入开展落实2016年政府工作报告中提及的促进"大众创业、万众创新"，打造众创、众包、

---

① 2016年政府工作报告指出：发挥"大众创业、万众创新"和"互联网＋"集众智汇众力的乘数效应。打造众创、众包、众扶、众筹平台，构建大中小企业、高校、科研机构、创客多方协同的新型创业创新机制。

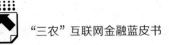

众扶、众筹平台，依托"双创"资源集聚的区域、科研院所和创新型企业等载体，支持建设"双创"示范基地，发展专业化众创空间。

对于众筹的风险防范与规范发展，2016年2月4日，国务院出台了《关于进一步做好防范和处置非法集资工作的意见》，指出要加快民间融资和金融新业态法规制度建设，尽快出台股权众筹融资监管规则，促进互联网金融规范发展。

2016年10月13日，证监会等15个部门联合印发《股权众筹风险专项整治工作实施方案》，重点整治互联网股权融资平台八类问题，并明示了股权众筹平台及平台融资者活动的六大红线。

表3 2016年众筹行业政府监管政策整理

时间	法律文件	发布机构	具体内容
2016年1月	《国务院关于印发推进普惠金融发展规划(2016~2020年)的通知》	国务院	发挥股权众筹融资平台对"大众创业、万众创新"的支持作用。推动修订证券法，夯实股权众筹的法律基础
2016年2月	《国务院关于进一步做好防范和处置非法集资工作的意见》	国务院	尽快出台P2P网络借贷、股权众筹融资等监管规则，促进互联网金融规范发展
2016年3月	《国民经济和社会发展第十三个五年规划纲要》	十二届全国人大四次会议	依托互联网拓宽市场资源、社会需求与创业创新对接通道。完善监管制度，规范发展实物众筹、股权众筹和网络借贷
2016年4月	《国务院关于印发上海系统推进全面创新改革试验加快建设具有全球影响力科技创新中心方案的通知》	国务院	支持上海股权托管交易中心设立科技创新专门板块。支持上海地区为开展股权众筹融资试点创造条件
2016年5月	《工商总局关于印发2016网络市场监管专项行动方案的通知》	国家工商总局	
2016年8月	《"十三五"国家科技创新规划》	国务院	加强创新创业综合载体建设，发展众创空间，支持众创、众包、众扶、众筹，服务实体经济转型升级；推进知识产权证券化试点和股权众筹融资试点，探索和规范发展服务创新的互联网金融

续表

时间	法律文件	发布机构	具体内容
2016 年 9 月	《关于促进创业投资持续健康发展的若干意见》	国务院	规范发展互联网股权融资平台，为各类个人直接投资创业企业提供信息和技术服务
2016 年 10 月	《互联网金融风险专项整治工作实施方案》	国务院办公厅	股权众筹平台不得发布虚假标的，不得自筹，不得"明股实债"或变相乱集资，应强化对融资者、股权众筹平台的信息披露义务和股东权益保护要求，不得进行虚假陈述和误导性宣传
2016 年 10 月	《股权众筹风险专项整治工作实施方案》	证监会等15 个部委	重点整治八大股权众筹方面违法违规行为
2016 年 12 月	《"十三五"国家战略性新兴产业发展规划》	国务院	深入开展"大众创业、万众创新"。打造众创、众包、众扶、众筹平台，依托"双创"资源集聚的区域、科研院所和创新型企业等载体，支持建设"双创"示范基地，发展专业化众创空间

资料来源：盈灿咨询。

3. 众筹行业地方性政策

2016 年各地方政府积极响应国家监管层要求，陆续出台相关政策。广东、北京、上海等经济活跃的地区均根据监管层要求既出台了地方特色的鼓励支持政策，又出台了打击非法集资等互金专项整治政策。另外中西部地区也积极制定出台地方特色的监管政策。从出台的地方文件来看，地方政府与国家监管层步调保持一致，在鼓励众筹发展的同时严打非法集资等违法违规行为。

深圳、广州纷纷发文叫停房产众筹业务。2016 年 3 月 18 日和 4 月 12日，深圳互联网金融协会陆续下发《关于严禁开展"众筹炒楼"房地产金融业务，加强金融风险防控的通知》《深圳市互联网金融协会关于停止开展房地产众筹业务的通知》，叫停房产众筹。4 月 21 日，继深圳之后，广州金融业协会、广州互联网金融协会、广州市房地产中介协会联合发布《关于停止开展首付贷、众筹购房等金融业务的通知》，全面叫停首付贷和房产众筹业务。11 月 10 日，深圳互金协会再次发文下达最后通牒，要求各企业必须全面停止零首付、首付贷、众筹买房等各类违规房地产金融业务，立即自查自纠，并须在一个月内完成清理整顿。

表4　2016年众筹行业地方性政策整理

时间	文件	发布机构
2016 年 1 月	《北京市人民政府关于积极推进"互联网＋"行动的实施意见》	北京市人民政府办公厅
2016 年 1 月	《浙江省"互联网＋"行动计划》	浙江省人民政府
2016 年 2 月	《上海市推进"互联网＋"行动实施意见》	上海市人民政府
2016 年 2 月	《江西省人民政府办公厅关于促进全省互联网金融业发展的若干意见》	江西省人民政府办公厅
2016 年 2 月	《北京市进一步做好防范和处置非法集资工作的管理办法》	北京市人民政府办公厅
2016 年 2 月	《陕西省委科技工委　陕西省科学技术厅 2016 年工作要点》	陕西省委科工委　陕西省科技厅
2016 年 3 月	《广东省非法集资监测预警工作制度》	广东省金融办
2016 年 3 月	《广州市人民政府关于进一步做好防范和处置非法集资工作的意见》	广州市人民政府办公厅
2016 年 4 月	《本市进一步做好防范和处置非法集资工作的实施意见》	上海市人民政府
2016 年 4 月	《广州市金融局关于开展股权投资类企业风险防范专项整治工作的通知》	广州市金融局
2016 年 5 月	《鄂尔多斯市互联网金融风险专项整治工作实施方案》	鄂尔多斯市人民政府办公厅
2016 年 6 月	《福建省互联网金融风险专项整治工作方案》	福建省人民政府办公厅
2016 年 6 月	《山东省"互联网＋"行动计划(2016～2018 年)》	山东省人民政府
2016 年 7 月	《关于进一步支持异地务工人员等人员返乡创业的通知》	广东省人民政府
2016 年 10 月	《广东省互联网金融风险专项整治工作实施方案》	广东省人民政府办公厅
2016 年 10 月	《北京市互联网金融风险专项整治工作实施方案》	北京市人民政府办公厅
2016 年 10 月	《山东省互联网金融风险专项整治工作七个分领域实施方案》	山东省金融工作办公室
2016 年 10 月	《福建省互联网金融风险专项整治工作方案》	福建省人民政府办公厅
2016 年 10 月	《安徽省互联网金融风险专项整治工作方案》	安徽省人民政府办公厅

资料来源：盈灿咨询。

（三）互联网保险

随着互联网金融的迅速发展，互联网保险作为一种新型业态，发展势头强劲，风险与监管难度也越来越大。保险监督和风险管理应为互联网保险保驾护航，以确保实现保险发展与规范并重。

1. "三农"互联网保险现状

中国互联网保险兴起于2011年末，随后几年迎来了爆发式发展。特别是2015年中国互联网保险发展较快，2015年全年互联网保险保费收入高达2234亿元，比2014年增长1375亿元，增幅高达160%，在全国总保费收入中渗透率达到9.2%。2016年，117家保险机构开展互联网保险业务，实现签单保费2348亿元，2016年新增互联网保险保单61.65亿件，占全部新增保单件数的64.59%。但2016年全年互联网保险保费收入总额为2348亿元，仅比2015年增加114亿元，增长率为5.1%。①

2016年互联网保险保费收入增速大幅下跌，除了受整个资本市场大环境影响，更是因为2016年作为互联网金融的合规元年，互联网保险也在监管约束下步入合规整治期，导致互联网保险保费收入进入低增长态势。

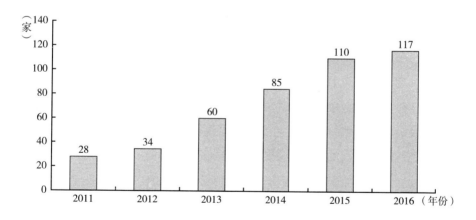

图2 2011~2016年经营互联网保险公司数量

资料来源：中国保监会、零壹研究院。

---

① 数据来自中国保监会。

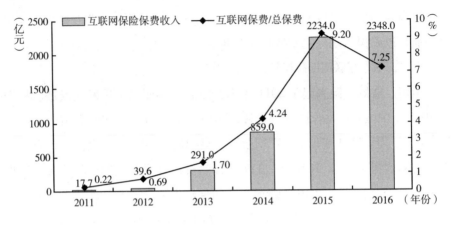

图3 互联网保险保费收入情况

资料来源：中国保监会、零壹研究院。

应该看到，很多保险机构也开始借助互联网进入"三农"领域。2015年8月，农业部启动实施"互联网+""三农"保险行动计划。在农业部信息中心与中航安盟财产保险有限公司合作实施下，计划开展涵盖两大领域八项内容。中华财险目前已深入探索了"互联网+农业保险"的模式，建立了由互联网运用、卫星遥感、无人机航拍及手持移动设备共同组成的"天、空、地"一体化查勘定损的种植险应用体系。

2014年10月21日，安润金融与安华保险正式建立战略合作关系。安润金融是在互联网金融领域首个可以和安华保险这种规模的专业农险保险公司达成战略合作关系的企业。而安华保险选择安润金融作为合作伙伴，最重要原因之一就是安润的管理专业性、业务安全性及风险识别能力。安华保险是国内最专业的农业保险企业，12年专注服务"三农"。而安润金融将业务延伸至县域，在过去的"金融死角"提供了贴心的服务，帮助以前渴望金融帮助而不可得的人群实现梦想，这一理念与安华保险不谋而合。而这一合作的达成，为安润金融在农村金融业务注入一剂强心针。利用安华对于农村保险的深厚经验和长年耕耘的扎实基层工作基础，另外配合农业风险保障保险产品为安润金融的用户提供了强有力的保证。

2015年12月，中国保监会"全国农业保险信息管理平台"一期系统正式上线，将经营农业保险业务的保险公司全部接入平台，从而初步实现对中央财政补贴型种植业保险业务的数据进行集中管理。2017年的中央一号文件提出，鼓励现有的保险机构利用互联网技术为"三农"提供保险服务。

2. 互联网保险的监管政策日趋完善，进入监管整顿

根据2015年以来监管部门出台的多项规定，监管层对于互联网保险的整体发展（包括互联网保险主体、经营范围、门槛标准、产品创新、风控管理等）给予了一定的要求和限制，互联网保险行业已经逐渐脱离野蛮生长，开始进入合规整顿期。

2015年7月，中国保监会出台了《互联网保险业务监管暂行办法》，明确了互联网保险业务的经营条件、信息披露、监督管理等基本经营规则，为互联网保险的健康发展创造制度条件，从而维护保险消费者合法权益。同时也开始推进专业互联网保险公司试点，批准筹建泰康在线、安心财险和易安财险等互联网保险公司。

2016年以来，监管层对互联网保险行业态度趋严，无论是资本投资积极性，还是互联网保险行业创业者的积极性，都因此受到了一定程度的遏制。监管部门不断颁布关于互联网保险的监管细则，但总体政策思路是以鼓励为主，并引导其向规范方向发展。

重点对互联网平台保证保险业务加强管理。2016年1月，中国保监会在2015年出台的《互联网保险业务暂行管理办法》的基础上，颁布《关于加强互联网平台保证保险业务管理的通知》，对互联网平台保证保险业务存在的重点问题全面开展风险排查，并明确互联网平台选择、信息披露和风险防控等相关要求。

2016年12月，中国保监会在侨兴债事件爆发前夕，出台《关于进一步加强互联网平台保证保险业务管理的通知（征求意见稿）》，从产品开发要求、经营原则、保险金额设置、最大可损控制、承保能力、业务结构、期限拆分、准备金评估等20个方面进行完善修订；并对保险金额控制明确了监管要求，要求对企业单户累计最高承保金额不得超过500万元，对个人不得超过100万元。这份征求意见稿要求，保险公司开展互联网平台保证保险业务，累计承保的保险责任余额不得超过保险公司净资产的3倍。这意味着，中国保监会很可能将净资产的3倍作为保证保险业务的规模上限，这对于互联网保险公司而言，会是重大挑战。

加强对互联网保险平台的清理整顿。2016年上半年，首先对网络互助平台进行整顿，对以保险名义开展网络互助的平台进行了点名。下半年开始，针对第三方互联网保险平台进行了严格界定，并提出无保险牌照的第三方不得变相经营保险业务、收取保费。11月，又对以保险名义开展网络互助的平台发出最后通牒，并给予整治的最后期限。由此可以看出，对于互联网保险的监管日渐趋严，在鼓励创新的同时，更注重风险防控。

积极防范互联网保险的风险。2016年10月，中国保监会联合14个部门印发《互联网保险风险专项整治工作实施方案》。专项整治工作为期一年，分为摸底排查、查处整改和总结报告三个阶段。方案对互联网保险风险专项整治工作进行了全面部署。整治重点包括以下三个方面：一是互联网高现金价值业务，重点查处和纠正保险公司在通过互联网进行保险产品销售时的误导性描述。二是保险机构依托互联网跨界开展业务，重点查处和纠正保险公司与不具备经营资质的第三方网络平台合作开展互联网保险业务的行为；保险公司与存在提供增信服务、设立资金池、非法集资等行为的互联网信贷平台合作，引发风险向保险领域传递；保险公司在经营互联网信贷平台融资性保证保险业务过程中，存在风控手段不完善、内控管理不到位等情况。三是非法经营互联网保险业务，重点查处非持牌机构违规开展互联网保险业务，互联网企业未取得业务资质依托互联网开展保险业务等问题；不法机构和不法人员通过互联网利用保险公司名义或假借保险公司信用进行非法集资等。方案同时对配套措施如互联网保险机构的资金第三方存管制度进行了规范要求，保护客户资金安全。从整治目标来看，对互联网高现金价值业务的整治侧重于保护保险消费者利益；对互联网跨界业务的整治，则侧重于防范金融系统性风险；对非法经营的整治，则是驱逐"假币""劣币"，建立规范公平的市场竞争环境，促进互联网金融保险行业健康可持续发展。

2017 年 2 月，中国保监会印发了《保险业进一步参与社会治安综合治理工作的指导意见》，明确表示中国保监会将加大保险业综治工作落实力度，重点做好反保险欺诈、打击非法集资、加强互联网保险监管、保险纠纷多元化解、信访积案化解等任务，管控好行业风险，维护保险市场稳定运行和保险消费者合法权益。

表 5 互联网保险监管政策

时间	文件名称	颁布机构	内容
2005 年 4 月	《电子签名法》	全国人大	通过规范电子签名的使用和保管,使互联网保险具有法律效力
2011 年 4 月	《互联网保险业务监管规定（征求意见稿）》	中国保监会	明确规定了互联网保险业务,并对互联网保险公司的资质条件、经营规则、监督检查、法律责任进行了规定
2011 年 8 月	《中国保险业发展"十二五"规划纲要》	中国保监会	鼓励保险业务创新,推动保单电子化发展,理赔效率提高
2011 年 9 月	《保险代理、经纪公司互联网保险业务监管办法(试行)》	中国保监会	明确了互联网保险业务管理制度、业务操作规程、注册资本、经营区域
2012 年 5 月	《关于提示互联网保险业务风险的公告》	中国保监会	向投保人就互联网保险业务进行风险提示
2013 年 4 月	《关于专业网络保险公司开业验收有关问题的通知》	中国保监会	针对专业网络保险公司开业验收,制定了有关补充条件
2014 年 4 月	《关于规范人身保险公司经营互联网保险有关问题的通知(征求意见稿)》	中国保监会	互联网保险的首个监管政策,明确设立人寿保险公司经营互联网保险的门槛及经营规范
2014 年 8 月	《关于加快发展现代保险服务业的若干意见》	国务院	提出支持保险公司运用现代互联网技术,进行销售渠道和服务模式创新
2014 年 12 月	《互联网保险业务监管暂行办法（征求意见稿）》	中国保监会	对互联网保险机构的经营范围、业务操作进行进一步规范
2015 年 7 月	《互联网保险业务监管暂行办法》	中国保监会	对互联网保险的发展主体、经营范围和门槛标准进行规定
2016 年 1 月	《关于加强互联网平台保证保险业务管理的通知》	中国保监会	全面排查风险,进一步明确互联网保险平台选择、信息披露和内控管理等

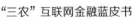

续表

时间	文件名称	颁布机构	内容
2016 年 4 月	《互联网保险风险专项整治工作实施方案》	中国保监会等十五部门	开展为期一年专项整治。重点整治互联网高现金价值业务,保险机构与不具备经营资质的第三方网络平台合作开展互联网保险业务的行为,非法经营互联网保险业务
2016 年 12 月	《关于进一步加强互联网平台保证保险业务管理的通知(征求意见稿)》	中国保监会	对互联网平台保证保险业务的概念、保险金额控制、期限拆分等进行明确规定

资料来源:根据中国保监会等政府网站自行整理。

(四)第三方支付:坚守支付中介定位

关于何为第三方支付,中国人民银行在 2010 年发布的《非金融机构支付服务管理办法(2010)》中有明确的定义。[①] 第三方支付监管政策的重点是使其坚守支付中介定位。

农村互联网支付的用户数超过 1 亿,一半以上的农村互联网用户在使用互联网支付,互联网支付为农村的生产和生活也带来巨大的变化。中央对农村支付非常重视,2016 年初国务院发布了《推进普惠金融发展规划(2016~2020 年)》,明确提出了农村支付服务体系建设的工作思路和要求,为农村开展包括互联网支付在内的互联网金融服务提供了政策依据和指导思想。2017 年 2 月 5 日发布的中央一号文件在农村金融领域对互联网金融的态度从 2016 年的"引导互联网金融、移动金融在农村规范发展"转为"鼓励金融机构积极利用互联网技术,为农业经营主体提供小额存贷款、支付结算和保险等金融服务",第一次明确提出了积极发展互联网支付。

目前已有 200 多家第三方支付企业取得牌照。从监管时间来看,2010

[①] 央行 2010 年发布的《非金融机构支付服务管理办法(2010)》将第三方支付定义为:非金融机构作为收付款双方的支付中介时,所提供的网络支付、预付卡、银行卡收单以及中国人民银行确定的其他支付服务。

年央行最早颁发第三方支付行业的准入许可证，第三方支付开始进入持牌经营阶段；2011 年央行发放第三方支付牌照，第三方支付行业正式进入规范有序发展阶段。特别是凭借灵活便捷的优势，非银支付行业取得了较快发展，但随着市场竞争加剧，不同支付服务主体因利益驱动引发无序竞争、恶性竞争、不公平竞争的情形时有发生。无证从事支付结算业务现象突出，支付市场公平竞争无法保障，支付行业秩序遭到破坏，并助长地下钱庄、电信诈骗、非法集资等犯罪行为。

另外，对于第三方支付出现的各种问题，2015 年 12 月，央行出台了《非银行支付机构网络支付业务管理办法》，对与 P2P 开展合作的第三方支付平台的相关业务进行规范，加强借贷双方在平台上的资金账户的安全性，防止平台挪用客户资金、非法集资等风险。2016 年，央行和中国银监会针对开展互联网支付的银行业和非银行支付机构出台了《关于做好 2016 年农村金融服务工作的通知》和《关于加大对新消费领域金融支持的指导意见》，以及为防范互联网金融风险先后颁布了《互联网金融风险专项整治工作实施方案》和《非银行支付机构风险专项整治工作实施方案》，在促进鼓励农村金融创新、提升农村市场活力的同时及时控制金融风险。同时为有效防范电信网络违法犯罪，加强支付结算管理，维护广大人民群众的合法权益，2016 年 9 月《中国人民银行关于加强支付结算管理防范电信网络新型违法犯罪有关事项的通知》，要求支付机构加大对电信网络犯罪的防范力度。2016 年 10 月，央行会同 13 个部委制定并印发了《非银行支付机构风险专项整治工作实施方案》，促进非银支付机构坚守支付中介的定位和职能，清理整治无证机构，遏制市场乱象。根据该实施方案，重点进行如下两方面专项整治工作：一是开展支付机构客户备付金风险和跨机构清算业务整治，建立支付机构客户备付金集中存管制度，逐步取消对支付机构客户备付金的利息支出，规范支付机构开展跨行清算行为；二是开展无证经营支付业务整治，排查梳理无证机构名单及相关信息，并根据其业务规模、社会危害程度、违法违规性质和情节轻重分类施策。

通过制定客户备付金集中存管方案，要求支付机构将客户备付金统一缴存中国人民银行或符合要求的商业银行，有助于加强账户资金监测，防范资金风险，切实保护客户合法权益。同时中国支付清算协会按照"共建、共有、共享"原则，组织支付机构共同发起筹建非银行支付机构网络支付清算平台，旨在为支付机构提供统一、公共的资金清算服务，纠正支付机构违规从事跨行清算业务，改变支付机构与银行多头连接开展业务的现状。

（五）通过互联网开展资产管理及跨界从事金融业务

近年来，互联网金融的快速发展对推动经济转型升级、促进创新创业发挥了积极作用。但是部分企业通过互联网开展资产管理及跨界从事金融业务也出现了一些风险隐患，有的企业向不具有风险识别能力的投资者销售高风险金融产品，有的企业未采取资金托管方式侵占挪用投资者资金，有的企业嵌套开展资产管理业务规避监管要求，有的企业无牌代销金融产品或开办资产管理业务，上述种种行为不仅扰乱了市场的正常秩序，而且损害了投资者利益。

2016年10月13日，中国人民银行等17个部门联合公布了《通过互联网开展资产管理及跨界从事金融业务风险专项整治工作实施方案》。重点整治以下三点：一是具有资产管理相关业务资质，但开展业务不规范的各类互联网企业；二是跨界开展资产管理等金融业务的各类互联网企业；三是具有多项金融业务资质、综合经营特征明显的互联网企业。

我国近年各类交易场所的兴起，是我国经济转型升级的一个表现，同时也是过去地方金融和中央监管博弈互动的一个结果。目前我国严格意义上的交易所只有8家，准入非常严格，交易非常规范。其中包括3个证券、4个期货、1个贵金属，这8家是国务院批准的。在我国，贵金属、证券和期货等各种交易，都只能在这8家交易所中进行。然而，其他各种自称是交易所的地方交易平台却有数千家，现在没有统一的规范管理办法，存在较大风险隐患。

对于规范跨界资管平台或交易平台，关键在于制度设计，在交易中让各方交易主体有一个权利义务的平衡机制，有一种合理的风险控制机制。交易平台在整顿过程中应该去重新梳理，尽快建立一套可行的标准、流程和规范。监管者会让做得好的企业拿出自己的内部标准、样板、流程。已经形成一定用户规模和操作规范的交易平台，应该从这些方面来承担更多责任，配合监管部门共同推动行业的规范化。

对于正在进行的跨界资产管理，跨界从事金融业务如各类交易场所的规范与整顿，中国证监会主席刘士余在国新办组织的媒体见面会上答记者提问时说，由央行牵头一行三会和有关机关正在制定跨界资管产品的统一管理办法，一行三会互相配合，共同努力，这是我国金融市场防范风险、稳健发展的一件大事。

（六）互联网金融广告

自 2014 年以来，有多家 P2P 平台在央视投放了广告，如恒昌财富、信和财富、银谷财富、金银猫等。

而农村的墙刷广告是个独具特色的市场风向标，如今的互联网金融开始在农村崭露头角。互联网金融在农村由于监管较少，乱象丛生，存在夸大、过度包装的现象，囿于农民的认知水平和风险意识，亟须规范农村互联网金融广告。

2016 年 4 月，国家工商总局等 17 个部门出台有关互联网金融广告的专项整治工作实施方案，将会同金融监管部门，抓紧制定金融广告发布的市场准入清单，研究制定禁止发布的负面清单和金融广告发布事前审查制度。2016 年 7 月，国家工商总局《互联网金融广告管理暂行办法》。2016 年 10 月，国家工商总局等 17 个部门联合印发了《开展互联网金融广告及以投资理财名义从事金融活动风险专项整治工作实施方案》，正式开展互联网金融广告专项整治工作，对互联网金融广告和以投资理财名义从事金融活动行为进行集中清理整治，明确了互联网金融广告"九不准"。专项整治分为方案制定、动员摸底、清理整治和评估总结四个阶段，拟于 2017 年 1 月底前完成。

面对互联网金融广告行业乱象，各地也出台了相关规范政策进行整治。

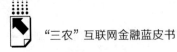

主要有深圳市和贵州省。

2015 年 12 月，为规范投资理财产品的广告，深圳市市场监督管理局出台《关于规范投资理财类产品广告发布的通知》。

特别是，从 2016 年 4 月至 2017 年 1 月底，贵州省工商系统对互联网金融广告及以投资理财名义进行为期 10 个月的专项整治行动。具体主要对辖区内搜索引擎网站、门户网站、财经金融网站及金融企业自设网站等发布的违法广告进行重点整治。

贵州省工商局要求，互联网金融广告应当依法合规、真实可信，不得对未来效果收益做出保证性承诺，不得对过往业绩作虚假或夸大表述，不得利用专业机构和人士以及受益者的名义或者形象作荐证等。同时，非金融机构以及不从事金融活动的企业，在注册名称和经营范围中，原则上不得使用"交易所""交易中心"等字样。凡在名称和经营范围中选择使用上述字样的企业，工商部门将把相关企业注册信息及时告知金融管理部门，金融管理部门、工商部门对相关企业予以持续关注，并将相关企业列入重点监管对象，及时发现、识别企业擅自从事金融活动的风险，视情况采取整治措施。

B.8
"三农"互联网金融服务实体经济的社会责任体系建设研究

王 弢*

摘　要：　互联网金融服务实体经济的社会责任体系具有外部和内部两
个方面的逻辑框架：外部体系是指构建"合规"发展的政策
环境、完善行业运行规范、搭建信息披露平台、提升金融科
技水平；内部体系则指构建良好社会秩序的动机、信用体系
建设和金融消费者权益保护。为此，需要引入社会责任报告
制度。依据 CASS-CSR 3.0 标准，评价涉农互联网金融平台的
社会责任发展指数，提出适合"三农"互联网金融行业的评
价指标体系和社会责任报告提纲。

关键词：　社会责任体系　良序社会　"三农"互联网金融

一　互联网金融服务实体经济的社会责任逻辑框架

2016 年 8 月 24 日，中国银行业监督管理委员会等四部门联合发布
《网络借贷信息中介机构业务活动管理暂行办法》，互联网金融行业进入
"合规"发展的新阶段，该阶段对于从 2014 年以来高速发展的行业来说
无疑是降速提质，我们认为"合规发展"其核心就是"脱虚向实，服务

---
* 王弢，博士，北京农业职业学院副教授，主要研究领域为农业经济学、农业产业规划与人力
资源开发等。

实体经济，回归金融本质"，如何为实体经济赋能、增效？简单的原则就是使高速发展的互联网金融回归金融的本质，不仅真正降低金融交易和风控的成本，还要树立起真正服务于实体经济中的小微企业、"三农"事业发展的形象。据央行统计，2016 年末，全国农村贷款余额达到 23.01 万亿元，小微企业贷款余额达到 20.84 万亿元，分别是 2011 年末的 1.89 倍和 1.94 倍。这说明近年来金融服务实体经济取得了积极成效①。互联网金融平台则依托信息技术和服务方式优势，积极助推"三农"事业发展，在广大农村地区和部分县域拓展业务，部分实现了金融可获得性、低成本、丰富性、可持续性，初步实现了普惠金融在我国农村地区和"三农"领域的发展。

2017 年 8 月 4 日，中国人民银行发布的《中国区域金融运行报告（2017）》，特别指出，互联网金融领域的风险监控成为全社会关注的焦点。互联网金融平台除了证照不全、违规经营、风险管控不足、市场存在无序竞争等破坏性因素外，部分互联网金融产品已具有系统重要性影响，需要防范顺周期波动和风险的跨市场传染②。为此，央行作为国家金融体系的主管机关，除了将规模较大、具有系统重要性特征的互联网金融业务纳入 MPA 外，还强调从四个方面加强管理：一是加快完善安全等方面的政策体系，建立技术的行业及国家标准，制定金融数据安全使用管理办法；二是建立健全互联网金融的准入、退出机制，逐步强化运行规范；三是强化行业自律管理，搭建信息披露平台；四是加快金融科技应用，提升服务效率。由此不难看出，行业处于洗牌的关键期，而发展合法、运营规范、风控严格、交易安全、注重投资人权益保护的互联网金融平台必将赢得投资人和借款人的青睐，也将进一步巩固行业的地位③。

① 牛娟娟：《金融服务实体经济是对金融的本质要求，专访中国人民银行调查统计司司长阮健弘》，《金融时报》2017 年 2 月 24 日。
② 辛继召：《央行：部分互联网金融产品具系统重要性，将探索纳入 MPA》，《21 世纪经济报道》2017 年 8 月 5 日。
③ 《互联网金融的社会责任与合规转型》，《凤凰财经》2016 年 6 月 27 日。

同时，互联网金融还有成为良好社会秩序建构者的内在动机。

罗伯特·希勒教授在《金融与好的社会》中指出，尽管金融存在不完美之处，但可以通过改造金融体系并依靠深层次的民主化、广泛化和人性化，进一步实现权利的民主化和财富的公平化，为人类良好秩序和社会持续发展提供更好的价值。毋庸置疑，金融是逐利的，金融也是普惠的，它既承载着"光荣与梦想"，也存在"堕落与肮脏"，这就是金融活动参与主体——人性的微妙和复杂性所在，"金融的存在是为了帮助实现社会的目标"[①]。道德与市场行为并非对立关系，如果没有产权意识、契约精神、职业伦理等作为市场行为的内部支撑体系，市场将面临巨大的交易成本，从而难以持续性发展[②]。亚当·斯密曾经说过，"经济只有在一个道德伦理健全的社会才能运行良好"，这就需要在社会文化的层面，以敬畏人性的复杂性为基础，重视社会各阶层观念的力量，以十足的诚意拥抱金融的创新。还要重视构建利益表达的多元化机制，推动互联网金融行业成为良序社会发展的试金石。

第二，在信用缺失的农村市场，建立有效的风控体系成为互联网金融企业开拓市场的首要问题，尤其是需要收集信用白户的农民和农村合作社的信息。目前，我国只有央行建立了一套征信系统，相关信息的来源主要是银行和保险机构，远没有实现全社会、全领域的覆盖。在农村地区长期存在征信基础薄弱的问题，收集、整理、校核、评估、查询农村信用信息愈加困难，农村中涉及农民隐私保护、涉农数据安全、信用信息的共享和交换等金融安全问题频发，符合农村实际的征信产品和服务还存在空白。与此同时，大部分互联网金融企业还无法直接获取中国人民银行的个人征信信息，而主要依靠社交平台、线上交易平台、电信运营商等的数据建立风控模型来对客户进行授信审批，造成了风险决策成本相对较高。但社交行为、购买行为和电信消费行为等非金融数据与客户还款意愿的相关性相对

---

① 〔美〕罗伯特·希勒：《金融与好的社会》，束宇译，中信出版社，2012。
② 王曙光：《金融伦理学》，北京大学出版社，2011。

较低，通过这些间接数据对客户进行风险判断的准确性和有效性相对银行会更低。

第三，亟须加大对互联网金融平台的以借款人为主体的金融消费者保护力度。在互联网金融发展的早期，行业奉行"流量为王"的互联网法则。大力拓展市场，扩展投资人群的覆盖范围。然而随着行业回归理性发展阶段，本质还是金融的互联网金融和传统金融一样，最终要回归对优质资产的挖掘。尤其在 2016 年，网贷行业步入监管元年，政策释放出的信号，敦促行业回归小额普惠的初衷，并更加注重精细化和差异化的发展。"三农"互联网金融平台大多存在对借款人服务不足、产品未能满足其需求等问题。2016 年 8 月，国家相关部门出台的《网络借贷信息中介机构业务活动管理暂行办法》明确规定互联网金融平台为"金融信息中介公司"。作为属于典型的服务业，客户及客户关系管理可以说是互联网金融平台生存和发展的基石。尤其是随着监管政策逐层加码，行业发展逐步规范化，"以客户为导向"应该成为互联网金融平台战略升级的核心理念，加强客户关系管理，尊重客户的需求，重视客户的体验，建成以客户为中心的客户资源整合共享机制，并以客户为考虑问题的出发点和落脚点。

案例1　蚂蚁金服服务"三农"事业的基本模式

2016 年 12 月，蚂蚁金服农村金融宣布了"谷雨"计划，明确了公司农村金融的业务方向。其主要业务模式有三种。

数据化金融平台模式：通过网络方式为全国范围的"三农"用户提供综合金融服务，包括支付、保险、信贷等。

"线上＋线下"熟人模式：在信息化和金融服务欠缺的县域、乡村，蚂蚁金服联合阿里巴巴村淘合伙人、中和农信的线下"熟人"，为用户提供贷款等金融服务，现已实现全国范围的覆盖和较广范围的贫困县覆盖。

供应链金融模式：面向龙头企业的大型养殖户，与中华联合财产保险股份有限公司联合，提供从贷款到销售的金融服务、生态服务。

在服务人群中，不仅有85后村淘小二，还有在村淘小二帮助下获得贷款的农民，更有中和农信（蚂蚁金服在2016年底战略投资）服务的贫困县贷款用户，这样就扩展到数以亿计的"三农"用户和大型的种养殖户，蚂蚁金服农村金融服务的对象十分广泛，在业界看来，这就把农村金融的服务对象由"农民"扩展到"农村、农业和农民"。

资料来源：《蚂蚁金服农村金融实践　探索出三种业务模式》，《电商报》2017年7月12日。

二 "三农"互联网金融服务实体经济的社会责任评价

企业社会责任是指企业在创造利润和对股东承担责任的同时，还要承担对员工、消费者、社区和环境的责任，它是经济责任、法律责任、道德责任与慈善责任的统一①。互联网金融平台的社会责任则要求平台必须超越唯利润论的传统经营理念，强调要在撮合交易的过程中对交易双方价值的关注，还要强调对环境、金融消费者和社会的贡献。其核心理念主要有四个：合规、安全、道德、公益。从当前我国互联网金融行业发展现状来看，前三个责任是关注的重点，是经济责任、法律责任、道德责任的反映，公益则是对慈善责任的回应，这也是所有平台均须遵守的基本法则。

首先，要有合规意识和公益思维。不能只把目光盯在盈利上，但也不能"为公益而公益"，不管商业规则而肆意乱为或者不为，各个互联网金融平台要让全体员工坚守合规意识和法律底线意识，从制度和行为上必须遵守国家相关法律法规和公司业务操作流程。合规发展的目的不是监管者让做什么就做什么，而是自觉要做社会允许的事，不做"超纲违规"的事情。不仅要认识到通过合法途径实现自身经济利润，还要积极主动地为社会提供优质的产品和服务，需要探索先进的商业模式，产品是核心，服

① 《文化基因与互联网金融企业社会责任建设》，《投资者报》2015年8月31日。

务是基础。

其次，还要有风险意识和底线思维①。在互联网金融平台的合规发展中，风险管理是最基本的责任，风险从信用中来，从交易中来，从服务中来，从市场中来，这就需要将风险防范作为发展底线，建立起互联网金融行业的核心技术支撑和制度保障，从而建成全面风险管理体系②。需要维护投资安全，持续不断加强对利益相关者的保护。全力克服投资者隐私被泄密问题，并做好遭受损失后投诉跟踪处理等问题。

案例2　互联网金融平台的信用评分模型

信用评分模型是根据客户的信用历史资料，应用一定的信用评分标准，得到不同等级的信用分数，而计算出来客户的信用分数是决定客户享受相应金融服务的权限，这也将保证还款等业务的安全性。当前，国外应用较多的是"FICO分"，其通过收集消费者的付款经历和信用历史等数据来评测个人真实的信用水平，为征信机构和借贷机构提供业务支撑。

阿里巴巴集团的信用评分"芝麻分"则是以大数据分析技术为基础，采集包括传统的金融类交易、还款数据，第三方的非金融行为数据，互联网、移动网络和社交网络数据等多元化数据，帮助贷款方从多个方面考察个体的还款能力、还款意愿，做出相应的信用评分。

翼龙贷则梳理现有数据，建立了包含借款人、借款企业、共借人、担保、行业细分及借款用途等6大类的指标池，并结合外部数据，采用决策树等数据挖掘技术，经过数据清洗、处理，最终确定人口统计学信息、金融相

---

①　当前，大部分互联网金融企业还无法直接获取中国人民银行的个人征信信息，主要依靠社交平台、线上交易平台、电信运营商等的数据建立风控模型来对客户进行授信审批。但是，社交行为、购买行为和电信消费行为等非金融数据与客户还款意愿的相关性相对较低，通过这些间接数据对客户进行风险判断的准确性和有效性相比银行会更低，因此其经营之初的不良率往往高于商业银行，不良损失的成本也更高。

②　不同于单一信贷风险管理，全面风险管理涉及从董事会、管理层到风险管理部门、业务部门、分支机构等各层面的部门，涵盖了信用风险、操作风险、声誉风险、流动性风险等风险领域，确保各类风险得到有效管理。

关信息、征信记录等指标，从还款能力、还款意愿、稳定性等不同的层面对个体进行建模打分；再把这些单个层面的评分，结合借款人的综合信息，给出最终的信用评分。信用评分分数范围在300~850分，分数越高，说明借款人的信用风险越小。

资料来源：作者整理。

最后，还要有信用意识和创新思维。虽然我国互联网金融平台信用建设普遍落后于社会发展需求，而且征信体系不健全，个人信用情况难以判断。但从行业发展的长远来看，互联网金融就是对传统金融发展空白的有效补充和有力创新[1]，这种创新表现在两个主要的方面——信用体系和金融科技，当前我国农村超过半数的借款人信用资料不完善，可以逐步采取"B + I"模式、"O2O"模式、"AI + OS"模式等多种方式，来核实与识别借款人的信用信息及相关资料。信用是每一个互联网金融平台消费者的另一张"身份证"，不仅要遵守国家的相关法律法规，还要严格按照信用体系的要求提供完整和准确的信息，并在交易中严格保护个人隐私，从而将诚信行为落实到每一次投资与借贷中，形成诚信经营和诚信交易的社会环境，将失信者的惩处作为平台的重要工作机制，让诚信行为得以在广大的社会中传播，有利于建成诚信社会和诚信平台。

案例3　宜信助力农民专业合作社　探索乡村治理新途径

中国农业大学何慧丽教授在《人民论坛》发表文章《乡村公共财的作用与生成逻辑》，提到"宜信—谷雨战略"农民专业合作社项目采用"爱心金融 +协会或合作社 + 农民"模式，此种外发促内生的动员模式，有效地探索了普惠金融与小农社会治理关系的难题。

---

[1]　基于互联网技术推送金融产品和金融服务的"三农"互联网金融，摆脱了物理网点的限制，可以打破时间和空间的障碍，提供效率更高的金融服务，成为传统金融的有益补充。

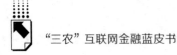

2015 年，宜信推出"宜信—谷雨战略"农民专业合作社项目，项目以"爱社员—农民专业合作社云服务平台"为基础，通过资金支持、销路拓展、规范管理三步走的方式助力合作社，用"爱心金融＋协会或合作社＋农民"的方法有效地解决了农民专业合作社融资难、销售难、管理难的困境，极大地促进了合作社"合作金融＋实体产业＋公益服务"的发展模式。该模式是以第三产业服务于第一、第二产业的形式，帮助乡村形成良性治理的公共财政，何慧丽指出，在资本化时代金融产业异化于实体产业的大背景下，以合作社为平台扶持农民组织化发展的经济试验，作为一种"可持续扶贫"的创新公益模式，是在尝试解决普惠制金融与小农社会治理关系的大难题。

资料来源：宜农贷官网，http://news.163.com/15/0612/10。

企业社会责任报告是企业与社会中的利益相关方进行沟通和交流的载体①。而互联网金融平台在"合规"发展进程中，也需要用社会责任报告与社会各个利益相关方沟通，起到消除社会误解、提振行业景气的多方面效果②。根据国际标准评级机构 AA 1000 的标准，企业社会责任报告鉴证描述为：通过科学的方法和规范的流程，根据社会公认的适用规范和标准，对相关组织（企业、非公机构、社会组织等）公开披露的工作流程、产品或服务信息及管理体系、数据和流程做出评价，从而提高组织信息披露的公开度、可信度和社会认知度。目前常用的五种企业社会责任报告及鉴证原则比较如表 1 所示。

---

① 刘淑华：《企业社会责任绩效评价及推进机制》，中国经济出版社，2015。
② 我们正是注意到在 2016 年之前，互联网金融平台处在跑马圈地的局面中，平台的互联网属性偏主导，谁能做出好的概念、好的体验，谁会吆喝，谁就能更快地发展。但经历了一个行业小周期，网贷行业超高速发展加上监管缺失，平台间对资产和资金的争夺激烈，经营和管理等各类风险加速累积，这就造成 2015 年行业风险集中爆发，表现为出现提现困难、停止经营、失联跑路等情况的问题平台趋多，甚至某些老牌平台、知名平台也出现严重的兑付危机，网贷行业的声誉一度降至冰点。那么，选择好的平台公布社会责任报告制度也应该成为行业的标志性事件。

表1 企业社会责任报告及鉴证原则对比

指标	CASS-CRS 3.0	CRS-VRAI	AA 1000	ISAE3000	GRI4.0
全面性		◆			
客观性		◆			
时效性	◆				◆
响应性		◆			
发展性		◆			
平衡性	◆				◆
可比性	◆				◆
回应性			◆		
实质性	◆		◆		◆
适宜性		◆			
包容性			◆		
完整性	◆				◆
利益相关者参与	◆				◆
可持续性	◆				◆
可读性	◆				◆
真实性	◆				
准确性					◆
清晰性					◆
可靠性					◆

由表1不难看出，CASS-CRS 3.0和GRI4.0作为覆盖面比较完整的标准，获得国内和国外用户的一致认同。CASS-CRS 3.0及其后续标准是由中国社会科学院企业社会责任研究中心编制的，该研究中心2017年1月还启动了《中国企业社会责任报告编写指南4.0》，该标准包含编写原则、步骤和指标，是在对ISO 26000的重要指标进行落地化和科学分析之后形成的新标准，在原来基础上新增14项，改进16项具体指标，并将责任管理指标由4个方面增加至6个方面，覆盖行业由37个扩展到46个。研究者认为，该社会责任模型中的"四位一体"的理论模型比较符合中国企业的实际情况，能较好地解释我国企业的责任现状，还较好地强化了责任管理重要性，特别是建构了责任战略、责任治理、责任融合、责任绩效、责任沟通和责任调研

等六个方面的综合评价指标体系①。其模型正是基于新的"三重底线"原则，将客户责任作为市场责任主体，以"市场、社会和环境"的责任模块取代原标准的"经济、社会和环境"责任模块，不仅保持了各板块间的平衡，还进一步优化了整个指标体系结构。

国外的 GRI 4.0 指标体系是目前应用最广泛的信息披露规则和工具②，该报告体系主要包括原则、标准披露及实施手册两个部分，共 8 个章节。评价机构发布该报告能够帮助组织在编制可持续发展报告时，纳入组织可持续发展议题和实施策略等重要信息，也使可持续发展报告成为市场信息传递的标准做法，这对社会和市场都具有重要的价值。

从 2015 年起，中国社会科学院企业社会责任研究中心都发布包括互联网金融行业的《中国企业社会责任研究报告》③，该报告每次分析了 20 个左右的互联网金融平台，作为理论基础的"四位一体"模型具有较好的解释度和认可度，最终得出相应的企业社会责任发展指数。从 3 年的报告中我们可以发现如下几个问题。

第一，互联网金融平台的社会责任发展指数均低于 10 分，总体处于旁观者发展阶段（一星级水平），个别平台处于起步者发展阶段（二星级水平）。在"三农"互联网金融领域更是如此，蚂蚁金服和宜信的发展指数一直居于行业内的领先水平。

第二，按照相应的评分标准，互联网金融平台责任实践略高于责任管理，普遍对于环境责任表现不佳；随着 2016 年开始的互联网金融"合规"发展和管理力度不断加大，互联网金融平台逐渐重视依法经营和投资人权益保护，但在安全生产、借款人权益保护和环境责任议题等方面表现较差，在社会信息披露方面亟待加强，与社会相关利益群体的沟通方面也存在较多的

---

① 钟宏武、孙孝文、张蒽等：《中国企业社会责任报告编写指南：一般框架》，经济管理出版社，2014。

② 朱欢：《企业社会责任报告及鉴证相关标准评述及启示》，《商业会计》2016 年第 11 期。

③ 黄群慧、钟宏武、张蒽等：《中国企业社会责任研究报告（2016）》，社会科学文献出版社，2016。

问题。

第三，行业自律性较差，组织程度有待加强，中国互联网金融协会对于各个互联网金融平台的指导力度有待加大，各地区监管的责任主体有待进一步明确。随着各地金融监管局的不断成立，各地互联网金融协会等行业协会的纷纷涌现，互联网金融平台除了在金融科技上不断加强合作与信息交流，更要在政府监管上加大力度。

表2　涉农互联网金融平台社会责任发展指数

企业名称	企业性质	2015 年得分	2016 年得分	2017 年得分	评级
宜信	民营企业	34.4	25.9	8.6	★★
蚂蚁金服	民营企业	32.5	5.1	40.3	★★
京东金融	民营企业	9.0	6.0	0	★
翼龙贷	民营企业	4.0	2.1	0	★

资料来源：黄群慧、钟宏武、张蒽等《中国企业社会责任研究报告》（2015/2016/2017），社会科学文献出版社，2016。

案例4　翼龙贷创新移动金融技术，服务万千农村借款人

结合自身的业务特点和发展趋势，北京同城翼龙网络科技有限公司（翼龙贷）开发了面向合作商和借款人提供支持服务的两款 APP 投入使用。一个叫翼龙贷借款，是国内少有的针对农民线上金融服务应用的借款 APP。有借款需求的农户注册登录，经过手机号码验证和人脸识别的双重认证后，可快速发起借款申请，然后等待翼龙贷工作人员上门服务，实现了足不出户享受金融服务。翼龙贷根据借款人的身份信息，多方查询央行反欺诈数据库及法院被执行人记录等重要信用资料，初步实现借款人的"精准"筛选，再由合作商对合格的借款人进行贷前尽调，提高了工作效率。同时，依托该借款 APP，翼龙贷开发了针对"信用白户"农民的信用成长计划，定制信用打分卡。遇到一时无法还款的情况，借款人可以通过自己既有信用值进行分期，在逐渐归还的过程中又累计起更高的信用值，下次再借款可以获得相应的利率优惠和增值服务等。

另一个合作商 APP 主要应用于翼龙贷的合作商。通过 APP，合作商可

以看到业务区域内的借款申请，并执行贷前家访、尽调，这个过程中，通过GPS定位、线上传输家访资料，从贷前、贷中、贷后全流程规避了合作商的操作风险。通过两款APP的联动使用，可实现线上搜集借款人信息、线上放款回款、预防借款人失联等功能。在管理借款人的同时，完成数据积累，用于大数据风控中心建设。

在2017年3月20～26日举办的全国农民手机应用技能培训周，旨在帮助农民学习"用得上、用得起、用得好"智能手机，让手机成为农民发展生产、便利乡村生活、增收致富的好帮手。翼龙贷参与了线上线下两个部分活动，线上活动包括"有奖问答""我为家乡代言"等，线下活动为各参会企业手机应用技能专场培训。3月20日在昌平区举办开幕式时，翼龙贷董事长王思聪向农业部领导详细介绍了翼龙贷专注"三农"的互联网金融服务及借款人APP产品。3月25日，翼龙贷在河南洛阳举行专场培训活动，向农民培训如何用手机获取金融服务，以及如何防范非法集资和金融诈骗，通过现场讲解通俗易懂的互联网金融知识，让农民掌握简单快捷获取金融服务的方法，并现场演示翼龙贷借款APP的具体操作流程。

三 应用模板：互联网金融平台社会责任
报告纲要（IF-CSR 1.0）

一 报告前言（P）

主要包括披露报告规范、报告流程、高层致辞、企业基本信息和社会责任年度工作进展。

1. 报告规范（P1）

（1）报告质量保证程序（P11）

（2）报告信息说明（P12）

（3）报告边界（P13）

（4）报告体系（P14）

（5）联系方式（P15）

2. 报告流程（P2）

（1）报告实质性议题选择程序（P21）

3. 高管致辞（P3）

（1）企业履行社会责任的机遇和挑战（P31）

（2）企业年度社会责任工作成绩与不足的总结（P32）

4. 企业简介（P4）

（1）企业名称、所有权性质及总部所在（P41）

（2）企业主要品牌、产品及服务（P42）

（3）企业运营地域，包括运营企业、附属及合营机构（P43）

（4）按产业、顾客类型和地域划分的服务市场（P44）

（5）按雇用合同（正式员工和非正式员工）和性别分别报告从业员工总数（P45）

（6）企业在行业协会、国家组织或国际组织中的会员资格或其他身份（P46）

（7）年度企业的规模、结构、所有权或供应链的重大变化（P47）

5. 年度进展（P5）

（1）年度社会责任重大工作（P51）

（2）年度责任绩效（P52）

（3）年度责任荣誉（P53）

二 责任管理（R）

主要包括以战略、治理、绩效、沟通和能力为主的5个部分。

1. 责任战略（R1）

（1）社会责任理念、愿景、价值观（R11）

（2）辨识企业的核心社会责任议题（R12）

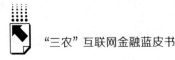

2. 责任治理（R2）

（1）建立社会责任组织体系（R21）

（2）企业内部社会责任的职责与分工（R22）

3. 责任绩效（R3）

（1）经济、社会或环境领域，企业年度发生的重大事故、受到的影响和处罚状况，以及企业的应对措施和成效评估（R31）

4. 责任沟通（R4）

（1）合作商的关注点和企业的回应措施（R41）

（2）企业内部社会责任沟通机制（R42）

（3）企业外部社会责任沟通机制（R43）

（4）企业高层参与的社会责任沟通活动（R44）

5. 责任能力（R5）

（1）通过培训等手段培育负责任的企业文化（R51）

三　市场绩效（M）

主要包括对自身健康发展的经济责任和对市场利益相关方的经济责任。

1. 股东责任（M1）

（1）市场占有率（M11）

（2）股东参与企业治理的政策和机制（M12）

（3）保护股东利益（M13）

（4）规范信息披露（M14）

（5）成长性（M15）

（6）收益性（M16）

（7）安全性（M17）

2. 客户责任（M2）

（1）客户关系管理体系（M21）

（2）产品知识普及或客户培训（M22）

（3）客户信息保护（M23）

（4）止损和赔偿（M24）

（5）科技或研发投入（M25）

（6）科技工作人员数量及比例（M26）

（7）新增专利数（M27）

（8）客户满意度调查及客户满意度（M28）

（9）积极应对客户投诉态度，年度客户投诉解决方案与投诉办结率（M29）

3. 伙伴责任（M3）

（1）战略共享机制及平台（M31）

（2）诚信经营的理念与制度保障（M32）

（3）公平竞争的理念与制度保障（M33）

（4）经济合同履约率（M34）

四 社会绩效（S）

主要包括政府监管、员工责任、安全生产和行业管理四个方面的内容。

1. 政府监管（S1）

（1）企业合规体系和法治体系（S11）

（2）守法合规培训（S12）

（3）纳税总额（S13）

（4）响应国家政策（S14）

（5）普惠金额贡献度（S15）

（6）扶贫贡献度（S16）

（7）报告期内吸纳就业人数（S17）

2. 员工责任（S2）

（1）劳动合同签订率（S21）

（2）社会保险覆盖率（S22）

（3）民主管理（S23）

（4）员工培训体系（S24）

（5）每年人均带薪年休假天数（S25）

（6）参加工会的员工比例（S26）

（7）兼职工、临时工和劳务派遣工权益保护（S27）

（8）按运营地划分的员工最低工资和当地最低工资的比例（S28）

（9）超时工作报酬（S29）

（10）体检及健康档案覆盖率（S210）

（11）女性管理者比例（S211）

（12）员工职业发展通道（S213）

（13）雇员隐私管理（S213）

（14）困难员工帮扶投入（S214）

（15）为特殊人群（如孕期妇女、哺乳期妇女、经期妇女等）提供特殊
保护（S215）

（16）员工流失率（S216）

3. 行业责任（S3）

（1）企业公益方针或主要公益领域（S31）

（2）公益活动参与度（S32）

（3）行业规范贡献度（S33）

五 报告后记（A）

主要包括未来5年的社会责任工作计划、报告点评及专家评价、报告参
考及资料索引、利益相关方和读者的意见反馈四个方面。

1. 未来计划（A1）

2. 报告评价（A2）

（1）专家点评（A21）

（2）报告审验（A22）

3. 参考索引（A3）

4. 意见反馈（A4）

（1）利益相关方评价（A41）

（2）读者反馈（A42）

（3）互联网渠道反馈（A43）

参考文献

刘淑华：《企业社会责任绩效评价及推进机制》，中国经济出版社，2015。

钟宏武、孙孝文、张蒽等：《中国企业社会责任报告编写指南：一般框架》，经济管理出版社，2014。

黄群慧、钟宏武、张蒽等：《中国企业社会责任报告》（2015/2016/2017），社会科学文献出版社，2015，2016，2017。

唐鹏程、杨树旺：《企业社会责任投资模式研究：基于价值的判断标准》，《中国工业经济》2016年第7期。

朱欢：《企业社会责任报告及鉴证相关标准评述及启示》，《商业会计》2016年第11期。

陈涛、沈洪涛：《我国企业社会责任报告鉴证的最新进展研究——基于2010~2013年的数据》，《中国注册会计师》2015年第8期。

李正、官峰、李增泉：《企业社会责任报告鉴证活动影响因素研究——来自我国上市公司的经验证据》，《审计研究》2013年第3期。

田春雷：《金融企业社会责任之辩——兼论企业社会责任的异质性与阶段性》，《武汉大学学报》（哲学社会科学版）2011年第6期。

姜涛：《企业社会责任、利益相关者响应与企业价值——基于投资者与消费者视角》，南京农业大学博士学位论文，2013。

那保国：《中国企业社会责任评价研究》，上海交通大学博士后论文，2011。

专题报告

Special Topic Reports

B.9

"三农"互联网金融：基于借款人
视角的金融消费者保护

张彬斌　李勇坚*

摘　要：　从金融消费者的含义及其主体界定入手，结合金融市场中各
　　　　　行为主体的地位对比关系，深刻剖析进行金融消费者保护的
　　　　　必要性，以及应当给予保护的主要方面。借鉴英国、美国、
　　　　　加拿大、中国台湾等经济体在实施金融消费者保护方面的经
　　　　　验，结合"三农"互联网金融在中国的具体实践，针对各类
　　　　　复杂性问题，基于借款人视角，提出增进"三农"互联网消
　　　　　费者权益保护效果的实现路径。

* 张彬斌，经济学博士，中国社会科学院财经战略研究院助理研究员，主要从事发展经济学研
　究；李勇坚，研究员，教授，博士后合作导师，博士，中国社会科学院财经战略研究院互联
　网经济研究室主任，主要研究方向为互联网经济、服务经济等。

关键词： "三农"互联网金融　金融消费者　权益保护　借款人视角

一　引言

近年来，金融服务在互联网通信技术支持下不断创新，为人们更好地获得相关服务创造了巨大便利，互联网金融越来越与人们的日常生活相融合。随着互联网技术在农村的应用越来越普及，互联网金融的灵活性和便利性被越来越多的消费者所感知，"三农"互联网金融正越来越多地服务于农村家庭和农村经营者，成为他们日常生活和生产经营的重要组成部分。"三农"互联网金融实现了服务对象从精英到大众的转型，这使其根本难题在一定程度上发生了转变：不再仅仅是如何规避系统性风险，而更重要的是如何公平保护各方当事人的合法权益。与"三农"互联网金融服务的供给方相比，其需求方主要由农村居民构成，二者之间存在信息不平等、潜在风险承受能力不平等、相互监督和制约能力不平衡等问题，以及相应的法律法规滞后于金融服务创新的步伐，缺乏相应的专门保护手段。因此，"三农"互联网金融服务的需求方处于相对弱势的地位，需要更加强调对服务需求方的保护。尤其是P2P借贷领域，作为主要借款人的农村居民缺乏关于互联网以及金融的足够知识，对网络信用、网络隐私等新兴概念缺乏认知，其权利保护意识淡薄，其权益需要专门的保护。很多互联网金融企业对这一点也寄予了诸多关注。例如，2016年，"三农"互联网金融行业的一部分代表性企业开始了战略升级，将"以客户为导向"作为核心价值观念，以彰显对客户利益的尊重。为了促进"三农"互联网金融健康发展，杜绝权利优势一方可能导致的败德行为，有必要立足于借款人的视角，剖析消费者在获得"三农"互联网金融服务中可能存在的潜在风险，风险的表现形式、主要矛盾以及化解方案，从而提出对"三农"互联网金融的健康有序发展、填补农村金融服务欠缺的鸿沟有所裨益，同时又有利于保护农村居民等对应消费者权益的行动指南。

二 金融消费者保护的内涵和意义

1. 金融消费者的含义及范围

2008 年由美国次贷危机导致的全球性金融危机改变了世界经济增长格局，各经济体越来越重视风险防范，对金融消费者的保护也被提到新的高度。不过，对于何为"金融消费者"，理论界和政策界都尚未给出明确的界定。主要原因在于，这一群体具有某种程度的易变性，特别是会随着金融创新的进程而发生变化，在金融服务实践中容易就事实来对其中的消费者一方做出判断。通过解读各国政府的相关政策文件，基本能够从中总结出金融消费者所对应的大致群体。

近年来，对金融消费者相关权益的保护也越来越多地被我国政府所重视，相关政策文件对金融消费者的界定大多以获取一般意义上的金融机构服务的消费者为范围。中国人民银行办公厅 2013 年 5 月印发的《中国人民银行金融消费权益保护工作管理办法（试行）》（银办发〔2013〕107 号）以《中华人民共和国中国人民银行法》为依据，对中国人民银行的金融消费者权益保护相关工作进行了规范。在该办法的第四条中，将金融消费者界定为"指在中华人民共和国境内购买、使用金融机构销售的金融产品或接受金融机构提供的金融服务的自然人"。国务院办公厅于 2015 年 11 月所印发的《关于加强金融消费者权益保护工作的指导意见》强调了加强金融消费者权益保护对于增进市场信心、防范和化解金融风险、维护金融稳定以及增进社会正义等方面的重要意义，但这份文件没有给出金融消费者的确切指向。2016 年 12 月，中国人民银行正式印发了《中国人民银行金融消费者权益保护实施办法》（银发〔2016〕314 号），在其第二条中指出，"本办法所称金融消费者是指购买、使用金融机构提供的金融产品和服务的自然人"，可见其对金融消费者的界定基本上是对 2015 年"办法"中该概念的沿用。由此可见，现有涉及金融消费者权益保护的法律、法规以及规范性文件等多是针对涉及金融机构业务的人而言的。随着金融领域的创新不断加快，金融消费者的概念也应得到拓展。李勇坚（2016）认为，即便是更早出台的《中华人民共和国消费者权益保护法》中关于"消费者"的指向，也无法完全涵盖金融消费者，原因在于接受金融服务的消费者并不一定以生活消费为目的，而现有的消费者概念体系是将生活消费作为消费者定义的一个基点。实际上，2014年3月15日开始实施的修订版《消费者权益保护法》中，只是指出了本法所保护的消费者行为，将消费者的概念和范围视作已知。当然，获取金融服务本身也是一种消费服务的行为，《消费者权益保护法》中的"消费"应当包括金融消费。因此，从广义上讲，任何使用金融服务的人都可以被看成金融消费者，如存款人、贷款人、投保人等，而金融服务的供给方则可能是银行类金融机构、非银行金融机构、互联网金融平台，甚至非正式的借贷业务提供者等。在互联网广泛应用于金融领域的背景下，相当一部分金融消费者也就成为互联网金融消费者。与传统的金融消费者相区分的是，互联网金融消费者除了需要掌握必要的金融知识外，还需要具有一定的互联网交易知识。

2. 保护金融消费者权益的必要性

金融消费者与金融服务供给商相比，在讨价还价能力、信息优势、风险承受能力等方面存在差异，在整体上具有地位不对等性。孙天琦（2012）认为，金融消费者在金融交易活动中处于较为弱势的地位，尽管市场经济条件下金融机构间的竞争机制能够为金融消费者提供一定的保护性，但远远不足，因此，需要政府及监管机构提供有效的保护手段。相对于金融机构或其他金融服务提供商，金融消费者的劣势地位主要表现在：在金融产品的属性、价格、质量、风险等方面存在明显的信息劣势，相关专业知识相对匮乏，维权能力薄弱。行为金融学理论表明，金融消费者还存在认知上的偏差，倾向于低估潜在风险，时间偏好上易于过分看重当前效用，而当前的某些决定可能会降低未来的相关福利。此外，大部分金融消费者容易迷信"权威"，特别是倾向于接受金融精英或者权威人士所表达的诱惑性观点。在互联网金融背景下，金融消费者所面临的金融产品多样性程度极大提高，与金融产品相关的各种宣传和广告形成浩瀚的信息海洋，需要消费者具备更大的信息辨别和筛选能力，但金融消费者专业知识、认知偏差等方面的既有不足，加大了在金融活动中受到损失的风险。

正是由于金融消费者存在一系列相对劣势，不少学者呼吁要加强对金融消费者的权益保护（周开禹，2016；李勇坚，2016；袁骁华，2016），认为强化对金融消费者的保护不仅有利于金融消费者本身的福利，同时也是保证金融稳定、降低金融风险的必要手段（戴国强、陈晨，2015；孙晓珍，2017）。但是，对金融消费者进行有效保护，需要保护的提供者（通常是政府、金融监管部门）克服一系列挑战。

第一，金融创新与金融监管之间存在矛盾。希勒（Shiller，2009）指出，金融创新与金融监管之间具有一定的冲突性，如果监管过于严厉或苛刻，则可能导致金融创新不足，金融产品的多样性受到抑制，从而阻碍金融消费者从金融市场中获得更多福利。

第二，监管者是否具有足够充分的信息。金融本身是一个对专业知识要求较高的领域，加之与信息、互联网等新技术的不断融合，其复杂性也不断增强，新业态以及潜在的新风险可能对于某些专家来说都是始料未及的。如果要对金融市场进行有效监管，对金融消费者提供保护，需要监管者具备非常完备的专门知识，但政府或专门监管机构难以全面掌握这些专业的知识或信息。

第三，政府失灵问题。市场失灵是需要进行监管的核心原因，但是政府作为监管主体并不一定比市场聪明，决策和执行过程的低效率、政策的不确定性以及权力寻租等问题普遍存在，往往导致政府失灵。也就是说，政府在制定和执行涉及金融消费者保护的相关法律法规及制度规定时，需要耗费大量的时间成本和财力；监管者本身可能也是一个具有独特利益的群体，监管过程可能受到贿赂等，并不一定完全为金融消费者或者公共利益服务；管制力度具有复杂性，如果监管失当，可能反而会带来价格扭曲、秩序混乱等局面，对金融消费者乃至整个金融市场造成伤害。

第四，管制真空问题。互联网金融等新的金融业态不断涌现，产品越来越精细化，金融领域的管理部门也就随之增多，监管机构复杂化程度加深。

一些问题出现之后，难以确切界定权属，管理系统越来越庞杂，却难以找到对某些具体问题负责的部门。

第五，金融消费者逆向选择问题。如果金融消费者明确知道自己的权益能够得到充分保护，部分人可能会故意采取某些对自己构成"伤害"的行动，并借助权益保护的相关制度规定进行"维权"，侵害金融服务提供商的利益，扰乱金融市场。

即便对金融消费者提供有效保护具有前述复杂性，难以找到一个完美的监管和保护主体，但政府仍是唯一相对最佳的保护者。从管制经济学的视角来看，拥有强制力的政府有能力平衡市场经济中生产者与消费者的相互利益关系，从而推动社会利益的极大化，而这也正好是金融消费者保护的实质。为了纠正市场失灵，政府可以敦促金融机构以及互联网金融平台进行及时的信息披露，使金融消费者能够获得更为充分的信息，降低搜寻成本；同时，通过建立金融消费者信息保护标准，实现网络时代金融消费者信息的全面保护；还可以通过颁布相关的法律法规来规范金融服务提供商的行为，限制市场垄断，限制过度包装和过度推销，促进市场有效竞争；此外，政府还可以通过价格指导或者价格管制，防止部分金融服务提供商向金融消费者索要明显有失公平的价格（利息及相关费用）。

3. 金融消费者保护的主要方面

在互联网普遍运用于金融领域的当今时代，金融消费者保护主要涉及财产权、知情权、隐私权、收益权、补偿权等方面的权利不受侵害[①]。

第一，金融消费者在购买互联网金融产品、获取互联网金融服务商提供的借款时，应当依法享有个人财产不受侵害的权利。对于通过互联网购买金融产品的投资性消费者，其目的在于保值增值，需要确保其投入资金的安全性；对于通过互联网获得贷款的借入性消费者，其目的在于融通资金，需要确保其资金原始来源合理合法，并且在履行合法借贷合同外，本人拥有的其

---

① 2015年11月4日，国务院办公厅《关于加强金融消费者权益保护工作的指导意见》（国办发〔2015〕81号）规定，必须保障金融消费者享有财产安全权、知情权、自主选择权、公平交易权、依法求偿权、受教育权、受尊重权、信息安全权等八大权利。

他财产不受侵害。

第二，金融消费者应当享有对互联网金融产品真实属性的知情权，不受虚假信息的干扰。对于投资性的互联网金融消费者，需要确保其能够获得产品潜在收益、收益及本金支付方式、潜在风险等方面的核心信息；对于借款性的互联网金融消费者，需要确保其能够获得关于借款利率及相关费用、还款方式、放款时间、偿还周期、逾期后果等方面的信息。

第三，互联网金融消费者享有个人隐私不受侵害的权利，相关信息应当得到安全妥善保存，而这在当今社会已经成为越来越严峻的问题。应当防范金融机构、互联网金融平台等金融服务提供商在与第三方的合作过程中，处理失当而泄露用户信息；应当防范黑客攻击而使用户信息被非法窃取；更应防范金融服务提供商出于任何目的有意泄露用户的私人信息。

第四，作为财产安全权的补充，投资性的金融消费者应当依法享有获得与金融服务提供商所协商达成一致的收益的权利。应当确保投资人享有是否继续进行投资的自由权，金融服务提供商不得变相克扣、缩减投资人的收益。

第五，除明确告知的金融风险外，当金融消费者福利因受到金融服务提供商或其他利益相关方的侵害而受到损失时，应当依法享有获得赔偿的权利。根据《国务院办公厅关于加强金融消费者权益保护工作的指导意见》（国办发〔2015〕81号），要求通过建立健全金融消费者保护的体制机制，规范金融机构的行为，使金融消费者在财产安全权、信息安全权、知情权、公平交易权、自主选择权、依法获偿权、受教育权、受尊重权等方面的权益得到充分保障，这一意见的相关规定也应当拓展到互联网金融领域。

4. "三农"互联网金融与借款人视角的金融消费者权益保护

从现有的金融消费者权益保护理论与实践来看，大多数金融消费者权益保护的研究与相关政策文件都关注了投资者的权益保护。尤其是在中国，因为互联网金融平台出现了较多的问题，使投资者受到了较多的损失，使学术研究与政策导向都非常强调互联网金融投资者的权益保护。而从"三农"互联网金融视角看，"三农"互联网金融的借款人大部分是农村地区从事农业生产的农村居民，其金融知识与网络知识相对缺乏，对自己的信用等缺乏深刻的认知，这使其权益在互联网金融活动中更容易受到伤害。

第一，"三农"互联网金融的借款人缺乏足够的信用知识，致使其信用资本在互联网金融活动中容易受到损害。很多农村互联网金融的债务人，对其信用的重要性认知不足，不注意保护自己的信用，就有可能导致其权益受到损害。很多互联网金融平台都采取公示逾期客户黑名单等方式提高透明度，这种公示的模式，对债务人的权益可能造成长期影响。但是，作为债务人的农村居民，由于对信用的重要性缺乏足够的关注，忽视了自己的信用保护，从而使其长期利益受到影响。

第二，农业的特定风险，使客观上的金融违约行为可能增加。由于农业特定的风险（市场风险、自然风险与政治风险），农业生产的效益并不稳定，很多农村借款户都可能因为农业的这类风险而产生逾期等违约行为，如果不分析原因，一律对其采取各种催收措施，也会给其利益带来影响。

第三，"三农"领域的借款人信息保护需要更多的关注。"三农"互联网金融缺乏成熟的模式以及标准解决方案，现有的模式都是各个平台企业在自行探索，在探索过程中，容易出现信息数据收集不足或者过度收集等问题，这都将给借款人的信息保护带来挑战。而很多平台企业通过互联网采取的催收手段，也使信息容易泄露。

第四，目前政策方面缺乏对"三农"互联网金融借款人权益保护的基本规范。例如，在 P2P 网络借贷过程中，信息繁杂，借款人可能受到各种信息的干扰，而接受对自己不利的条件或条款。对于缺乏足够的互联网知识与金融知识的农民来说，其权益更容易受到侵害。这在其他领域已有先例。例如，2016 年 4 月，就爆发了大学生因为背负 P2P 平台 60 余万元巨债无力偿还而跳楼的事件。

因此，建立基于借款人权益保护的"三农"互联网金融权益保护方案，不仅在理论上具有一定的意义，在实践中也有非常重要的价值。

三 金融消费者保护的国际经验

金融危机之后，不少国家或地区将金融消费者保护提升到前所未有的高度，主要通过立法健全监管和保护机制，通过完善机构设置明确相关职责归属。下面以英国、美国、加拿大和中国台湾为例，简要介绍金融消费者保护的国际经验。

1. 英国

自 20 世纪 80 年代开始，关注对金融消费者的权益保护越来越成为英国金融市场监管的重要内容。在 2008 年国际金融危机爆发之前，英国已经通过《金融服务和市场法案》（2000 年）等立法，建立了较为完善的金融消费者保护制度体系。2000 年颁布的《金融服务和市场法案》系统地规定了金融消费者保护涉及的范围，并明确了金融消费者保护的主体是英国金融服务管理局（FSA）。同时，该法案还明确规定金融机构的信息披露行为，限制商业金融机构不合理的推销行为。随着该法案的实施，以"金融督察员计划"为核心的金融服务消费争端协调和解决机制逐步建立，设立英国金融服务赔偿计划有限责任公司确保金融服务的相关赔偿得以有效执行。"金融督察员计划"以及"金融服务赔偿计划"是英国 2000 年改革的最大亮点，引起了国际学术界和政策界的广泛关注，也基本确立了金融消费者保护在英国相关法律中的重要地位。2012 年，英国通过颁布《金融服务法案》再一次对金融监管体系进行了全面改革，确保各主要金融监管机构之间的协调机制顺畅，进一步促进金融消费者的权益得到有效保护，金融市场良好运行。除此之外，为了弥补金融消费者相关知识的欠缺，英国于 2010 年在其"金融行为监督局"下设立了专司普及金融知识的"消费者金融教育局"，推动相关群体获得更多金融知识。

从借鉴意义上看，以"金融督察员计划"为核心的金融服务消费争端协调和解决机制具有一定的特色，对我国建立快速高效的互联网金融消费者争端解决机制具有借鉴意义。

2. 美国

美国对金融消费者保护立法具有较为悠久的历史，如果将间接保护存款人利益的《国民银行法》也视为对金融消费者保护的相关立法，则其历史可追溯到 1863 年。1967 年的《诚实借贷法》、1971 年的《公平信贷报告法》、1974 年的《公平信贷收费法》、1999 年的《消费者金融隐私保密最终规则》、2002 年的《公众公司会计改革和投资者保护法》等法案均在一定程度上体现出金融消费者保护思想。2008 年金融危机之后，美国在金融市场实践中将金融消费者保护理念放到了前所未有的高度。2010 年 7 月，《多德—弗兰克法案》正式生效，该法案的核心内容涉及华尔街金融机构改革、应对系统性金融风险和保护金融消费者合法权益，金融消费者保护首次被统一到相关的立法中。借助《多德—弗兰克法案》，美国将具备金融消费者保护职能的相关部门进行有效整合，形成责任明确、具备较强独立性和权威性的监督管理机构，即消费者金融保护局；对各类提供信用卡、借贷服务、个人储蓄、投资理财等金融服务的银行类金融机构以及非银行金融机构进行全方位金融监管，在规范金融市场的同时，确保金融消费者权益不受侵害。除此之外，美国还通过一系列立法确保金融消费者的个人信息不被泄露。

从借鉴意义上看，美国的相关法律强调对借款人或者债务人的权益保护，重视信息的充分披露，对我国建立"三农"特色的互联网金融消费者权益保护框架具有重要的参考意义。

3. 加拿大

加拿大在金融消费者保护方面最主要的做法是完善立法和金融监管部门改革。提高金融消费者地位及其加强相关权益保护是加拿大金融改革的一大主要方向。2001 年后，该国《银行法》《存款保险公司法》《信托和贷款公司法》等法案都涉及金融消费者保护的相关条款，特别值得一提的是其《金融消费权益保护署法》及《加拿大金融消费者机构法案》，专门就金融消费者保护的权责做出了明确规定。在机构设置方面，主要依据《金融消费权益保护署法》设置了直属于国会的独立金融监管部门——加拿大金融消费权益保护署,该机构全面执行各类金融法律法规中关于金融消费者保护的内容,有效整合各类联邦金融监管机构的职能,通过合规监管和金融教育,提高行政效率,确保金融消费者权益。对于金融交易过程中出现的纠纷,金融消费权益保护署并不第一时间介入,而是监督金融机构和金融消费者先协商解决,如果不能达成协商,则将案件向上级部门移交,仍然难以处理的问题则由第三方机构介入解决。除此之外,加拿大还有较为发达的金融行业自律组织,这些自律组织能够有效监督金融服务提供商的经营行为,重视金融消费者教育,提升消费者相关金融知识储备和权利意识,这些对于金融消费者权益保护也具有重要作用。

4. 中国台湾

中国台湾地区在国际金融危机后,参考英国、新加坡等国的金融监管和金融消费者保护经验模式,专门颁布了金融消费者保护相关规定。该规定清晰地界定了金融消费者的含义,指特定条件下接受金融服务业提供金融商品或服务的人;金融服务业以及金融消费争议所涉及的范围;明确规定金融服务业在经营过程中应当遵循公平、平等、诚信原则,了解消费者及适合性原则,充分说明原则,从而确保金融服务提供商与金融消费者能够达成平等互惠的协议,敦促金融服务业在与潜在消费者达成协议之前通过对客户的充分了解而提供最适合的产品或服务,并向金融消费者充分说明交易协议的内容、金融产品的属性以及潜风险等主要内容;与此同时,还明确规定了金融服务业在金融消费者保护方面的职责,以及违反职责将会被追究的责任。基于金融消费者保护相关规定等相关文件,台湾建立了专门的金融消费争议处理机构,并设立金融消费者服务部,重视申诉和评议事件的处理,也重视对金融消费大众的教育。对于金融消费纠纷,特别是在无法立即对责任主体做出明确判断的场合,台湾建立起在一定程度上向金融消费者倾斜的强制赔付机制,并赋予争议处理结果以充分的效力,力求最大限度地保证金融消费者权益。

四　互联网金融消费者保护的重要性：案例

P2P 是互联网金融领域中一个重要服务形式，通常被看作互联网金融的主要代表。一直以来，P2P 平台从设立到服务的提供都较为灵活，这也为风险的酝酿埋下了隐患。一方面，部分不法分子有意利用互联网金融领先于相应法律法规的发展特征，借助互联网便利性、匿名性，设立虚假服务平台，诈骗相应消费者和投资人；另一方面，互联网金融平台本身存在经营缺陷，管理不规范，应对风险的规章制度设计不合理，金融服务消费者被动地从平台经营失败中受到损失。在过去两年里，"跑路"成为与 P2P 平台等互联网金融相关联的热点关注，各类新闻报道层出不穷。根据"网贷之家"的数据，截至 2017 年 11 月，当月全国尚处于正常运行状态的 P2P 平台数量为 1954 家，但已经停业或出现较大问题的平台数已累计达到 4008 家，当月新增"跑路"平台 1 家，当月新增问题平台 42 家。除主观恶意诈骗外，"跑路"意味着当 P2P 借贷平台出现资金提现困难后，平台不再履行与投资人的合同，投资人也难以找到直接责任人，从而蒙受损失。

1. **案例情景一**

首先来看"e 租宝"的案例。该公司正式名称为"金易融（北京）网络科技有限公司"，成立于 2014 年 2 月 25 日，注册资本 1 亿元，并在 2014 年 7 月正式上线运行，主要从事融资租赁债权交易。根据"e 租宝"的宣传，该公司是一家优秀的 P2P 借贷平台，并且借助母公司——钰诚集团的支撑，重点开展 A2P 业务（Asset to Peer，资产转向给大众），由融资租赁公司提供项目，然后将项目中相当一部分应收债权出让给普通投资者。2014 ~ 2015 年问题暴露前夕，"e 租宝"交易量达到 730 亿元，投资人数超过 490 万人。2015 年 12 月，一系列报道指向该互联网金融平台涉嫌制作假标的（为自融）、虚构三方（涉足资金池）、虚假担保（盗用企业信息）等违法经营活动，数十万人被骗，涉及金额超过 500 亿元，正在接受相关部门调查，12 月 9 日 "e 租宝"暂停运营。不少投资人从该案件中蒙受巨大损失，由此可见，亟须提高互联网金融消费者的权益保护能力。此案中，信息的不对称起到了推波助澜的作用，消费者或投资人只看到了相关广告宣传中的积极吹捧，而未能及时获得与潜在风险相关的信息。公众所掌握的与互联网金融服务相关的信息远远不够，加之互联网金融平台本身会尽力宣传自身的魅力，一些宣传和广告又具有较大程度的诱惑性和虚假性，使公众更加难以适从，即便是金融或财经领域的专家也难以获得所有互联网金融服务提供商的完备信息。例如，2015年，当"e租宝"的"事业"如日中天的时候，国内不少财经评论专家都曾对"e租宝"的经营模式进行过正面的经验总结，不少财经网站、知名电视台也对其力捧，其中的一个重要原因在于，问题平台本身会尽力包装和美化自己，使公众甚至专家难以看到其中的"败絮"。由此可见，互联网金融消费者权益保护中，需要克服的信息不对称问题是一大难点。

2. 案例情景二

互联网金融服务经营中的暴力催收问题，从借款人的视角，很好地证明了权益保护的重要性。催收是P2P借贷公司等互联网金融平台的一项重要工作，主要是结合借款人的借款合同，在其承诺的还款期限之前提示按时完成还款，并提醒借款逾期的借款人及时完成还款手续。由此可见，催收本身是互联网金融服务平台之于借款人的一项正常业务，目的是对借款人的偿债时间做出提醒，以便借款人如期履行借贷合同，进而达到借款人和出借平台的双赢。由于种种因素，借款人并不一定能在约定的还款日偿还全部债务，而互联网金融平台需要尽可能减少由坏账带来的损失，催收账款过程中的不文明行为时有发生，暴力催收等极端行为经常见诸报道。借款人不能如期履行还款合同，通常有两类主要表现。第一类是借款人具有较强的偿还能力，但他们可能知道为其提供借款服务的互联网金融平台在某些方面存在漏洞而不能获得法律的完整支持，从而有意拖欠款项；第二类是借款人之前未能对其流动性做出充分预计，当面临偿还期时，受到现金流的约束而不能对应偿债务进行及时支付。而为借款人提供贷款的互联网金融服务平台与借款人达成的协议可能超出法律支持的范围，或者通过法律途径解决问题的成本高昂，因此这些互联网金融平台不得不动用非常规手段向借款人催收，除了设立催收部门与借款人直接打交道外，一些互联网金融平台还会选择将应收款转包给专门的收账人。

征信体系以及相关的法律制度不完善，以及互联网金融平台追求本身的"野蛮生长"而初期对借款人的偿还能力评估不足，难以有效地对借款人的偿还行为做出管理和约束。经常可以看到某些互联网金融服务平台的工作人员吐槽说，"友好地跟借款人商谈，磨破嘴皮，就是不还款""我们也知道他们有的人的确资金困难，暂时还不上""但我们也有自己的难处，与绩效挂钩，公司也没有承受损失的理由"等。为了促使逾期借款人尽快还款，一些催收机构或催款人，时常会有意或无意地使用威胁、恐吓、殴打等暴力手段，甚至困扰借款人的朋友、同事及亲属。例如，①根据相关媒体报道，北京一位卢姓女士曾经在北京一家互联网金融公司推出的手机 APP "闪某银"中借过一笔金额为 930 元的贷款，但超过规定还款时间后，卢女士尚未将款项还入，滞纳金和利息达到 1300 元。该卢姓女士自称，其原因是借款时使用的手机丢失，注册的借款软件密码忘记，而客服未能及时妥善处理，便一直拖着此事。几个月之后，卢女士几个朋友称，收到了该"闪某银"的催款短信和电话，短信内容不堪入目，除了涉及"让你的朋友还钱"外，还包含大量的淫秽性、谩骂性、侮辱性语言，称"她不还款，我就天天骂你"等。卢女士向相关媒体指出，这些短信除了发给她的朋友外，还发给了她的单位领导，让她特别尴尬①。②另据《信息日报》（南昌）报道，2015 年 10 月某金融服务（上海）有限公司南昌绿茵路分公司向朱女士推荐了一项不须抵押、还款周期长、只须填写表格就可迅速贷款的"实惠"业务，朱女士为之心动并贷款 6 万元。根据规定，每月 6 日为还款日，朱女士也一直在还款日前夕将应还款项存入扣款账户，但出于某些原因，朱女士未在某一个还款日之前将当月应还款存入账户，而就在该月还款日当天上午 8 时起，其本人及同事、朋友收到了多条涉及人身攻击、辱骂、恐吓的催款

---

① 《借款未还，朋友收到辱骂短信》，《北京晨报》2016 年 11 月 23 日。

短信。朱女士表示，尽管短信来自不同的陌生手机号，但她只在上述公司的"中某信"借过款，这些信息是由该公司催款人员发过来的，并且还款日之前未存入应还款并不等于她不会在还款日偿还本月款项，也不代表自己已经逾期，因此，她十分愤慨贷款公司的催收做法①。③河南焦作一位市民发帖表示，她2014年通过"某某易贷"借款4万元，每月本息合计还2000元并一直按时还款，近期生意资金链紧张，导致了逾期，她与"某某易贷"和相关银行达成谅解并承诺了延期后的还款日期。然而，她在发帖中称，就在她承诺的还款日前两天，其丈夫遭遇暴力殴打和威胁，导致软组织挫伤、手掌骨骨折、背部划伤等伤害。这些不文明的、暴力的催收手段，可能在某种程度上是催收方的无奈之选，但无疑给金融服务消费者带来了伤害。

3. 案例情景三

借款人隐私保护问题也正在成为金融消费者权益保护的一个重点。2016年"裸贷""裸条"等话题及相关案件层出不穷，以此为关键词进行百度检索，能够获得的相关结果将近100万条。"裸贷"一方面指的是某些互联网金融服务商不需要借款人提供任何财产、收入等偿还能力方面的证明，只需较为"简便"的手续即可办理贷款；另一方面则重点针对在校女大学生或年轻女性，要求以手持身份证的裸照、不雅视频等作为借款的抵押。而一旦借款人不能按期偿还贷款，或者满足出借人的某些附加偿还条件，这些照片或者视频资料就成为威胁条件。相关报道显示，当发生逾期后，网络借贷平台会要求借款人额外支付高额的逾期费用，否则将这些不雅影像发送给借款人的亲属、同事、同学等核心"朋友圈"并公开到互联网。此外，某些网络借贷平台还会专门搜集借款人的核心隐私，当借款人逾期不还时，借贷平台就会主动利用这些隐私作为威胁，例如，某女士发现其借贷平台存有他儿子的照片、姓名以及在读幼儿园等信息。

从以上各类对消费者构成伤害的案例可以看出，互联网金融消费者权益受到损失的原因来源大致有三点。

---

① 《还款日遭遇侮辱性短信催款》，中国江西网–信息日报，2016年1月9日。

第一，消费者本身的风险防范意识不强。对于投资性的消费者而言，他们未能对互联网金融平台业务的经营模式、真实性做出准确评估，而过分迷信广告以及业务人员或朋友的推销。部分小额投资人甚至被平台许诺的高额回报所诱惑，不惜从其他渠道借款来进行投资，使风险放大。对于借款性的消费者而言，他们在借款之初未能对未来一个时期的流动性状况做出客观评估，估计过于乐观，甚至对可能存在的逾期后果抱有侥幸心理。一部分借款人为了获得借款，自我保护意识不强，过分迎合借贷平台的要求，将个人隐私甚至将"朋友圈"轻易提供给出借人。

第二，互联网金融平台存在管理漏洞。特别是一些平台为了追求业务量，松于对借款人还款能力的评估，轻易授信。而当借款人因实际资金困难而发生逾期时，无奈而非无赖，借贷平台进行催收亦属情理之中，但正常催收难以获得回款，而不得不采用或纵容"灰色"甚至过激的催款方式。因此，在相关的新闻报道中，不乏知名互联网金融平台卷入暴力催收事件。

第三，相关法律法规、制度不健全，行业管理不规范。业态创新迅速，而相关管理机制落后，互联网金融服务平台遍地开花，其中不乏一部分平台本身就以投机和欺骗为目的。即便是合乎现有法律规范的平台、企业，没有完善的行业规范进行指导和约束，往往容易将灵活性与随意性相混同，消费者权益也难以得到有效保护。

五　互联网金融消费者权益保护的复杂性

目前，我国的《消费者权益保护法》、《金融消费权益保护工作管理办法》、中国人民银行等十部委《关于促进互联网金融健康发展的指导意见》、《国务院办公厅关于加强金融消费者权益保护工作的指导意见》、《网络信贷信息中介机构业务活动管理暂行办法（征求意见稿）》等相关法律和制度规定能够为金融消费者权益保障提供一定依据。但整体而言，我国金融消费者立法相对滞后，加之互联网金融创新的迅猛发展，加剧了金融消费者保护的复杂性。

1. 常规性复杂性问题

第一，保障金融消费者财产安全的复杂性增大。在互联网金融活动中，交易能够在瞬间完成，金融消费者稍有不慎就可能使资金蒙受损失。电子契约、电子合同在互联网金融交易中广泛运用，在一定程度上能够起到促进知晓和公平交易的作用，但与传统介质相比，由于阅读习惯等问题，消费者对电子契约、电子合同中所涉及的特别条款等关注度不够，容易忽略合同中的不利条款等内容，从而接受对自己不利的合同条款；在证据保全方面，电子合同更容易被篡改，而互联网金融公司做出篡改的能力比金融消费者更强，使金融消费者处于不利地位。互联网用户具有多样性，同时又具有隐匿性，难免一些非法分子借助互联网交易的即时性专门从事诈骗活动，当消费者蒙受财产损失时，获得赔偿的难度较大。随着互联网金融业态的更新，各种新的财产安全性问题逐步显现，而相关应对措施滞后，难以满足保障金融消费者权益的需要。

第二，信息过剩、信息噪声加大了金融消费筛选难度。在消费者获得的信息不充分的情况下，难以达成公平、公正的交易。而在信息过剩的环境下，又会使消费者选择陷入迷茫。信息过剩往往并非表现在服务提供商将产品优点、缺点等属性完全公布，而是市场上存在众多的同类服务提供商都极力鼓吹各自产品的优点，并且借助广播电视、互联网、报纸杂志等渠道大力宣传各自的产品，特别是当过度包装远远超过产品的本身属性甚至是不实宣传时，消费者在做出行为选择时将要克服巨大的信息噪声的干扰。互联网具有迅速传播信息的功能，能同时将众多服务提供商的信息传递给消费者，因此，对于一般的金融消费者而言，可能"患上"选择困难症，或者听信不实信息。

第三，金融消费者个人隐私保护难度加大。随着互联网、大数据的应用推广，金融消费者也越来越多地使用网络空间、云存储、移动终端等媒介存储个人信息，但不少消费者对网络存储的安全性认识不足，给不法分子过度收集消费者信息留下隐患。随着个人在互联网金融交易中的频繁介入，金融消费者的个人信息就更易被搜索、转移，甚至被冒用，而金融消费者本人甚至难以发现自己的信息已经被泄露。进一步的，互联网上的信息传播具有不可逆性，一旦发生泄密事件，基本不可控制。因此，即使当某些消费者明显意识到自己的信息被非法获取时，也难以有效采取措施制止这些行为。即便是对于正规、合法的交易网站，加密技术为消费者提供一定的保护，但由于信息技术集合度非常高，泄露范围大，技术层面和管理层面存在漏洞（如公司内部职员泄露客户信息的例子屡见不鲜），加之黑客攻击不断"创新"其手法，个人信息有效保护仍然是一个难题。

第四，互联网金融的低门槛使金融消费者的多样化加大，消费者权益保护复杂性增加。互联网金融降低了金融消费者的门槛，使金融消费者多元化，例如，很多P2P平台鼓励没有信用记录的白户参与借贷过程，但这些人可能缺乏足够的金融知识与互联网知识，其权益更容易受到不法侵害。尤其是在P2P平台的借款者方面，其门槛较低，因而使很多能力不够的用户卷入金融消费中。例如，2016年3月，爆发了大学生因参与P2P借款，导致其背负巨额负债，在无力偿还的情况下，选择跳楼自杀①。鉴于此，2016年4月，教育部联合中国银监会印发了《关于加强校园不良网络借贷风险防范和教育引导工作的通知》，指出部分不良网络借贷平台采取虚假宣传的方式和降低贷款门槛、隐瞒实际资费标准等手段，诱导学生过度消费，甚至陷入"高利贷"陷阱，侵犯学生合法权益，造成不良影响。通知提出四点要求：①加大不良网络借贷监管力度；②加大学生消费观教育力度；③加大金融、网络安全知识普及力度；④加大学生资助信贷体系建设力度。而"三农"互联网金融的消费者，尤其是借款人，其权益保护复杂程度也非常高。

从现有的法律监管制度来看，对于"合格投资人"的理念已有不少规定，而且相对较为明确。《网络借贷信息中介机构业务活动管理暂行办法》

---

① 《11万P2P滚100多万，河南大学生跳楼》，天涯杂谈_ 天涯论坛_ 天涯社区，http：//bbs. tianya. cn/post－free－5411384－1. shtml。

明确规定，"参与网络借贷的出借人，应当具备投资风险意识、风险识别能力，拥有非保本类金融产品投资的经历并熟悉互联网"。各地在制定实施细则时，对此进行了细化①。

第五，监管难度加大。金融新业态在互联网背景下不断涌现，互联网金融企业增长迅速，既有的法律法规及监管方式不一定能够将所有的金融服务提供商纳入，而新的规则往往具有一定的滞后性，导致一些"不违法"的破坏金融市场秩序和伤害金融消费者权益的行为得不到及时制止。此外，金融消费者也呈现多元化，对金融消费的诉求越来越多样，其中也难免出现以"金融消费者保护"为借口故意使用某些手段来谋求赔偿的行为，因此，如何做到公平前提下的适当性保护也是一个值得深入研究的问题。

2. "三农"互联网金融中借款人权益保护的复杂性

在"三农"互联网金融领域，以借款人为视角的金融消费者保护除了会直面以上常见的复杂性问题外，还需要面临一些个性化的矛盾。从名称上看，"三农"互联网金融可以理解为面向农业、农村和农民的以互联网为载体的资金融通，其借款人群体包括规模化的农业企业、农业专业合作社、农村小微企业以及为生产经营筹措资金的农村居民家庭。而规模化企业、经营团体等通常具有较为成熟的投融资能力，即便将其视为广义的金融消费者，也可在一般性的框架下进行讨论。而农村小微企业主、分散的农村居民等借款主体，构成了"三农"互联网金融借款人主体的特殊性，也是从借款人视角讨论金融消费者保护需要直面的第一群体。

作为"三农"互联网金融借款人主体主要来源的农村居民，整体上对金融交易、金融风险等方面的知识更为欠缺，获取有效信息及甄别信息的能力相对更弱，资金融通渠道受限，维权意识更为淡薄，所处地位与其他金融消费者相比更为不利。相关调查表明，缺乏对金融机构相关义务、自

---

① 例如，广东省的实施细则写到，"要求对出借人进行合格审查，对出借人的年龄、财务状况、投资经验、风险偏好、风险承受能力等进行尽职评估，不得向未进行风险评估和风险评估不合格的出借人提供交易服务。"

身权益及维权途径的了解，是农村金融消费者普遍存在的现象，基本金融知识在农村居民中普及率较低，农村居民对金融产品了解不够，存在较大程度的跟风行为（董晓丽，2016）。受自身知识结构和有效信息获取渠道有限等方面的约束，农村金融消费者在选择金融产品或者贷款来源时，主要依靠熟人、亲戚、朋友、同学等交际圈的介绍，以及银行或其他金融服务提供者发布的广告，而在做出决策时，倾向于接受业务人员的推荐。对于急需资金的"三农"互联网金融借款人，容易根据自己过去的经验直觉来判断未来的收入流，并且倾向于乐观，而在从正规的银行类金融机构融资受限的情况下，面对铺天盖地的"低利息""当天可放款""无须房屋抵押""最高可贷 xx 万元"等信息的诱惑，可能会在了解不够充分的情况下，无意识地接受一些不利于自己的捆绑条件。另外，金融消费者权益保护方面的宣传在农村较为不足、缺乏农村金融消费维权方面的专门人才、农村金融消费纠纷协调及处理渠道本身不畅等问题也加大了"三农"互联网金融消费者保护的难度。此外，"三农"互联网金融借款人诉求多元化、既有财产和收入状况千差万别，互联网金融服务提供商难以针对农村居民形成统一、一致的授信条件，间接地为将来可能涉及的借款人权益伤害埋下隐患。

另外，农业生产具有非常高的时效性，互联网金融的高效性在满足农业生产的同时，对农业生产的高风险性估计不足。即使是从事农业生产的农村居民，虽然对农业生产可能具备了一些经验知识，但是，对于市场经济下，农产品价格的高市场波动性缺乏足够的了解，加上农产品国际贸易的复杂性等诸多方面的问题，使对农产品的市场预测非常困难。这样，借款人可能出于对未来乐观的预期下进行借款活动，一旦出现较大的自然风险、市场风险与政治风险，则缺乏足够的应对手段。而从互联网金融平台看，目前也缺乏足够的风险对冲机制，在此情形下，一旦出现因各种客观因素导致的逾期等不利情况，也倾向于使用简单直接的方法进行催收，而缺乏相应的沟通机制，使双方之间的利益直接冲突，最终导致借款人权益无法得到正当保护。

六　路径选择

"三农"互联网金融的涌现，有效地填补了农村金融服务的供给缺位，特别是农村借款类金融消费者贷款难、贷款贵的问题得到了较大程度的解决。"三农"互联网金融消费者与互联网信贷供给方之间存在信息不对称性，加之农村居民权益保护意识淡薄、互联网交易和金融等方面的知识欠缺，使其具有较大的权益受侵害风险。着眼于借款人视角，构建"三农"互联网金融消费者权益保护的安全网，不仅与当事人本人利益攸关，而且对促进互联网金融健康发展，形成公平、有序的行业竞争格局具有重要意义。完善"三农"互联网金融消费者权益保护体系，建议从明确"三农"互联网金融消费者的具体权益开始，改善农村金融和互联网基础设施等硬件条件，采取有效办法实施互联网金融知识进农家行动，缓解信息不对称矛盾，多部门通力协作促进"三农"互联网金融合规运营。

1. 做好互联网金融消费者权益意识摸底调查

由国务院各相关部委联合组织开展了全国农村居民互联网金融素养摸底调查，充分了解农村金融消费者及潜在金融消费者对基本金融常识、风险意识、金融保护及权益维护意识、金融机构、网络借贷平台、非正规融资、融通资金主要渠道等方面的认知情况。

何德旭（2016）指出，全面掌握消费者金融素养是制定金融消费者权益保护政策、提高政策针对性和有效性、促进金融消费者保护资源优化配置的重要支撑。目前，中国人民银行已在不少地区组织过农村金融消费者权益意识方面的调查，但抽样规模有限（如内蒙古包头中心支行辖区抽取100人，黑龙江方正县回收问卷100份等），并且由于考察目标的不同，也就缺乏对"三农"互联网金融相关问题的设计，难以就农村消费者对互联网金融的认识做出系统评估。建议有关部门以前期的相关调查为基础，拓展抽样范围，结合互联网金融的行业特征，科学设计调查内容，并充分体现金融消费者的人口学特征、就业和收入、社会交往等方面的内容，对调查数据进行系统评估，全面反映农村金融消费者基本情况。调查由国家相关主管部门联合开展，具有较高的层次和权威性，确保数据程序严格规范（微观数据严格保密，仅做政策研究分析使用，不向任何用于商业用途的第三方提供），能够为相关立法、制度完善提供科学依据，进而提高包括"三农"互联网金融借款人在内的金融消费者保护的有效性。

作为互联网金融平台，也要积极参与到"三农"互联网金融消费者权益意识的摸底过程中来，使消费者有充分的互联网金融消费意识。例如，"三农"互联网金融的代表企业翼龙贷，通过各个合作网点的面对面教育、APP、微信公众号等各种模式，对互联网金融消费者（尤其是农村借款人）进行摸底与调查，使投资者以及社会各界对互联网金融消费者权益的理解更为深入①。

2.加大对农村金融消费者权益保护的相关宣传力度

无论是借款人还是投资者，也无论他们是接受传统的金融服务还是接受"三农"互联网金融等新兴金融服务，都应当树立起健康的金融消费者权益保护意识。农村金融消费者的权益意识本身不够强，大多数农村居民没有主动获取金融消费者权益保护方面知识的意识，甚至不知晓自己享有何种权益，即便是上当受骗之后还只认为是自己糊涂行事的结果，无从知晓如何弥补受到的损害。相关调研表明，金融消费者权益保护在农村地区的宣传较为薄弱。鉴于商业金融服务提供商宣传金融消费者权益保护的激励不足，相应的宣传工作应当由政府牵头组织，向农村地区有针对性地投放关于金融消费者权益保护方面的公益广告。结合农村实际情况，采用农村老百姓喜闻乐见的宣传方式，通过手机短信、微信、广播等渠道实时提醒广大农村居民提升风险防范意识，通过设立展柜、易拉宝、报刊亭、播放屏等方式实时宣传金融消费者权益保护方面的新闻及案例。有针对性地选择人口较多的集镇，设立消费者金融权益保护流动宣传点，由专人向消费者讲解金融交易中常见的风险及防范措施，甚至结合适当的文艺表

---

① 本例由翼龙贷公司提供。

演、知识竞赛等方式宣传金融消费者权益保护相关的法律规定及合法维权途径。

3. 确保"三农"互联网金融中的借款人获得全面、真实的借款成本信息

规范网络借贷平台、民间借贷公司、小额贷款公司等向农村居民提供借款过程中的信息披露行为，促进其尽到完全告知义务，特别是对于借款利息、借款期限、偿还方式、是否需要支付其他手续费、抵押物处理、附加条件等方面的关键信息应清楚明了地告知借款人，不得回避借款人提出的质疑。最近几年，各类贷款小广告在农村大行其道，通常以利息低、额度高、放款时间快为标榜，而对于除利息之外是否还收取其他费用却含糊其辞。应当采取有力措施，坚决打击金融服务提供商不实宣传、诱骗借款人签订不公平合约、隐瞒借款人变相收取额外费用等侵害借款人权益的行为。回顾过去几起P2P平台伤害金融消费者的恶性事件，广播电视、新闻媒体的过度美化起了催化作用从而使更多消费者蒙受损失，因此，应当敦促广播电视和新闻媒体尽到公正、客观报道的义务。在政府主管层面，要鼓励更多合规金融提供商进入农村地区，为广大农村潜在借款人创造更多可供比较的选择，确保借款权得以更好实现。同时，要建立"三农"互联网金融平台在运行过程中的信息披露规则，要求平台企业在面向"三农"借款人服务时，提供完整真实的信息。对于一些运行较为规范，信息披露真实、完整，并且明显带有服务"三农"性质、较好履行农村金融消费者保护义务的互联网金融平台，地方政府可视其对本地农村经济贡献的大小采取适当的鼓励措施，引导形成良好的"三农"金融发展氛围。

从当前的发展趋势看，需要重点对"三农"互联网金融的广告宣传进行规范，对业务流程进行规范化与标准化，与借款人利益相关的条款，如利率条款、手续费条款、违约条款等应该重点提示。

4. 确保"三农"互联网金融借款人的自主用款权

"三农"互联网金融平台在将资金出借给借款人之前，会要求借款人提供拟借资金的主要用途，并参考借款人所进行的农业生产规模及市场潜力审核借款额度。借贷平台在审核借款人的贷款申请到借款人归还款项的全过程中，应杜绝资金贷出方以"专款专用"的名义，过度介入"三农"金融借款人的正常生产经营活动，特别是不得向借款人指定生产资料的提供商、农产品的收购商，不能以捆绑销售或低价收购为借款条件①。对于口碑良好的优秀借贷平台，地方政府及相关部门可以向潜在借款人推荐，但不得代替借款人选择服务提供商。总之，地方政府、金融服务提供商或者任何第三方，不能干涉借款人的正常用款决策。由于"三农"金融的借款人借款主要用于养殖、种植等方面，某些借贷服务平台为借款人提供市场供求信息、生产技术等方面的指导或建议，初衷在于一方面有利于保证资金的归还，另一方面也有利于借款人提高经营效率，但应当明确告知借款人是否将此类"增值服务"纳入借款成本并征得客户许可。鼓励"三农"金融服务提供商在与借款人达成一致意见的情况下，提供全过程支农服务。

5. 健全互联网金融催收机制与借贷纠纷解决机制

催收是金融发展过程中的一个环节。作为互联网金融平台，其在催收过程中的角色是一个委托代理的角色。从这个视角看，一方面，互联网金融平台需要加大催收力度，以保护投资者（他们也是金融消费者）的利益，另一方面，平台企业还要关注借款人的合法权益，避免使用不法手段损害了借款人的利益。因此，催收过程本质上是一个平衡的过程，互联网金融平台需要在二者之间进行平衡。在相关监管机构的指导下，互联网金融平台应当在其客户关系或其他相关部门建立起纠纷处理渠道，当借款人对其所接受的服务产生怀疑或者发生纠纷时，平台公司应当按其内部流程在最短的时间内（如 2~3 个工作日）给予解决。消费者对公司解决方案不满意的，可以继续向上一级程序（如行业自律组织或监管机构设立的调查委员会等）提出申请，上级程序通过客观、公正的调查，做出审查结论，如果结论为互联网金融公司责任致使消费者受损，平台企业应当加大赔偿力度，并承担相应的

---

① 当然，有些农业产业链金融模式的平台，需要与生产过程进行深度融合，可能会在借款时指定一些供应商或者收购商，但是，即使在这种情况下，平台企业也要保证供应商或收购商的质量、价格等具有竞争力。从政府主管部门的视角，一定要对利用资金优势的垄断或捆绑销售（收购）的行为进行严格监管。

处罚。仍然不能得以解决的，则可通过法院等渠道做出终级处理。在纠纷的快速处理方面，翼龙贷正在探讨的"互联网金融网络仲裁"是一个值得注意的方向。互联网金融网络仲裁能够发挥互联网跨越时空的优势，大大降低纠纷解决成本，提高纠纷处置效率。这对于小额分散的 P2P 借贷等互联网金融模式和分散的农村交通生活环境而言，都具有重要的意义。

6. 规范"三农"互联网金融信息收集机制

在"三农"互联网金融业务开展过程中，大量的客户可能是原来的征信白户，在调查信用情况时需要白手起家。但是，目前的业务开展过程中，尚没有针对"三农"领域的互联网金融信息收集规范，这使在某些情况下，相关信息收集不足或者收集过度。在过度收集信息的情形下，可能侵犯当事人的隐私。

因此，需要规范"三农"互联网金融信息收集机制，将信息的采集、整合、使用、存储、共享等纳入规范过程中。

7. 加快"三农"互联网金融征信体系整合步伐

由于农村金融征信的长期缺失，授信部门难以快速、有效地将诚实守信的潜在借款人识别出来（或者将"老赖"剔除潜在客户名单），于是，风险管理的平均成本难以降低，进而推高了"三农"互联网借贷的平均借款价格。这实际上损害了具有真实资金需求且诚实守信的潜在借款人的借款权：一方面，由征信成本所引致的借款成本高企，超出一部分潜在客户的承受能力，使潜在客户不得不放弃借款进而承受经营机会的损失；另一方面，即便资金出借价格在借款人接受范围内，却因征信的不完善而使其承受更大的支出。因此，需要构筑起运行规范的征信体系，建立起"三农"互联网金融借款人信用档案，通过必要的惩戒而将具有恶意拖欠等行为的"老赖"排除，从而保障借款人借款权的充分实现。在征信体系的构筑过程中，应当确保借款人个人信用信息采集和使用的合规性，保护消费者个人隐私，惩戒对消费者隐私信息的违法使用。

此外，还有必要进一步完善相应立法，形成规范包括"三农"互联网金融在内的互联网金融发展以及金融消费者保护的法律体系。鉴于商业广告对于互联网金融的强大助推作用，应当合理引导和规范广告媒体的宣传行为，杜绝虚假宣传和引诱消费，形成有利于互联网金融消费者保护的良好氛围。

参考文献

戴国强、陈晨：《金融消费者保护与金融危机——基于全球 142 个经济体的实证研究》，《财经研究》2015 年第 3 期。

董晓丽：《浅谈普惠金融下农村金融消费者权益保护问题——以方正县为例》，《黑龙江金融》2016 年第 8 期。

何德旭：《构建基于消费者—金融产品关系生命周期的金融消费者保护体系》，《财贸经济》2016 年第 4 期。

胡光志、周强：《论我国互联网金融创新中的消费者权益保护》，《法学评论》2014 年第 6 期。

李玫、马建威：《英国金融消费者保护立法改革的最新发展及其启示》，《国际商务—对外经济贸易大学学报》2014 年第 1 期。

李勇坚：《互联网金融视野下的金融消费者权益保护》，《经济与管理研究》2016 年第 9 期。

廖洁：《征信领域金融消费者权益保护问题探析》，《征信》2016 年第 4 期。

刘彦谡、杨程：《浅析我国金融消费纠纷解决机制存在的问题和改进》，《成都理工大学学报》（社会科学版）2017 年第 1 期。

齐萌：《台湾"金融消费者保护法"的反思与借鉴》，《亚太经济》2012 年第 3 期。

孙天琦：《金融消费者保护：市场失灵、政府介入与道德风险的防范》，《经济社会体制比较》2012 年第 2 期。

孙晓珍：《论金融消费者权益保护的法理基础》，《经济研究导刊》2017 年第 1 期。

徐卫东、郭千钰：《互联网金融监管困境及其破解——基于众筹金融视阈的分析》，《当代经济研究》2017 年第 1 期。

虞磊珉：《加拿大金融消费者保护法律制度及其对我国的启示》，《西南金融》2012 年第 1 期。

袁骁华：《加快我国金融消费者权益保护立法初探》，《福建金融》2016 年第 1 期。

周开禹：《我国金融消费者权益保护的主要问题及对策研究》，《武汉金融》2016 年第 7 期。

B.10

"三农"互联网金融的征信体系整合：
理论分析、现实困境与政策方向

张彬斌　李勇坚*

摘　要：　本文从"三农"互联网金融征信的内涵及其特征入手，解析
其对于行业发展和金融市场有序运行的重要意义，论证促进
"三农"互联网金融征信体系整合的必要性和可行性。通过
对"三农"互联网金融征信建设现状的系统梳理，剖析征信
体系整合的现实困境以及未来前景，并提出具有针对性的对
策建议。切实强化相关法律保障体系、推进互联网金融征信
标准化进程、丰富征信产品种类、优化行业监管模式、建立
正确的舆论导向机制等手段，是促进"三农"互联网金融征
信体系有效整合的可行路径。

关键词：　"三农"互联网金融　个人征信　征信体系

一　引言

近年来，互联网金融越来越多地进入"三农"领域，极大地填补了农
村地区金融服务供给的不足。征信体系的构建和完善对于金融市场健康有序

---

* 张彬斌，经济学博士，中国社会科学院财经战略研究院助理研究员，主要从事发展经济学研
究；李勇坚，研究员，教授，博士后合作导师，博士，中国社会科学院财经战略研究院互联
网经济研究室主任，主要研究方向为互联网经济、服务经济等。

发展具有重要意义，当前农村征信以及其中的"三农"互联网征信正在不断走向规范，各类征信机构不断涌现，但仍然存在一系列有待解决的问题，这些问题与互联网金融行业以及农村市场的特征密切相关，农村金融征信仍然亟待完善。其中尤为重要的是要实现"三农"互联网金融征信体系的整合，发挥征信市场合力，有效降低农村互联网金融发展的风险控制成本，促进行业公平、有序竞争，切实缓解"三农"领域融资难、融资贵、投资无门的困境，更好地彰显"三农"互联网金融的普惠特征。

二 "三农"互联网金融征信体系建设：理论分析

1. "三农"互联网金融征信的含义

当今时代，金融在经济活动中的作用越来越重要，人们的日常生活也越来越离不开各种交易。借贷交易是各种交易中最重要的交易，交易的有效实现以及交易的可重复性和可持续性，需要以当事人双方兑现承诺为基础。兑现承诺，可以看作对"信用"最直观通俗的理解。当事人双方在达成交易之前，一方当事人如何确保相对方一定会履行相应的义务，或者如何就相对方履行义务的概率及程度做出合理判断，从而决定自己的最优交易行动，往往需要获得相对方与当前交易相关的历史信息，特别是履行类似合约的经历，并以此为依据来决定是否达成（或如何达成）当前交易。这些客观的、与当事人信用相关的历史信息，就是广义上的信用数据，信用数据的获取过程就是征信过程。

只要交易双方不同时履行合约中的义务条款，如先发货后付款、预售、借贷等，就会涉及信用问题。由于种种原因，并非所有的当事人都会讲信用，进而给相对方带来损失，相对方为了减少潜在损失而可能借助其掌握的相关信息来避免与具有某些特征的人进行交易，征信也就逐渐产生。在对征信进行发展动态的相关分析中，"绅士不买裁缝账"的典故通常被看作现代征信的雏形（汪路，2010）。据说在19世纪初期，英国伦敦的制衣业竞争激烈，裁缝们为了更多地获得王公贵族、文豪明星、财阀政要等上流社会的

"VIP"客户，通常采取先根据客户的要求制作衣服，然后将做好的衣服交予客户使用的做法，而不要求在客户提取衣服的时候必须让其立即付清费用。裁缝行业的店主们认为，这些绅士具有较强的购买能力，并且较为看重自己的信誉名声，一般不会故意拖欠服装费或者赖账，于是就形成了不向绅士催账的传统。由于尚未支付的裁缝费用可能在绅士们看来是再小不过的事情，有的人逐渐就将欠账的事情忘记，或者记得支付时却没有随身带足现金，一些裁缝铺就长期承受着绅士们拖欠的账款。为了减少因客户欠账而导致的损失，裁缝铺之间便相互沟通，逐渐形成了一个交流客户支付习惯的信息传递机制。一方面，拒绝为那些可能长期欠账的客户提供服务，达到减少直接损失的目的；另一方面，"绅士不买裁缝账"的舆论可能或多或少地传递到绅士们的耳朵里，对那些没有赖账本意只不过因种种因素而遗忘支付的客户，起到了敦促作用，这些绅士逐渐缩短欠账时间甚至形成当即支付的习惯，从而维护了裁缝铺的权益。可以看出，裁缝铺之间所分享的客户们支付习惯方面的信息，实际上就是客户的信用记录，而这种信息分享就是征信制度在当时环境下的具体表现。

更加一般的，征信是授信机构或投资人为了更有效地决策，而使用的信息获取及信息分享机制。而在金融交易越来越频繁的当今社会，征信的含义主要用于金融领域，并主要为授信一方（或出借资金的一方）服务。由于征信的核心内容是客户（或潜在客户）信息，这些信息往往具有私密性，不宜由任何人随意收集，需要具有一定权威性，并且独立于交易当事人双方的第三方来专门从事征信活动。因此，征信的含义可以表达为，独立于信用交易方的征信机构，从第三方的立场收集、整理、保存信用主体（个人、法人以及各类组织等）的信用数据，并为授信方或投资者提供这类信息的经营服务活动。

征信具有以下几个方面的重要特征。

第一，征信服务机构具有中立性和公信力。尽管征信产品主要提供给授信一方，但是征信机构在采集和整理信用主体的相关信息时，应当持客观、中立的态度，不偏袒任何一方，保证征信机构具有较高的公信力。征信服务机构需要确保信息客观、准确，在整理或加工的过程中，不能扭曲信息原意。必要的修改和加工需要遵循严格的流程。

第二，征信在本质上是一种信息服务过程。征信机构将采集的个人或机构的信用信息经过有效整合，建立起关于信用主体的"信用账户"，形成征信报告，提供给商业银行、互联网借贷平台、小额贷款公司等有需求的客户使用。信用账户包括能够识别信用主体身份的唯一标识码（如公民身份证号、组织机构代码等）、名称、处所等反映信用主体基本特征的信息（针对个人的性别、出生日期、民族、婚姻状况、受教育程度等；针对组织的法人代表姓名、主营业务、机构规模、成立时间等），信用主体历史借贷经历，以及与信用相关的其他信息。信用账户中的数据不断更新，以确保参考价值。

第三，征信机构获取信息和提供信息的过程须满足合法性前提。为了尽可能全面地了解信用主体，使信用账户以及征信报告更具参考价值，征信机构可以在符合法律规定的前提下，采集任何有用的信息，如电话欠费信息、违规违法信息等。不过，征信机构并不是可以通过任何手段来获得信用主体的信息，个人或者企业的所有信息也并不是都可以被获取。

第四，征信的服务对象主要是授信机构。授信机构在决定是否将信用提供给客户以及提供多大额度时，最主要的考虑是客户是否存在失约风险，而征信所提供的服务（信用报告等）就恰好是授信机构所需要的。银行或者互联网金融平台等授信人能够依据征信报告来评估授信风险，从而做出最佳决策。由于授信机构对于信用主体信用信息的需求巨大，而且对真实可靠性要求较高，授信机构本身又能方便地直接获得客户的信用信息，因此，规范运行的授信机构与征信机构能够达成密切合作关系，例如，银行将原始信用数据提供给征信机构，以供征信机构完善数据库。

第五，征信服务是一种附加约束的信用信息分享机制。信用信息可以在授信机构之间合法依规共享，但主要用于与授信有关的途径，同时注意信息的保密性和真实性。此外，信息共享不等于信息公开。

对于"三农"互联网金融征信而言，则可以理解为征信在"三农"互联网金融领域的具体化。信用交易的授信方为"三农"互联网金融平台，信用主体则主要为"三农"领域借款人以及潜在借款人，征信机构是为"三农"互联网平台提供借款人以及潜在借款人信用信息的第三方信息服务机构。

2. 建立"三农"互联网金融征信体系的必要性

"三农"领域，特别是农村、农户、农村小微企业、农村个体工商户等在生产、经营以及消费过程中具有较大的资金需求，而这些主体往往难以达到商业银行、农村信用社等"正式"金融机构授信的条件，从而难以获得急需的资金。一部分人能够达到商业银行提供贷款的要求，或者已经是商业银行的贷款客户，但在面临资金需求时，却面临着复杂的资格审核程序以及担保要求，提交贷款到放款之间的繁复流程耗费着大量等待时间，获得资金的时滞可能是借款主体错过最佳的生产资料投入时机，从而蒙受机会损失。由此可见，"三农"领域存在巨大的金融供给和金融需求矛盾，特别是信贷方面。作为以"草根"金融起家的互联网金融，近年来依靠其便捷性、低成本性、广覆盖性等优势而逐渐壮大，并且不少企业注意到农村金融市场的需求缺口而将触角伸向"三农"领域。据不完全统计，目前在农村金融市场开展业务的P2P平台包括翼龙贷、农金圈、开鑫贷、宜信等，还有一些以农村电商为基础的借贷平台如阿里、京东、苏宁等，这些涉农互联网金融平台有效地弥补了农业银行、农信社、农商银行、邮储行等"正式"金融机构在农村服务的缺失。

"三农"互联网金融的借款人主要来自农村，潜在客户群的特殊性是传统商业金融机构不愿涉足的主要原因：尽管总体规模庞大，但客户分布分散、审核难度较大、违约率高，并且单笔业务标的金额小，养殖业主、种植业主、个体户等主要借款人也难以提供稳定的资产用于担保。"三农"互联网金融，特别是针对农村人群的各类网络借贷平台，服务对象正好是传统商业金融机构未能覆盖的群体，这一群体一般都缺乏明确的信用记录，难以获得贷款等金融服务，因此，互联网金融在"三农"领域的发展有力地推动了普惠金融。但传统商业金融机构在农村推广服务的困难，并不能在互联网金融业态下自行消失，推广成本高、信用记录缺失、风险管理及控制难度大也是"三农"互联网金融面临的最大的挑战。

从现实看，农村金融消费者信用意识不强，信用数据库建设滞后，制约着农村金融的发展。农村金融消费者群体构成庞杂，即便大多数农村居民在贷款行为方面较为谨慎，但也有不少人可能存在骗贷、故意拖欠等不良行为，在信息不对称的农村金融市场，授信部门有效识别真正有信贷需求、信用良好的潜在客户具有较大难度。这样一来，金融服务提供商（特别是能够向农村提供信贷的授信机构）所能采用的最优策略是收紧银根，尽可能苛刻地审核农村信贷需求，于是，负向外部性机制使真正有资金需求并且愿意如期按规定履行借贷和偿还手续的农村客户从这个过程中受到了伤害。

因此，从促进农村金融发展、更好地保障农村金融消费者借贷权益、有效解决农村居民贷款难的角度，构建农村征信体系具有重要意义。从金融服务供给方的角度来看，受制于我国征信制度建设滞后、农村金融消费者征信数据缺失以及数据部门之间沟通联络不够、数据孤岛现象明显，农村征信长期缺位，互联网金融征信更是落后，加大了风险管理的难度，进而约束了有效供给的增加。在互联网金融繁荣的当下，一些不法经营者可能利用征信机制的缺失，进一步扰乱农村金融市场，不利于"三农"互联网金融的有序发展。对于有志专门从事"三农"金融的企业，不利于降低高企的管理成本。总而言之，我国"三农"互联网金融领域征信体系几乎尚未建立，各类信贷提供商之间存在严重的"信息壁垒"，难以实现线上线下、新型金融与传统金融的有效互通与协作，风险控制成本居高不下，失信惩戒机制缺位，非法倒卖个人信息猖獗，冗余无效信息泛滥等问题，迫切需要建立互联网金融信息信用共享体系。因此，无论是从信贷需求方的角度，还是从金融服务供给方的角度，都亟须探索建立有效的农村征信体系，而农村普惠金融的一个重要组成部分是"三农"互联网金融，与之相关的征信体系构建也就具有越来越重要的意义。

3. 建立"三农"互联网金融征信体系的可行性

第一，政府越来越重视金融对于农村经济发展的重要性，以及农村信用体系对于农村金融的制约。从中央到地方，建立和完善农村征信体系的呼声越来越高，农村居民信用意识逐步提高，认识到"讲信用"是一笔重要的社会财富，形成了良好的舆论环境和社会共识。不少地方已形成多方联动的农村信用建设格局，在各级各类"十三五信用纲要"中可以明确看到政府主导下的各部门分工和配合要求。

第二，"三农"互联网金融征信体系已经具备一定的前期建设基础。从涉足"三农"领域的互联金融平台自身的角度来看，它们在业务开展的过程中，深入农村、农户进行走访、调研，掌握了大量有关客户经营范围、经营方式、投入产出、借贷经历等一手资料，这些资料是客户重要的信用信息，可以经过有效整合，结构化、数字化，从而成为重要的征信数据来源。用户在互联网注册并在"三农"互联网金融平台进行交易。平台本身也积累起大量的电子数据，能够反映客户的信用状况，成为构筑征信数据库的基石。从其他方面来看，中国人民银行的征信系统已经包含一部分农村人口的信息，这部分信息目前相对很少；不少地方政府已经着手建设农村金融信用数据库，净化农村金融市场环境；各地为农村提供服务的银行、信用社、小额贷款公司、典当行等都拥有一些农村客户信用数据资源，具有为征信体系整合提供资料的潜质。

第三，移动通信、互联网、大数据等现代技术为信用数据的高效整合创造了更好的条件。分散的农村金融消费者信息可能分布在互联网金融平台的不同营业部、不同的互联网金融平台、不同的小额信贷公司等，而且不同的机构或者同一机构在不同时期、出于不同的目的而从不同的角度采集消费者信息，然而，分散的信息能够在数据挖掘技术和通信技术下实现快速有效的整合。为实现多方共赢，需要探索不同互联网金融企业实现信息分享的合作机制。农村互联网居民用户数量正在持续增长，社交网络、电子商务等各种互联网应用在农村地区快速发展，尤其是智能手机在农村地区的普及，农村居民开始在网络上形成各种数据足迹，从而为建立和整合征信体系提供了良好的基础。

第四，"三农"互联网金融能够为更多农村居民纳入全国统一的金融征信系统创造条件。将农村居民纳入中国人民银行征信系统的难度在于，很多农村人口并没有与银行金融服务有过交集。"三农"互联网金融对农村金融服务空白的填补，在一定意义上也起到了获取农村居民原始信用数据的作用，这些数据整合之后，通过接入中国人民银行征信系统等全国统一的征信数据库，对于完善全国征信基础数据库具有重要意义。从某种意义上说，由于"三农"互联网金融供给主体对农村金融市场状况的掌握程度越来越深入，对农村金融市场运行状况的把握越来越精准，可能成为完善农村征信的着力点。

例如，作为"三农"互联网金融代表企业，翼龙贷在深耕农村的过程中积累了一些独有数据。这些数据主要包括三个方面：近百万名借款户（翼龙贷以家庭为单位借款，每户按3个人计算）的借款申请记录、信用记录以及其他信息等，400多万名投资人信息，1000多名合作商的数据等[1]。尤其是关于农民的数据与大量没有信用记录的农户直接相关，这对于帮助建立农村征信体系的重要性不言而喻。关键是目前"三农"互联网金融的企业以及各个主管部门之间的数据形成孤岛，使数据无法获得充分利用。

三　"三农"金融领域的征信体系建设现状

1. 我国征信业发展的整体情况

正式作为行业意义上或者部门意义上的征信，在我国起步较晚，20世纪末21世纪初，我国初步形成了企业征信和个人征信两大体系。顾名思义，企业征信的信用主体是企业，征信机构采集、整理、加工、保存以及向授信机构提供的是企业的信用信息；个人征信的征信主体是自然人，征信机构采集、整理、加工、保存以及向授信机构提供的是自然人的信用信息。其中，针对个人征信体系建设的讨论更为广泛，也是各类"三农"金融需要直面的问题。

---

[1]　案例数据来自翼龙贷公司。

我国个人征信系统的发展，经历了下列重要节点。

①鉴于个人征信对于金融市场的重要性，1997年中国人民银行批准在上海市进行个人征信试点工作。

②1999年7月，央行上海分行和上海市人民政府协调，全国首个从事个人征信业务的机构——上海资信有限公司成立。该公司成立次年，上海市个人信用联合征信系统正式运行，全国首份关于个人信用的正式报告从该公司产生。

③2002年3月，中国人民银行牵头，联合国家发展与改革委员会等中央部委和中国工商银行、中国农业银行、中国建设银行、中国银行、交通银行等22个部门，组成"建立企业和个人征信体系专题工作小组"，研究征信体系建设总体方案，组织编制征信行业规范。同年，全国银行信贷登记系统实现联网，商业银行之间共享客户（企业）信贷信息的全国性平台基本建立。

④中共十六届三中全会于2003年10月在北京召开，会议通过的《关于完善社会主义市场经济体制若干问题的决定》强调建立健全社会信用体系的重要性，并指明建立企业和个人信用服务体系的方向。同年11月，专司信贷征信管理、推动建设社会信用体系的信贷管理局成立。

⑤2004年初举行的金融工作会议明确提出要加快信用基础数据库和专业征信机构建设步伐，建立失信惩戒机制，有步骤地开放征信服务市场，加快行业标准制定。同年12月15日，基于商业银行信贷记录而建立的全国统一的个人信用信息基础数据库试运行，实现了在北京、重庆、西安、绵阳、深圳、南宁、湖州等7个城市的15个全国性商业银行和8个地方性城市商业银行中的个人征信信息可联网查询。2005年，央行进一步扩大了商业银行的覆盖范围，扩展至全国全部商业银行。这是中国人民银行个人征信系统向统一、规范迈出的最重要一步。

⑥2006年初，银行个人征信系统正式在全国范围联网，个人信用信息基础数据库正式运行，个人在任何一个商业银行的信贷行为可以在全国银行系统查询。同年3月，中国人民银行征信中心成立。

⑦2006年以后，中国人民银行的征信系统接入的机构更加广泛，服务网络覆盖全国。2013年，《征信业管理条例》颁布，将中国人民银行企业征信系统和个人征信系统定位为"金融信用信息基础数据库"。截至2016年第三季度，中国人民银行基础数据库中收录近9亿自然人信息，其中约4.12亿人有过银行信贷记录。除了中国人民银行外，商业化运作的征信机构逐渐露出头角，目前，有上百家不同规模的征信企业能够为授信人或投资机构提供相关信用信息服务。

⑧2015年1月，中国人民银行印发《关于做好个人征信业务准备工作的通知》，允许芝麻信用、腾讯征信、前海征信、鹏元征信、中诚信征信、中智诚征信、拉卡拉、华道征信等8家公司作为个人征信试点业务的首批公司。试图通过分批发放个人征信业务牌照的方式，吸收运营规范的互联网金融公司、商业银行、民营企业等参与扩大征信市场队伍，特别是构成官方征信机构的有力补充。首批接到通知的8家公司在开展征信业务方面做了较为全面的准备，其中部分公司的征信业务已经获得较大的市场份额（如前海征信已为招商银行、兴业银行等上百家银行提供服务；芝麻信用已为光大银行、神州租车、摩拜单车等提供服务；腾讯征信为浦发银行、广发银行等提供服务），但直到2017年初，这8家个人征信公司均尚未获得官方颁发的"牌照"。这说明政府出于监管、隐私保护、责任归属等方面的考虑，对于社会力量进入个人征信市场较为谨慎。

整体上看，我国已经初步建立起以中国人民银行为主导的银行征信系统，全国范围内以银行信贷业务为基础，扩展以社会保障、住房公积金、环境保护、税务、民事裁决等信息为征信基础的数据库基本完备。中国人民银行作为征信数据加工、整合和枢纽中心，接入来自商业银行、农村信用社、各类信托公司、财务投资公司、租赁公司、小额信贷公司等授信部门，并且不断将未发生过信贷业务的自然人信息补充到数据库中。

2. "常规"互联网金融征信建设

在借贷领域，商业银行、农村信用社、小额贷款公司等一直是主要的金融服务提供商，而P2P借贷平台等互联网金融在最近几年才切入各个领域，征信系统在设计之初没有充分考虑互联网金融的行业特征，加之互联网金融公司千差万别、运营质量参差不齐，因此难以从互联网金融产生之日起就为其设计合理的征信体系，也难以将成千上万的互联网金融公司都纳入征信系统服务的范围。随着互联网金融行业的发展，越来越需要与之相匹配的征信服务模式提供支撑。我们认为，互联网金融征信是传统金融征信的有益补充，在保障互联网金融市场秩序中具有关键的工具性作用，它通过采集个人或企业在互联网金融交易过程中留下的身份信息、信用信息、行为信息等方面的数据，并结合线下各种合法渠道（如实地走访、纸介档案等）采集的数据，借助大数据、云计算等先进的信息处理技术开展信用评估、信用信息共享的活动。

成立于 2012 年 8 月的北京安融征信"小额信贷征信服务平台"以会员制同业征信为基础模式，通过封闭式会员制共享，为 P2P 借贷机构、小额贷款机构、担保公司等各类从事个人小额信贷业务有关的机构提供借款人信用信息共享查询服务。截至 2017 年 1 月 31 日，累计会员机构数达到 1590家，其中的 P2P 借贷公司占总会员数的 50.3%，民间借贷及担保公司占40%左右；累计收录具有信贷记录信用信息的人数为 592.4 万，为会员机构提供信息查询的累计平均查得率为 36.5%。第三方征信的发展，有效地弥补了各个互联网金融平台、电商平台、小额信贷等自我提供征信数据的局限性，为促进数据共享打下了基础。目前，国内已经有多家征信机构能够提供互联网金融征信服务。

2013 年 7 月，上海资信有限公司针对国内 P2P 借贷行业迅速发展的市场环境，设立了国内第一个网络金融征信系统（NFCS）。自 2013 年 7 月 1日开始，NFCS 免费为签约机构提供一年的试运行服务，截至当年 12 月 31日，平台签约 P2P 网贷机构 102 家，并为 23 家机构开通信息查询权限。根据上海资信网络金融征信系统 NFCS 运营报告（2017 年 11 月），截至 2017年 11 月 30 日，NFCS 系统累计签约机构 1103 家，累计成功入库记录 11.1亿条，累计收录自然人约 4169 万人，其中有过借贷记录的约 1767 万人；为213 家机构开通了查询功能，当月日均受理查询请求约 20.9 万笔，成功查得率约为66.8%。前面提到，上海资信也是为了顺应征信发展需要，由中国人民银行上海分行等主导建立的，因此具有较强的官方背景，从而NFCS系统也被互联网金融行业视为监管层为P2P接入中国人民银行征信系统（基础数据库）所做的准备。根据上海资信公司的介绍，NFCS系统的主要功能是收集和整理P2P借贷平台两端客户的信用信息（包括主体基本信息、融资申请信息、贷款开立信息、贷款偿还信息、特殊交易信息等五类关键信息），通过该平台搭建起有效的信息共享机制，帮助接入NFCS的互联网金融平台客观地了解授信对象，从而防范借款人可能遇到的信用风险。

2015年9月14日，由中国人民银行指导的中国支付清算协会互联网金融风险信息共享系统（简称"支清会互金系统"）正式上线运行，翼龙贷、人人贷、积木盒子、红岭创投等13家互联网金融平台首批接入该系统，率先尝试建立风险信息共享机制，打破过去各自为政的信息孤岛局面，标志着我国互联网金融进入征信元年。在此之前，互联网金融平台的爆炸式增长，促使一些商业性征信机构出现，不少互联网金融平台即采用与征信机构合作的模式来进行风险管理，但各个征信机构掌握的数据有限，难以应付各互联网金融平台的海量数据需求。"支清会互金系统"创建之目的就在于有机整合互联网金融平台分散的数据，促进风险信息共享，在一定程度上解决借款人与授信人之间的信息不对称问题，从金融消费者和平台两个方面着力，力求在整体上提升互联网金融的风险管理能力。系统免费提供三个方面的重要信息：一是逾期超过90天未还的贷款信息，或不良贷款信息；二是逾期在90天内未还的贷款信息，或逾期贷款信息；三是未结清但也未逾期的贷款信息，或正常贷款信息。2016年初，该系统完成第二批互联网金融平台接入，包括京东金融、借贷宝、捷越联合、美利金融等在内的50多家平台接入该系统。接入这样的系统，尽管对互联网金融平台具有较高的严格要求，但也有越来越多的平台提出申请：一方面，有利于平台乃至整个行业的风险控制；另一方面，对于平台而言，在竞争激烈的互联网金融领域，能够接入具有央行背景的数据系统也是一个较好的树立业界口碑的机会。与征信机构合作，能够多维度地积累数据信息和控制风险，有利于加快实现风险信息的透明化与普及共享。然而，互联网金融征信尚处于起步阶段，整个征信行业也仍在发展和完善中，数据库还并未完全打通，如果有人通过多个渠道恶意骗贷，由于跨库查询难度仍较大而难以被发现，征信机构的普及应用、数据共享仍然具有较多方面需要完善。总之，由于市场上互联网金融平台数量庞大，不少来自民营领域，并且客户与银行客户交叉性较弱，中国人民银行信用数据难以覆盖，而中国支付清算协会互联网金融风险信息共享系统有效地促进了互联网金融征信迈出坚实的一步。

为了促进互联网金融健康发展，规范金融市场，鼓励金融创新，落实监管责任，2015 年 7 月经党中央、国务院同意，央行、银监会、国家工商总局等十部委联合印发了《关于促进互联网金融健康发展的指导意见》，明确提出要"组建中国互联网金融协会"。随后，中国人民银行牵头，会同各金融监管部门（部委），筹备建立了国家级互联网金融行业自律组织——中国互联网金融协会，并于 2015 年底获得民政部批准挂牌。2016 年 3 月，在上海举办的中国互联网金融协会暨第一次全体会员代表大会标志着协会正式运行。作为全国性互联网金融行业自律组织，为了更好地履行互联网金融行业自律职责，中国互联网金融协会组织建立了"互联网金融行业信用信息共享平台"，并于 2016 年 9 月 9 日在京举行正式上线运行的开通仪式，蚂蚁金服、宜人贷、京东金融、陆金所、开鑫金服等 17 家互联网金融企业与之签署《互联网金融服务平台信用信息共享合作协议》（所签署合作协议体现出接入共享平台的互联网金融企业作为会员的义务和权利：定期报送平台所积累的信用信息，通过建立完善的共享机制，实现互联网金融行业的信息共享），首批接入"互联网金融行业信用信息共享平台"。从倡导者、组建者、会长等信息可以看出，该互联网金融协会具有较高的"级别"；从首批会员单位不乏在业界具有较高知名度的互联网金融公司可以看出，该协会对接入单位的行业影响力以及合规运营具有较高的要求。不少业内专家认为，作为中国互联网金融协会履行行业自律管理职责的新探索，信用信息共享平台的上线运行必将有利于互联网金融信用体系的建设，是促进互联网金融规范发展的一项有效举措。借助信用信息共享平台，将各类客户信用信息依法有序纳入，不仅对于完善互联网金融行业本身的信用体系具有重要意义，还能够与中国人民银行金融信用信息基础数据库以及其他行业现有信用信息数据库形成有效互补，从而为社会信用体系建设提供更为夯实的信息基础。与此同时，信用信息共享平台的开通有利于互联网金融风险治理体系的强化，特别是通过打破"信息孤岛"的局面，有效整合分散的信用信息，极大地提高了信用信息的运用率，对于提升行业整体风险治理水平大有助益。除此之外，借助信用信息共享平台，还有利于督促各个会员单位依法履行义务，合规使用数据，保护客户隐私，促进行业自律体系的完善。目前，该信用信息共享平台按照严格的程序，不断扩大共享范围，已于 2017 年 2 月向相关互联网金融平台发出签约通知，准备接入第二批会员单位。

3. "三农"互联网金融征信建设

作为互联网和金融服务在"三农"领域的有机结合，"三农"互联网金融征信可以被视为互联网金融征信的一个子领域，其中值得注意的特征是其信用主体的针对性和精准性。对于专门耕耘于"三农"领域的互联网金融公司，其锚定的目标客户群体主要分布于农村市场，他们对征信服务的需求主要是农户、农村中小企业、农村个体工商户等主体的信用数据。在整个征信体系整合步伐缓慢的背景下，"三农"互联网金融征信体系建设也相对滞后，但随着农村征信空白逐渐填补以及一些互联网金融平台在"三农"领域的长期耕耘，"三农"互联网金融征信建立的契机逐步巩固。

例如，根据相关调研资料，北京同城翼龙网络科技有限公司（翼龙贷）是长期专注于"三农"领域的互联网金融平台，为了应对农村信用体系建设滞后对平台涉足"三农"市场的约束，一方面，翼龙贷依托密集的合作商、网点，深入农村、乡镇进行大量实地入户考察，获得关于客户基本状况的一手资料，通过对大量一手资料的系统化整理，并充分运用互联网和大数据技术，逐步构筑起具有自身特色的农村（潜在）金融消费者信用档案数据库。另一方面，该"三农"互联网平台还通过与农村专业合作社合作、推行农户打分卡等形式，开展多种形式的征信活动，有效提升信用管理水平和农户信用意识。除了通过直接撮合借贷，一户一户地逐步积累数据外，翼龙贷还计划与第三方征信机构合作（如接入央行支付清算协会互联网金融数据平台等），但是，由于现有的体制机制等方面的局限，与第三方征信机构的合作还存在一些障碍。

通过接入现有征信系统，为系统提供平台积累的客户信用数据，同时也能从系统查询潜在借款人在其他机构的信用记录（尽管由于"三农"互联网金融主要借款客户的特定性①，从现有征信系统能获得的查得率较低），能够在一定程度上对借款农户的信用状况进行初步考察。由于农村专业合作社通常是由社员入股方式共同所有、共担风险、共享收益，因此合作社具有较为充分的社员农户信息，通过与合作社进行合规合作，为获取农户信用数据提供了便利，有利于降低信贷风险。据了解，目前翼龙贷平台已经开发出专门针对借款用户的线上金融服务移动端 APP，借助这款手机应用，数据中心能够实时获取农村借款人的实时信息，如家庭处所、当前工作状态、种植及养殖情况、家庭经营历史收益情况、借款历史等，通过适当的算法就能较为精确地确定当前用户的征信状况。此外，翼龙贷推出的"村村翼龙"业务试点，通过更加密集的网点布局，在推广业务的同时，进一步强化征信数据库建设，但是，这些业务仍需要获得政府部门以及第三方部门的数据支持。

表1　近年来与互联网金融征信相关的部分重要政策文件

时间	主要发布者	文件名称
2013 年 3 月	国务院常务会议	《征信业管理条例》
2013 年 11 月	中国人民银行	《征信机构管理办法》
2013 年	中国人民银行	《关于小额贷款公司和融资性担保公司接入金融信用信息基础数据库有关事宜的通知》
2015 年 1 月	中国人民银行	《关于做好个人征信业务准备工作的通知》
2015 年 7 月	央行、银监会、证监会、保监会、工信部、国家工商总局等 10 部委	《关于促进互联网金融健康发展的指导意见》

---

① 经过调研发现，以翼龙贷为代表的"三农"互联网金融企业服务的客户大多属于征信白户，缺乏相应的信用记录。

时间	主要发布者	文件名称
2016 年 8 月	银监会、工信部、公安部、网信办等	《网络借贷信息中介机构业务活动管理暂行办法》
2016 年 6 月	国务院	《国务院关于建立完善守信联合激励和失信联合惩戒制度加快推进社会诚信建设的指导意见》
2016 年 10 月	中国人民银行	《企业征信机构备案管理办法》

四 "三农"互联网金融征信体系整合：现实困境与未来发展

征信体系整合的核心是形成规范、有序、高效的征信市场，征信机构之间的信用数据精准互洽，征信产品或服务能够在一定程度或者某些方面体现出标准化，更好地为各类授信机构和投资者服务。互联网金融自产生起，就与传统金融服务存在较大的区别，两类金融服务间的交叉性不强，使互联网金融征信难以依靠银行征信而获得；而互联网金融业务的千差万别以及互联网金融企业大小各异且数量庞杂，基于自身发展需求而各自为政开展个性化征信活动，使互联网金融征信难以实现体系整合、产生规模效益。

1. "三农"互联网金融征信体系整合的现实困境

当前，整合我国互联网金融征信体系存在一系列困境，这些困境在"三农"领域主要表现为如下方面。

"三农"互联网金融征信所需要的个人信用数据具有较高的"专门性"，现有征信机构所能提供的信用信息针对性和精准性不高，互联网金融机构能够从征信部门获得的综合查得率不高，致使"三农"互联网金融公司缺乏接入信用共享系统的积极性。最近两三年，在中国支付清算协会、中国互联网金融协会、上海资信等"国家级"社团组织或企业的发起下，互联网金融征信已经具有里程碑式的进展，并且有不少社会力量参与到互联网征信市场中，这些征信服务提供商所供给的"海量"数据来自各种各样的场景，然而有关农村互联网金融消费者的信用信息却较为稀缺。即便是中国人民银行的信用基础数据库包含大量农村居民的基本信息，而其中有过实质性信用记录的个人却较少。农村居民征信数据的缺乏，主要矛盾在于大部分人尚未发生过第一次借贷，而这正好是"三农"互联网金融征信所需要填补的空缺。这样一来，如果将所有"三农"互联网金融公司视为一个独立的部门，这个部门接入大型征信系统，其结果将是，该部门对整个征信系统的数据建设只有贡献，而没有（或很少有）回报，因为这一部门向系统提供的每一条农村居民信用信息都可能是建立一个新的信用账户（即首次发生借贷关系的信用主体的信用信息），而当其需要向既有数据库发起查询特定个人的信用状况时，系统可能向其返回空值。于是，对于"三农"互联网金融平台（特别是专门从事或者主要从事"三农"领域的互联网金融平台）而言，其纳入"海量"信息的征信平台的成本和收益具有不对称性，对其风险控制的益处需要经过较长时间（金融活动在农村居民之间较为普及时）才能体现。例如，笔者在翼龙贷以及各地合作商的调研看，即使作为行业代表企业，翼龙贷在数据获得方面仍缺乏长效手段与机制，大量数据需要合作商进行一手调查。

即便是在"三农"领域内部，各互联网金融平台之间共享个人征信数据的协议短期内也难以达成。平台之间具有竞争关系，而来自农户的大量数据主要是这些互联网金融所属网点工作人员通过实际下户考察得来的一手资料，其中考察甄别出的征信良好的潜在农户客户构成了平台的资源，为了尽可能将这些资源留为己用而不是为他人作嫁衣，平台没有将这些潜在"优质客户"的信用信息共享给同行的激励。理论上，如果没有建立起激励相容的机制，各个平台的最优策略是选择不完全共享，或者共享伪造的信息。不完全共享就是，仅将平台所获得的一部分人的信用信息报送到征信中心向同行开放，而共享的这些信息往往就是信用不良好的借款人信息；伪造的信息可分两类，一是针对信用良好的客户（借款人），保留其基本信息，获得该客户客观信用信息的平台伪造出信用不佳的记录，共享此信息给同行，从而避免该客户流失，二是针对其发现的恶意客户，伪造其信用良好的记录并共享给同行，从而使同行蒙受损失。对于加入某种征信机构协议的平台而言，如果说不完全共享是其未尽到会员义务，那么共享伪造的信息则是对市场的恶意破坏。然而，在 P2P 平台等互联网金融尚未完全告别野蛮生长模式的当下，伪造信息的行为可能难以杜绝，而且伪造的信息很难让人辨别。于是，在行业自律和共享激励机制尚未有效形成之前，平台可能难以从自身之外的征信部门中查询到完全值得大规模授信的信用信息。

"三农"互联网金融平台逐渐增多，具有各自独特的征信途径，要实现平台之间的信息整合及共享，需要一个客观、中立且召集能力强大的第三方，但形成这样的第三方需要较长的酝酿时间。目前，"三农"互联网金融平台的征信数据主要来自自身在各个经营场景的积累，而很少来自各类征信机构的信用信息共享机制。在涉足"三农"的互联网金融公司中，翼龙贷、开鑫金服等少数几家公司已经接入中国支付清算协会互联网金融风险信息共享系统，但依靠平台本身在线下和线上的信息积累仍然是最重要的渠道。实现"三农"互联网金融征信系统的有效整合，要求各平台"无私"地将其奔走于田间地头所获得的农村居民信用信息共享到"数据中心"，以便其他同类平台接入使用，这一过程对行业产生较强的正向外部性，数据量越大、越资深的互联网金融平台所能产生的外部性越大，然而，作为中间人或者第三方的"数据中心"难以协调各方利益，对各平台提供信息的正向外部性做出合理补偿。一旦作为互联网金融征信机构的"数据中心"建立，其与各个接入平台或金融机构通过大规模信息流发生关系，征信产品或服务质量直接取决于合作单位所提供信息的质量，但"数据中心"本身难以对信息的可靠性做出完美甄别，各合作单位提供信息的价值由"数据中心"评判，这一过程中的信息不对称性会诱导败德行为。在实物交换市场，卖方将产品的各种性能展示给消费者（甚至某些产品还设有消费者体验店），如果消费者对产品进行初步了解（或使用体验）后不满意，可以选择不购买这个产品，买卖双方没有任何损失。但在互联网金融征信行业，征信机构与其会员（或客户）之间传递的信息流，征信机构向其会员"购买"信息，信息的交易与一般商品具有本质性的不同。即便在某次交易中，作为商品的信息在客观上"非常好"，但买方为了降低成本，可能故意表现出该信息对其价值不大的态度，从而不愿做出支付，但客观上买方已经获得了这条真实具有价值的信息。由于信息交易的双方对交易标的物的价值判断难以统一，纯粹由市场机制筛选出一个较完美的第三方来为各互联网金融公司提供征信服务，需要反反复复的博弈和磨合，并且可能带来较高的社会成本。

"三农"领域其他与征信相关的信息尚未与"三农"互联网金融征信形成有效融合。首先，电商扶贫作为一项重要措施被纳入"十三五"期间精准扶贫工程，作为对国家政策的响应，众多电商平台走向农村，同时传统流通渠道也不断触网。阿里巴巴、苏宁易购、村乐淘、村邮乐购等众多电商平台不断开辟农村市场，我国农村电商服务网点已经达数十万个，正在更改农村传统的产品流通模式。农村电商的迅速发展，势必会积累大量与农村市场相关的交易数据，而每一笔交易数据实际上均可被征信体系所用，但目前这些数据尚未被互联网金融平台有效整合。其次，传统银行类金融机构与农村居民的交易数据也可用于"三农"互联网金融征信，由于其中只有较少一部分与互联网金融产生联系，但随着互联网金融在"三农"领域的推广，这些数据对于完善征信系统势必具有重要意义，然而银行征信尚未与互联网金融征信实现连接。此外，发生在农村的民间借贷、熟人借贷等非正规借贷一度是"三农"部门最主要的资金融通方式，但这些信息难以直接纳入互联网金融征信。这些障碍阻滞了"三农"互联网金融征信整合的步伐。

2."三农"互联网金融征信体系整合的未来方向

大数据化、体系化、合规化、产业化必然是"三农"互联网金融征信的未来发展方向，逐步形成公共机构与市场化机构协同、有序发展的互联网金融征信格局。

依托云计算、大数据等现代技术手段，有效解决互联网金融征信数据源封闭的问题。充分利用各类金融交易部门现有"三农"借贷信息，辅之以农村供销合作社、农村电商等机构的数据，借助于大数据技术，对潜在客户和现实客户的金融行为偏好进行科学分析，得到其偿债能力、支付能力、履约行为和欺诈倾向等与个人金融信用相关的重要评估结论，有助于针对不同客户提供个性化和差异化的借贷服务，也有利于切实破解征信数据来源不畅、数据信息粗糙、针对性差等难题。

中心化和去中心化的征信系统并存。随着互联网金融的行业地位逐步确立，中国人民银行等相关部门逐步将互联网金融信用数据接入全国统一的征信体系，通过行政力量和行业监管力量，数据覆盖逐渐实现无死角、无缝隙，建设起旨在促进金融市场规范发展的非营利性公共征信中心，彻底打破"信息孤岛"的局面。在具有公共性质和监管性质的征信体系中，力争实现任何机构的任何一条交易信息都可实时传输到数据中心，由数据中心加工和整合，隐藏具有商业秘密的信息之后，形成统一制式的征信数据，供包括"三农"互联网金融平台在内的各类授信机构使用。授信机构向中心发起查询需求时，查得数据不显示原始数据的提供方，而这些信息在征信数据中心具有完整的存档，以便公共征信机构对数据可靠性进行追溯和管理，商业授信机构向公共征信中心支付的费用主要用于国家金融征信体系的完善和改进。在云计算的条件下，未来可能出现蜂窝式征信查询系统，这一系统中的征信机构由于不保存任何信息，因此在实质上是虚拟的，提供一个连接各个金融服务提供商的中介。各个金融服务提供商相互之间形成一个复杂的网络，各自持有制式统一的个人征信数据，当某一端口发出查询需求时，去中心化的查询网络能够快速返回拥有该条信息的用户，需求端根据相应的支付条件向信息持有方获得该信息，从而弥补信息来源单一的不足。

公共征信和商业性质的第三方征信并存，征信行业化发展趋势明显。互联网金融征信纳入国家级征信基础数据库，监管机构、行业自律组织等设立的征信系统将互联网金融征信有效整合，同时也会涌现越来越多市场化运作的征信公司，并且随着相关立法的健全，征信行业的规范性逐步增强。商业性第三方征信平台为公共征信提供有效的补充，又为需求方提供更加专业和个性化的服务。不可避免的是，征信机构阶段性重复建设，但作为一个行业，行业内竞争的核心优势在于数据的精准性和覆盖面，与其他行业类似，也会经历兼并重组、一体化等行业整合过程，行业发展不断趋向成熟。

信用主体充分发挥监督作用，促进征信行业合规发展。"三农"互联网金融征信归根结底需要以农村互联网金融消费者信用信息为载体，而并非消费者的任何信息都与金融征信相关，为了防止过度采集数据和精准征信的需要，未来应逐步形成互联网金融征信行业规范，在保护消费者隐私的同时，增强金融征信的针对性。随着互联网金融等新型金融业态的发展，人们会与越来越多的金融服务商打交道，个人信用信息被采集的渠道也就越来越多。目前，已经有不少互联网征信公司与相应的金融服务平台以及电商平台合作，建立个人信用积分，个人可以随时查看自己的信用积分，并根据积分额度享受不同的优惠待遇。但每增加一条信用积分的依据是什么，个人信用积分受损的依据又是什么，不少农户并不明了，特别是当自己信用积分产生错误时，也难以纠正。未来这种局面应当得以改善，一旦某个平台或公司采集了个人信用数据，需要确保信用主体当事人随时便捷、免费地查询到自己的信用积分状况，并且有权提出质疑和纠正建议，特别是由严重不实信息给个人名誉和借贷机会带来伤害的情况，当事人有权要求信用积分提供商消除影响并弥补损失。对于信用主体和征信机构之间的矛盾，双方协商仍然无法达成一致意见的，应当具有专门的监管和调停机构，基于客观审查，做出公正裁决。

五 整合"三农"互联网金融征信体系的对策建议

（一）切实强化有助于"三农"互联网金融征信体系整合的法律保障

在市场经济条件下，互联网金融经济是信用经济，也是法治经济，完善的法律体系和制度规定有助于降低市场交易成本，推动征信市场的公平正义，提高市场运作效率。当前，与互联网金融征信相关的法律法规逐步增加，行业自律机制逐步形成，但尚未形成完备的体系，促进互联网金融征信相关的立法，是互联网金融健康有序发展的有力保障。建议以《征信业管理条例》为基础，完善互联网金融征信法律框架，落实相关内容细节，特别是明确与 P2P、众筹等互联网金融征信领域的具体规定，明确互联网金融征信的隐私保护以及授权认证有效性、互联网交易数据安全等内容。探索适应大数据征信发展的法律规范及相应细节，对大数据的获取、管理、传播及使用提供合法性依据，明确互联网金融征信部门的信息安全保障义务以及法律责任。强化金融消费者征信权益保护立法，以《个人信息保护法》等形式，将金融消费者个人信息保护纳入法制轨道，明确个人征信信息采集的范围和规则、信用主体的权利和义务，促进征信数据采集在法治框架下有序推进。进一步完善现有法律法规中有关失信行为处罚等方面的条款，特别是明确基于互联网交易而产生的债权及债务关系，加大对恶意骗贷等失信行为的惩戒力度。

（二）推进互联网金融征信标准化体系建设，巩固信用信息共享的基础

逐步统一征信行业数据采集和发布的标准，将互联网金融征信纳入统一的金融征信数据库，实现不同来源信息的高效整合。特别是对于公共性质的金融征信系统，可由央行征信管理局等部门以现有《征信数据元》为基础，结合"三农"互联网金融征信的发展要求，主导制定格式统一的报数格式，促进跨部门、跨领域的数据共享。在此基础上，市场化征信机构可根据不同客户的个性化需求，开展征信行业应用性前沿研究，探索具有自身优势的数据分享模式技术，实现征信市场的差异化和多元化。在合法、合规的前提下，构建多元化的信用信息采集渠道，研究激励相容的体制机制，展开与地方政府、小微金融机构、电商平台的合作，全面纳入农村居民、乡镇低收入人群信用信息，推动互联互通。

（三）借助市场机制，丰富征信产品种类，建立多元化征信服务体系

互联网金融的涌现，进一步拓展了我国的征信市场空间，为了满足各

类新兴金融业对征信产品的多样化、多层次需求，应当鼓励征信机构在巩固标准化服务的基础上多元化发展，进而提高服务效率。可以以中国人民银行为核心、以行业自律组织为补充形成具有强制性质的国家级金融征信中心体系，在合规性前提下，鼓励专业性、区域性社会化征信机构个性化发展，形成相互补充、有序竞争的产业发展格局。推动征信信息在更大的范围内共享和应用，建立社会监督机制，推动征信产品创新和征信评级机构升级。

（四）优化行业监管模式，引导"三农"互联网金融征信市场健康发展

互联网金融的多样化发展带来的对征信多元化需求，为征信行业监管提出了新的更高要求，而"三农"领域的监管一贯是监管盲区，需要大力度地增加改革投入。进行金融征信监管机构改革，优化组织结构，设立专门针对包括"三农"互联网金融在内的互联网金融征信监管部门，加大对相关征信机构及互联网金融平台指导的针对性。依据不同互联网金融机构的规模和管理水平，实施分类监管，提高征信数据库的整体质量和信息安全。逐步建立征信行业进入和退出机制，对征信机构资质进行动态审查。明确原始征信数据提供方或报数机构的义务和责任，坚决打击伪造信用信息的行为，完善报数机构的监管规则。实施征信全过程监管，促进技术升级和人才队伍建设，切实提高互联网金融征信监管水平。

（五）重视宣传教育，建立舆论引导长效机制，提高农村互联网金融消费者参与征信过程的积极性

"三农"互联网金融征信的主要信用信息来源在农村，可以因地制宜开展形式多样的宣传教育活动，让广大农村居民真正认识金融征信的切身益处。充分利用地方电视台、集镇集会、微信等载体，宣传征信法规和政策，弘扬先进典型。强化诚信教育，营造珍视信用的良好社会风气，形成有利于"三农"互联网金融健康发展的文化环境。

参考文献

陈磊：《民间借贷和商业领域征信业务模式研究——基于移动互联网环境的视角》，《征信》2015 年第 11 期。

高兴波、马骥：《建立个人征信违法信息披露制度的思考——基于金融消费者权益保护角度》，《征信》2016 年第 9 期。

郭常民、梁荣、李鹏：《地方征信服务机构建设的探索、实践与思考——以甘南藏族自治州为例》，《甘肃金融》2016 年第 10 期。

黄志凌：《中国征信体系建设并非小事、易事》，《征信》2016 年第 10 期。

黄鑫宇：《中国大数据征信的三种可能》，《首席财务官》2017 年第 3 期。

李丹、王鸿雁：《征信体系建设中存在的问题及建议——基于数据库建设等方面的思考》，《征信》2016 年第 7 期。

李稻葵、刘淳、庞家任：《金融基础设施对经济发展的推动作用研究——以我国征信系统为例》，《金融研究》2016 年第 2 期。

李毅、姜天英、刘亚茹：《基于不平衡样本的互联网个人信用评估研究》，《统计与信息论坛》2017 年第 2 期。

李友元、寇纲：《我国大数据征信的挑战及对策》，《大数据》2017 年第 1 期。

盛庆军、向光俊、陈晓涛、苏海燕：《对欠发达地区普惠金融征信体系建设的思考——以甘肃省酒泉市为例》，《征信》2016 年第 12 期。

万存知：《征信体系的共性与个性》，《中国金融》2017 年第 1 期。

汪路：《论征信的本质及其主要特征》，《西部金融》2010 年第 6 期。

吴睿：《供给侧改革背景下消费金融发展面临的问题和挑战》，《西南金融》2017 年第 2 期。

吴晓灵：《大数据应用：不能以牺牲个人数据财产权为代价》，《清华金融评论》2016 年第 10 期。

张雅婷：《我国企业和个人征信系统发展探析》，《征信》2015 年第 3 期。

张正、王孚瑶、张玉明：《云创新与互联网金融生态系统构建——以阿里金融云为例》，《经济与管理研究》2017 年第 3 期。

钟肖英、何奇龙：《互联网消费金融中征信体系的作用——基于借贷双方信息不对称下的重复博弈分析》，《金融理论与实践》2017 年第 2 期。

朱莉、李天德、贾立：《城乡差异背景下农村征信体系的建构对策》，《农村经济》2015 年第 11 期。

B.11
中国"三农"互联网金融
发展新模式与监管路径

王 弢 赵京桥*

摘 要: 2016 年以来,众筹和消费金融在不断向"三农"领域渗透,
总量虽然不大,类型却比较丰富,需要引起监管部门的重视。
作为金融产品的消费者而言,农民对于众筹和消费金融的需
求动力有限,金融知识水平较低,容易形成服务的"洼地"
和信息的"孤岛"。为此,加强监管更多的意义在于:强化
对农民的教育与培训,引导金融创新进入农业和农村,将农
民发展权放在第一位,将金融消费者权益保护放在核心位置,
将政府、市场与金融创新结合起来,为"三农"领域注入更
多的金融血液,增强"三农"发展的微循环和新动力。

关键词: 众筹 消费金融 五位一体 金融监管 "三农"互联网
金融

一 面向"三农"的众筹发展现状及监管

(一)"三农"领域众筹发展现状

什么是众筹?众筹是互联网金融的五种重要类型之一,是指融资方利用

---

* 王弢,博士,北京农业职业学院副教授,主要研究领域为农业经济学、农业产业规划与人力
资源开发等;赵京桥,中国社会科学院财经战略研究院助理研究员,博士。

互联网平台向公众公开筹集资金，以支持相关项目的开展，在融资成功后给予投资人回报的商业模式[①]。简单地说，就是指通过互联网渠道向社会大众募集资金，以支持发起人或组织的经济行为。

2016 年众筹行业仍处于高速发展中，在平台数量、投资人次等方面取得了较大的提升。从整个众筹行业看，科技、二手车、农业和影视文化等细分领域众筹开始崛起并迅速发展，但同时部分房产众筹业务因相关政策调整开始下架。2016 年 8 月 24 日中国银行业监督管理委员会发布的《互联网金融风险专项整治工作方案》，明确了监管思路，政府在鼓励和支持众筹行业发展的同时，也将非公开股权融资列为重点整治对象。

链接　中国的互联网众筹市场分析[②]

中国的互联网众筹市场主要以奖励众筹为主。尽管就平台数量而言，目前 48% 的互联网众筹平台为股权众筹平台，但奖励类众筹无论从项目众筹完成率还是从项目数量而言，都主导了中国互联网众筹市场。

以 2015 年 6 月发起的互联网众筹项目完成率看，其项目完成率为：公益众筹 > 奖励众筹 > 股权众筹。这也与三类众筹的资金募集难度相关。尽管这仅仅是单月的众筹项目完成率，却很好地反映出相对于另外两类众筹，股权众筹的资金募集较为困难。

2017 年初，由中关村众筹联盟、云投汇、京北众筹、36 氪股权投资联合发布的《2017 年互联网众筹行业现状与发展趋势报告》显示，截至 2016 年 12 月底，全国正常运营的众筹平台共计 415 家，其中互联网非公开股权融资平台共计 118 家。从平台融资项目来看，截至 2016 年底，2016 年中国互联网非公开股权融资平台新增项目数量共计 3268 个，同比减少 4264 个，降幅达 56.6%；2016 年新增项目成功融资额共计 52.98 亿

---

① 谢平、邹传伟、刘海二：《互联网金融手册》，中国人民大学出版社，2014。
② 普华永道：《2016 年中国移动互联网金融报告》。

元，同比增加 1.08 亿元，涨幅为 2.1%①。其中，农业类众筹在 2016 年迎来快速发展，农业类众筹平台共成功筹资 3.69 亿元，远超 2015 年全年的 1.67 亿元②。

农业众筹平台是互联网金融平台的一种主要类型，其业务范围主要集中于新兴农业领域，这种垂直性众筹平台通过众筹的方式，不仅为农业项目发起方筹资、筹市场，更注重筹智，开启分享农业或者互联网农业的时代。同时，农业生产是一种专业化的生产活动，本身具有一定的生产风险和市场风险，在农产品的种植、生产、培育、灌溉等生产环节需要相关专业技能，有可能存在项目发起人无法兑现其许诺的情况。项目支持者一方面要了解项目本身是有风险存在的。另一方面，要求借款人及时更新项目动态信息，同时提供项目发起方联系方式，并且鼓励有意支持者直接联系他们。在与项目发起人的沟通和互动中对项目的价值、风险、项目发起人的执行力等有所判断后再决定是否支持。

表1　中国农业众筹平台的 SWOT 分析

优势 S	劣势 W
➢有利于建立消费端和生产之间的信任关系 ➢提供亲近自然的机会 ➢缩短了农业生产的流通链 ➢为资金问题带来了出路	◇农业生产与市场风险 ◇资金来源的不确定性和随意性 ◇农业生产者的生产技能和销售能力 ◇项目管理者的资金管理能力 ◇相关主体的法律权益保护没有明确 ◇相关专业人才匮乏
机会 O	挑战 T
➢消费者对优质有机农产品的需求旺盛 ➢互联网技术和思维在农业生产领域的不断渗透 ➢商业资本在各个领域的逐利行为	◇农业行业新的生产和销售等领域增长 ◇消费者消费行为的转变与市场的转型 ◇政府监管行为的变化 ◇信用体系有待健全

---

① 《2017 互联网众筹行业现状与发展趋势报告发布》，科学网，2017 年 1 月 10 日。
② 陈挚：《众筹平台激增至 430 家　报告预测行业七大趋势》，网贷之家、盈灿咨询，2016 年 12 月 30 日。

2017 年 2 月 5 日颁布的《中共中央国务院关于深入推进农业供给侧结构性改革加快培育农业农村发展新动能的若干意见》提出，"鼓励金融机构积极利用互联网技术，为农业经营主体提供小额存贷款、支付结算和保险等金融服务"和"严格打击农村非法集资和金融诈骗"，深究其背后原因，这有可能与互联网金融行业的乱象众生、风险事件频发、农村金融环境缺乏监管有关。农村金融土壤容易助长打着"互联网金融"的旗号进行违法违规金融活动的滋生和蔓延，这就需要格外强调股权众筹与非法集资在回报上的存在实质性差别：是否承诺规定的回报。我们认为：非法集资通常都是以承诺一定期限"还本付息"为筹资标准，且承诺的预期利息往往远高于银行的基准利息；股权众筹则是建立在共同兴趣和价值观的朋友一起投资创业，它没有也不可能承诺固定的回报，在享受投资人权利的同时也需要承担相应的风险[①]。二者的风险存在不同，二者的商业目标也不同，它们在经营中的作用自然也不同。换而言之，农业众筹平台和普通的众筹有所区别，它要求筹资项目不以股权或者是资金为对支持者的回报，项目发起人更不能向出资人承诺资金收益，也就是项目本身存在资金风险。农业项目的回报必须以实物（如农产品等）或者服务（农机信息、租赁等服务）等方式兑现，因此，出资人对一个项目的支持属于购买行为，而不是投资行为[②]。

实际上，农业众筹的核心要素在于建立信任机制，是基于熟人社会的一种商业模式创新。因为应用互联网金融工具，在一定程度上创新了传统的农业生产与消费流程。一般来说，农业众筹模式主要包括消费型、股权型、债券型和捐赠型四种常见类型[③]。从具体项目内容来看，农业众筹一般包括农产品销售、小型农场管理、农业技术推广与田间试验、农村土地流转、农村公益扶贫与捐赠、农村乡村环境整治与污染治理、农用水管理等。总的来

---

① 网贷之家，http: //bbs. wdzj. com/thread – 916069 – 1 – 1. html。
② 笔者根据网贷之家的相关信息进行整理和比较后得出的结论，但随着众筹作为互联网金融的主要表现形式，接受银监会相关法规的监管，为此，产品的众筹将成为发展的主流方向，而服务或股权众筹有待根据法规的进一步明确而加以合规化发展。
③ 付新：《中国农业众筹理论及模式研究》，《时代金融》2015 年第 12 期。

表2 国内主要农业众筹平台特征比较

平台名称	众筹网（农业）	淘宝众筹（农业）	大家种	有机有利
运营主体	网信集团	阿里巴巴集团	北京五谷众筹科技有限公司	青岛有机有利生态农业有限公司
上线时间	2013年2月	2014年3月	2014年4月	2014年7月，疑停运
战略定位	为互联网新农人和农业创业者提供众筹服务平台,通过互联网、众筹和大数据推动中国订单农业发展	以扶持创新孵化创造为宗旨,协助发起创意、梦的平台	为连接家庭和农场的平台,为农场和家庭建立直接联系的桥梁(F2F)	生态订单农业平台,专注于生态农业众筹和有机食品定制
平台业务（服务）	包含募资、投资、孵化、运营等一站式专业众筹服务	与生鲜电商相关的农产品众筹	农产品众筹、农场管理和土地众筹、农产品直销、乡村体验活动、农场中介服务	回报型众筹和股权型众筹,包括农产品直销、农场管理和土地众筹、农产品众筹、农场推广服务
发起人设置	众筹网平台注册并发起众筹项目的单位或个人(个体工商户、农村合作社、公司/机构、进口食品公司)	淘宝卖家	拥有自己农场,且用传统的方式进行耕种生产,达到绿色无公害以上标准	目前只接受法人单位(企事业单位、农场、合作社、个体工商户等)授权的人员发起项目
投资人设置	没有限制,不审核	淘宝买家	没有限制,不审核	没有限制,不审核
项目融资时限	1~3个月	1~3个月,最长90天	1~3个月	1~3个月
平台收费	融资方:项目众筹成功后不论是否履约承诺,都将收取众筹总额的1.5%作为第三方支付平台的手续费;投资方:不收取任何费用	融资方:项目成功后从总筹资中收取1.5%作为第三方支付平台的手续费;投资方:不收取任何费用	收费标准未具体公布	融资方:项目众筹成功后收取众筹总额的1.5%作为第三方支付平台的手续费;投资方:不收取任何费用
投资款拨付	先拨付30%,待承诺回报确认后拨付剩余70%	先期拨付1%~50%,待承诺回报确认后拨付余下款额	用户确认承诺回报后,一次性支付给农场	先拨付30%,待承诺回报确认后拨付剩余70%
项目信息披露	一定程度上实现标准化披露	—	未实现标准化披露	一定程度上实现标准化披露
数据公开程度	不公布融资失败的项目数据	—	比较公开,公布所有项目数据	不公布融资失败的项目数据

资料来源:肖建、朱泓宇、贾晋《农业众筹融资平台的对比研究与最优选择》,《农村经济》2017年第1期。

表 3 众筹网 2016 年度十大最具影响力众筹项目("三农"项目)

序号	项目名称	筹资目标（元）	筹资额（元）	支持人数（人）	关键词	项目简介
1	寻找一片麻香，守望一份真情	1000000	1006358	1882	众筹扶贫、守望相助	众筹网与陇南市政府合作推出"众筹扶贫"大赛，累计上线 140 余个项目，由一位本地企业家带领 4 个贫困村的村民，撒播麻香千里，筹得资金百万元
2	聚茶园:深山农户有好茶，伴君细品好日子	300000	1015871	536	众筹扶贫、公益买手	80 后海归女生王筱甜通过众筹，整合线上线下渠道资源，带动公众、爱心企业通过消费的方式参与扶贫
3	革命老区是一块历史文化石，山货横行	500000	524321	745	众筹扶贫、挂职干部	13 名挂职干部以联合众筹的形式通过众筹搭建吕梁山货的区域生态系统，实现资源联动，价值共享，打造吕梁山货区域品牌，突破农产品同质化瓶颈
4	保住蓬蒿，为了民族，为了后人	500000	622483	650	文化保护、坚守的力量	蓬蒿剧场创始人、艺术总监王翔通过众筹，保护传统文化，全面的沟通，是艺术从小众走向大众的新路径
5	老宅记忆，鲜血与生命换回美好生活	300000	300500	217	文化保护、抗战记忆	周黄在杭州萧山区通过众筹建抗战纪念馆，长存民众的抗战记忆，并活化了古村
6	社创少年的倾听者手手，助家庭顺畅沟通	30000	30320	106	社会创新、奔跑吧少年	通过众筹，15 岁的圣向圣流用一个圣环将"倾听"带入更多人的生活和工作，影响和改变人与人相处的方式
7	保护孩子，为校园去毒！我众筹支持老爸实验室！	50000	91565	1272	社会创新、爱是行动	魏老爸创办了老爸评测 DADDYLAB，不仅给了众人答案，还建立了具有责任感的模式
8	最需要帮助的地方总是叙静无声，杜呷寺帮助的孩子等候一顿饱饭	200000	291003	2130	爱心助学、专注是一种信仰	一位金融公司的白领吴清，为杜呷寺收养的 150 个孩子和邻村小学生们的连续 5 次发起名叫"雪域的孩子"公益众筹
9	星星的音符——关爱自闭症儿童	50000	68690	908	社会融合、星星之光	宁波音乐广播 98.6 频道和宁波市慈善总会发挥其资源优势，通过众筹募资金，为自闭症儿童搭建展示舞台，让社会公众了解自闭症群体，增进社会融合
10	来一场说走就干的环保建筑——大地之舟广州项目	56000	66309	189	环保共生、理想家园	一群理想主义者，通过众筹，执意要让大地之舟屹立，让环保共生进入更多人的生活，也是一场环保的行为艺术

资料来源:《公益众筹小助手》，2017 年 2 月 10 日。

看，目前国内的农业众筹还处于萌芽阶段，主要以农产品众筹为主，类似于奖励型众筹，还有极少量的微型或小型农场管理，个别地区还存在土地众筹。其融资流程与普通众筹项目融资流程类似，而产品流通模式比传统农产品流通模式缩短了产地批发商、销地批发商、零售商等中间流通环节，基本实现了 F2F（从农场到家庭的直销模式)[①]。我们认为，随着土地流转的广泛推广、农业供给侧结构改革的不断深入、农村生活方式的不断现代化转型，以互联网平台募集资金的方式即将成为现代农业融资模式的重要方式，与银行贷款、财政直补形成有效的资金来源。按照《2017 年互联网众筹行业现状与发展趋势报告》的思路，2017 年农业众筹行业也将呈现平台区域布局加速、产业链环节细分、专业化流程再造、行业协作加强、行业监管明确等趋势，并依托大数据技术应用，加快社交板块建设、加速提升风控水平、积极探索退出机制，从而构建平台发展生态闭环，提升平台生存能力。

（二）"三农"领域众筹监管新路径

2016 年是互联网金融行业的"合规元年"或"监管元年"，无疑全社会的关注再一次放大了互联网金融的社会效应，但对于提升互联网金融在金融结构的中地位帮助效果不大。我们认为，随着互联网金融专项整治活动的持续深入，包括农业领域的整个众筹行业也进入整合规范发展期。从萌芽的无序状态进入合作发展的有序状态。专项整治方案将非公开股权融资作为主要整治对象，并设定了若干红线，如"股权众筹平台不得发布虚假标的，不得自筹、不得明股实债或变相乱集资"等，这样的监管也不失为补救的策略[②]。但从长计议，我们建议以农业众筹为代表的行业监管需要建立"五位一体"监管体系，为此提出如下建议。

1. 法律监管

一是健全与完善法律体系，努力营造适应农业众筹发展特点的法律法

---

① 肖建、朱泓宇、贾晋：《农业众筹融资平台的对比研究与最优选择》，《农村经济》2017 年第 1 期。

② 励韧：《众筹改变生活》，《新理财》2014 年第 6 期。

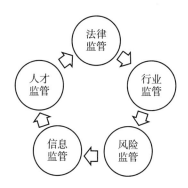

图1 "五位一体"农业众筹监管模型

规。尽快出台《众筹法》《慈善法》《农村融资管理条例》等一系列法律法规，明确农业众筹平台及各利益相关方的地位、职责和义务。以美国于2012年通过的"JOBS法案"[1]为蓝本，明确众筹平台的权利与义务，并组织法律专家研讨相关政策为农业众筹发展提供前瞻性的法律监管指引，积极补充制定互联网行业负面清单和相关执行细则，建构有限度的豁免权利与平台备案制度。

二是建构分类分层的法律制度。以公益型众筹为例，随着国家出台《慈善法》，公益型众筹可分为救助型众筹和慈善型众筹。一般来说，救助型众筹没有法律约束，完全依靠双方的道德约束行为；而慈善型众筹则有《慈善法》的强制性约束，平台须按相关的法律规定操作，项目出现虚假信息和行为的可能性则远远小于救助型众筹。

三是营造众筹发展的社会生态。农业众筹的发展不能仅仅依附于若干项目和单个平台，需要建立适合农业众筹发展的市场法律环境，相关利益方可以借助市场的高效性和及时性，提升自己与资本市场的关联度和紧密度，形成众筹发展的生态系统。

2. 行业监管

一是明确农业众筹的管理及责任相关主体。农业部为行政监管牵头部

---

① 谢平、邹传伟、刘海二：《互联网金融手册》，中国人民大学出版社，2014。

门，各地农业部门为行业主管部门，承担引导推动职能；银监会为金融监管部门，承担风险防控管理职能；工信部为互联网技术管理部门，承担网络技术监管和信息安全职能；工商部门为市场主管部门，推进众筹行业自律组织体系、消费者权益保护组织建设，承担行业自律和消费者权益保护体系管理职能；质检监督部门和食品监管部门，承担相关农产品与食品安全职能；媒体监督管理方面由新闻出版总局负责。

二是明确新型农业产业发展与农村创业指导管理主体。农业主管部门应结合各地农村的实际情况，依托相关农业项目及生态农业建设等项目，在政策倾斜、税收减免、资金扶持方面予以鼓励，引导个体农户和小微企业积极利用互联网金融平台开展股权众筹融资。

三是鼓励农业众筹模式创新。农业主管部门联合中国银监会等相关管理部门适时出台政策，鼓励互联网企业、风投机构等社会资本进入农业众筹行业，推广具有鲜明特色和持续经营能力的众筹平台，鼓励专注于细分领域企业发展，建立税收减免或返还、人才落户等优惠政策，推动农业众筹行业的细分化和精品化发展。

3. 风险监管

一是明确农业众筹风险监管主体及其监管职权，由中国银监会牵头，各地银监部门具体负责。鼓励各平台建立众筹融资风险监测、预警和应急处理机制，并将此机制作为众筹平台考核的重要标准；还需要加强跨部门、跨区域的联合监管，农业部门负责产品，工商部门负责市场，工信部门负责信息技术，公安部门负责网络安全等。

二是构建国家农业众筹监控平台。实时监测平台数据安全和产品更新，防止侵害消费者权益和农民利益的事件发生，并建立权益损害预警和事后处理反馈机制。

4. 信息监管

一是加强信息安全防控机制。国家相关部门及时关注社交网络的信息安全，加强对社交媒体的传播机制和效果的管理，防止信息泄露，确保互联网平台、电视广播平台等提供真实有效的需求信息和交易信息，加强对第三方网络支付工具的监管等。

二是加强对众筹平台信息披露的强制性监管。投资者只有依靠平台提供的准确无误的信息，才能对被投资者的项目信息有正确的了解，也才能帮助投资者制定稳健化、高质量的决策，被投资者的标的信息标准化、精细化地呈现在众筹平台是交易达成的关键。同时，平台还需要及时更新动态和发展进程，并提供相应的操作方式，使投资者能够持续管理自己的投资方案。

5. 人才监管

一是鼓励人才培养，建立健全人才发展机制。鼓励高等院校、科研院所及相关研究机构应该大力培养适合互联网金融需求的"复合型"人才，在机构内部设立专项研究及人才的培养基金，建立专项研究课题和推广项目，在人才使用上优先选用和提拔适合市场机制需求的相关技术人才和管理人才。

二是鼓励在城市的大学生、技术人员、管理人员、投资人回到农村去创办涉农企业，在农业类的生产、加工与流通领域创业，可以先通过开展电子商务服务，并通过网络开展股权众筹融资试点，向大中城市已有的众筹平台发起筹集资金，而后逐渐带动众筹融资深入农村发展中，从而不断改变农村生产与生活的现状。

专栏1　京东集团农产品众筹的"跑步鸡"与"庆阳苹果"

2016年12月上旬，京东集团首席执行官刘强东在获知剑河土鸡滞销的消息后立刻表示："全部采购入仓，京东负责包销了！"京东多部门连夜行动，与商务部、农业部、贵州省商务厅等部门紧密配合，在短时间内将剑河"滞销鸡"变成"畅销鸡"。

"双十一"期间，刘强东直播下厨做菜，用京东扶贫跑步鸡做大盘鸡，同样让人记忆犹新。京东扶贫跑步鸡是为贫困农户提供"京农贷"免息贷款，农民在京东农资平台上购买鸡苗和农业生产资料，采用生态散养模式养殖柴鸡。首批扶贫跑步鸡上市即一售而空，每个贫困户平均能增收3000元。而跑步鸡正是京东与河北省武邑县商务局等政府部门共同合作的众多扶贫项目之一。

10月中旬，京东接到甘肃省庆阳市苹果销售难的信息，与庆阳市政府

部门配合,以"美食地图·庆阳生鲜馆"店铺促销推广等多种形式,在短时间内支持销售庆阳苹果50万斤,帮助庆阳果农渡过难关。

资料来源:《"互联网+"助推器:京东政企合作推动区域经济全面发展》,《京东黑板报》2017年1月19日。

二 面向"三农"的消费金融发展现状及监管

(一)中国消费金融发展概况

中国消费金融市场在扩大消费的政策主导下正处于黄金发展时期,政策环境优越,市场主体多元化并且活跃,商业模式、消费金融产品持续创新,消费信贷规模快速增长。

从市场规模来看,金融机构短期消费信贷规模自2011年突破1万亿元后,继续保持高速增长,在2013年、2014年和2015年分别突破了2万亿元、3万亿元和4万亿元;短期消费信贷规模占总消费信贷规模比重从2011年的约15.3%提高到最高2015年的约21.6%;到2016年末,金融机构短期消费信贷规模接近5万亿元,同比增长20.2%;虽然受中长期消费贷款规模提速的影响,占总消费信贷规模比重回落至约19.7%,但依然不可否认消费金融的重要地位。

在规模保持高速增长的同时,中国提供消费金融服务的主体越来越多元化。主要包括三大主体。

第一类是以商业银行为代表的存款类金融机构,主要产品包括消费贷款和信用卡。其中,信用卡已经成为城镇居民消费的重要渠道。到2016年末,信用卡和借贷合一卡在用发卡数量共计4.65亿张,同比增长7.60%[1];以

---

① 中国人民银行:《2016年第四季度支付体系运行总体情况》,http://www.gov.cn/xinwen/2017-03/15/content_ 5177593. htm。

2016 年末城镇就业人员计算，人均持有信用卡 1.12 张①；银行卡授信总额为 9.14 万亿元，同比增长 29.06%，环比增长 6.04%；银行卡应偿信贷余额为 4.06 万亿元，同比增长 23.63%②。

第二类主体为以消费金融公司为代表的非银行金融机构。中国消费金融公司发展始于 2009 年。为促进消费金融业的发展，中国银监会发布《消费金融公司试点管理办法》，从 2009 年开始在北京、天津、上海和成都试点，各设立一家消费金融公司。消费金融公司属于非银行金融机构，不允许吸收公众存款，以小额、分散为原则，为中国境内居民个人提供以消费为目的的贷款（不含房贷和车贷）。2013 年，中国银监会将消费金融试点城市扩充至武汉、南京、泉州等 12 个城市，扩大试点地区，推动了消费金融公司的进一步扩容。2015 年国务院公布《关于积极发挥新消费引领作用加快培育形成新供给新动力的指导意见》，强调支持发展消费信贷，鼓励符合条件的市场主体成立消费金融公司，将下放消费金融公司审批权至省级部门，消费金融公司试点范围推广至全国。到 2017 年一季度，经中国银监会批准开业消费金融公司 20 家；截至 2016 年三季度末，行业资产总额 1077.23 亿元，贷款余额 970.29 亿元。自试点以来，行业累计发放贷款 2084.36 亿元，服务客户 2414 万人，行业平均单笔贷款金额 0.86 万元③。目前，中国消费金融公司发展较好的往往都是在零售端具有强大用户基础的消费金融公司，比如，招联消费金融公司和苏宁消费金融公司等。由招商银行和中国联通共同成立的招联消费金融公司在短短两年多时间内，累计授信客户超过 600 万户，累计放款金额超过 500 亿元，大约占到行业总规模的 1/4；苏宁、南京银行等联合发起的苏宁消费金融公司依托大型零售商，迅速发展用户，截至 2016 年 11 月末，累计发放消费贷款数量超过 1000 万笔，累计投放贷款超

---

① 笔者根据中国人民银行和国家统计局数据计算。
② 中国人民银行：《2016 年第四季度支付体系运行总体情况》，http：//www. gov. cn/xinwen/2017 – 03/15/content_ 5177593. htm。
③ 中国银监会：《消费金融公司促消费惠民生成效初步显现》，http：//www. cbrc. gov. cn/chinese/home/docView/FD11A306FD8A45DFA2A503A13B50B5E1. html。

过110亿元，平均单笔贷款1100元，服务客户人数超过200万人①。

第三类主体为未获消费金融牌照的互联网金融企业。互联网金融企业在资本推动下，利用大数据等新兴信息技术在中国消费金融领域快速占领市场份额。以蚂蚁金服、京东金融为代表的拥有巨量用户流量优势的综合性互联网金融企业在消费金融业务发展上具有天然的竞争优势，尽管没有获得消费金融公司牌照，但蚂蚁花呗、蚂蚁借呗、京东白条等消费金融产品发展领先于各消费金融公司。以趣分期为代表的专注于学生、白领分期购物市场的垂直互联网消费金融平台已经成为学生、白领获得消费金融服务的重要渠道。

从消费金融服务渠道发展来看，互联网正成为消费金融竞争的主战场之一。随着中国网民规模超过7.3亿，渗透率超过55%，网络购物渗透率超过60%，网络消费成为中国消费的重要渠道，因此互联网成为提供消费金融服务的重要服务渠道。除了互联网金融企业外，银行、消费金融公司等金融机构都把加强互联网业务的开发和推广作为发展消费金融业务重要战略。目前，绝大多数零售银行都已开通了网上银行，并推出适合互联网的消费信贷产品，比如工商银行的逸贷，招商银行的消费贷等；大部分消费金融公司都已经开通线上消费信贷申请渠道，如招联好期贷、捷信、北银消费、马上金融等。

更为重要的是，随着大数据等新兴信息技术的发展，中国网络消费者的数字化消费行为正成为消费者信用水平的重要表征，也成为消费金融领域的重要风控措施。因此，无论在渠道上还是在科技上，互联网消费金融正在成为消费金融发展的重要趋势。

从消费金融发展目标群体变化来看，伴随城市拥有征信记录的就业人群越来越多，消费金融市场的竞争越来越激烈，各大消费金融服务主体逐步把目标群体转向具有消费能力和还款能力，但并未纳入城镇就业和央行征信记录群体——学生和农民。在过去几年中，以大学生为中心目标市场的各类消费金融平台如雨后春笋般设立并吸引风险投资，迅速在全国各个高校开展大

---

① 中国银监会第87场银行业例行新闻发布会公布数据。

学生消费金融业务，使学生市场很快从蓝海进入红海。但是由于行业监管不到位，企业发展水平参差不齐，存在诸多违规违法行为，使裸贷、高利贷等现象此起彼伏，极大地损害了学生消费金融市场。

在学生市场之后，新的市场热点开始转向更具有挑战性的农民消费金融领域。相比于学生，农民是更具生产能力的消费群体。因此，从理论上说，农民消费金融市场是更为优质的消费金融市场，特别是在农民可支配收入持续增长、消费支出快速增长、消费结构逐步升级的形势下，农民消费金融市场的未来增长空间巨大。但是农村地区分布分散，农民缺乏征信记录，金融知识和提前消费意识淡薄，导致交易成本高，风控成本高，教育成本高，对开展消费金融业务具有极高挑战性；在过去较长时间内，包括银行、消费金融公司在内的金融机构并未投入大量资源进入农民消费金融市场。但这并不妨碍部分电子商务企业、互联网金融企业利用自身资源和能力，逐步探索农民消费金融市场，搭建适合农民的消费金融商业模式，并成功吸引政府、各类消费金融市场主体以及资本的关注。

（二）农民互联网消费金融发展

农民互联网消费金融市场在2016年成为中国互联网金融和中国消费金融的新发展热点。商业银行、消费金融公司、传统小额贷款公司、互联网金融企业、第三方支付公司等纷纷加大力度布局农村消费金融市场。

从政策导向来看，扩大消费是国家经济发展、增强国内经济内生动力的重要政策目标。而扩大村镇地区消费是扩大消费的重要抓手。2008年以来实施的家电下乡、汽车下乡等政策都是为了扩大乡镇、农村地区消费；自2015年以来，国务院、商务部等大力推进农村电子商务发展，目的是通过完善农村流通渠道，促进农民消费，推动农业升级、农村发展、农民增收；进入2016年，中国人民银行、中国银监会《关于加大对新消费领域金融支持的指导意见》中明确把农村消费列为新消费领域予以支持，包括"开展农村住房、家电、生活服务等消费信贷产品创新""设计开发适合农村消费特点的信贷模式和服务方式""加大对农村电商平台发展的金融支持"等

措施。

从消费市场来看，农村地区消费拥有巨大市场和增长能力。截至2016年末，中国农村户籍人口仍有5.8亿，人均消费支出达到10130元，同比增长9.8%，持续保持高速增长；同时农村恩格尔系数从2012年的39.3%迅速下降到2016年的32.2%，这意味着随着农民收入的提高，农村地区消费结构趋向多元化，消费层次逐步提高；另外，伴随农村地区互联网、移动互联网以及物流基础设施的普及完善，各级政府对农村电子商务的大力推广，电商企业在村镇网点的大量投入，农村电子商务的快速发展，农民网络购物意识和应用能力快速提高，网络消费成为农民消费重要渠道之一。这也为电子商务企业、互联网金融公司积累农民消费记录，形成农民信用评分模型提供了重要基础数据。

积极的政策导向和巨大的潜在市场吸引了越来越多市场主体和资本关注农村消费金融市场。同时也要看到，农村地区存在东中西部发展不平衡、地区人口分布分散、征信数据严重缺失、农业收入不稳定等诸多现实问题，难以在短期内解决，给消费金融发展带来巨大挑战。当前，除了已经开展业务的传统的银行、信用社，正在大力布点的阿里巴巴、京东、苏宁等依托电商的综合性互联网消费金融平台以及少数新进垂直农民互联网消费金融平台外，市场主体和资本并没有出现类似于学生市场的火爆状态。市场对于适合农民的互联网消费金融模式还处于积极关注和谨慎布局状态。部分先期探索农民消费金融市场的互联网消费金融平台，如农分期、什马金融、沐金农都以各自的竞争力和农民消费金融模式获得了风险投资的青睐，完成了B或者B+轮融资。未来，随着农民消费金融市场的逐步成熟，商业模式的不断完善，将会有更多资金和消费金融企业进入这个市场。

在当前农民消费金融市场中，互联网企业是积极开拓者。以阿里、京东和苏宁为代表的三大电子商务平台，依托各自在县乡级的自建或者合作网点，开展农民消费金融业务。以农分期、什马金融、沐金农为代表的专业农民互联网消费金融企业则是通过在县乡级寻找农资、农机、机动车、家电等方面的经销商进行合作，为农民提供消费贷款。互联网金融企业之所以敢于进入交易成本高、征信数据严重缺失的农村消费金融市场，一是因为互联网金融企业可以利用互联网技术降低人口地理分布分散带来的成本；二是通过与当地熟人网络中的重要节点人物建立合作，以此撬动网络中的其他节点；更为重要的是互联网金融企业通过自身电子商务平台交易数据或者合作方交易记录重新构建了农民信用记录。互联网企业的这些能力为其打开了农村消费金融市场的大门，同时农民征信记录的积累将是对我国社会信用体系的极大补充。

（三）农民互联网消费金融面临的问题和监管建议

农民互联网消费金融是"三农"互联网金融的新兴领域，也是消费金融的新兴领域。农村消费金融市场的开发，对于扩大农村消费、增添国家经济增长新动能、完善中国社会信用体系都具有重要作用。尽管当前农村消费金融市场成为热点，但是依然有大量挑战性问题存在，让诸多消费金融企业望而却步。

1. 征信数据严重缺失

消费金融发展的核心在于信用，而对于消费金融公司而言，个人信用数据严重缺失意味着风险处于不可控状态。农村居民与城市居民一样拥有信用信息，区别在于农村居民信用信息记录在熟人社会网络中是封闭的，而城市居民的信用信息记录在各类交往和交易记录中，如就业单位、社区、银行、公安局、工商管理局等企业和政府机构拥有大量城市居民信用信息，并在一定条件下可供开放使用。尽管央行已经对市场开放个人征信市场，进一步完善当前中国个人信用市场，但对于农村地区的农民征信依然缺乏大量基础数据。而互联网企业或利用电商平台消费记录，或利用小额信贷积累农民信用记录，并利用大数据建立农民信用评分模型，但是短期内仍需要当地熟人社会网络节点作为主要风险控制手段，极大地提高了农村消费金融的交易成本和风控成本。

2. 防范消费金融演化成农村高利贷

鉴于大学生消费金融发展所带来的校园高利贷带来的恶劣影响，农民互联网消费金融发展要防范消费金融演化成农村高利贷。由于农村地区资金匮乏、资金使用成本高，高利贷普遍存在，农村地区消费金融快速发展极有可能步大学生消费金融的后尘，带来较高的农村高利贷风险，影响农村地区稳定。

3. 农民生产劳动收入不稳定与消费金融定期还款机制仍须调和

农民生产劳动收入是消费金融还款的主要来源，农村留守农民收入主要由两部分组成，一部分是农地种养殖收入，另一部分就是打临工。农地种养殖收入受农产品生产周期影响，周期长，而且不确定因素高；临工收入分散，同样具有很高不确定性。

4. 农民信贷消费意识有待逐步提高

消费金融实际上是用未来的收入提前消费，在英美欧等发达国家和地区，消费者具有较普遍的消费金融意识。但是中国提前消费文化仍处于舶来品，在农村大多数地区并没有提前消费意识。

5. 农村金融消费者保护不完善

当前农村地区金融消费者保护水平较低，一方面，农民的金融知识匮乏，对金融产品消费中的权利和责任并没有清晰的理解，极易引发金融产品消费纠纷；另一方面，农村金融消费纠纷处理渠道不畅，诉讼维权艰难，特别是通过互联网渠道消费的金融产品，由于其远程、动态特点，增加了农民金融消费权益保护的难度。

鉴于农民互联网消费金融发展的重要性和存在的问题，我们有如下建议。

1. 坚持适度发展原则

把规范发展和健康发展作为农民互联网消费金融的主要监管目标，在保障农村社会稳定和金融风险可控的前提下，发挥消费金融作用，鼓励农民适度扩大消费，为经济增长增强动力。

2. 坚持保障市场主体和农民合法权益

吸取学生消费金融市场发展经验教训，建设公开、公平的竞争市场环境，完善农民金融消费者权益保护。

3.规范互联网消费金融平台监管

进一步明确互联网消费金融平台的权利义务；完善平台风控体系；全面推进消费金融公司牌照工作，降低消费金融公司牌照门槛，把金融风险控制能力较强、消费金融市场竞争力强的互联网消费金融企业纳入消费金融公司监管体系。

4.积极引入市场化征信服务

统筹建立和完善农民征信系统，降低消费金融企业风控成本，推动更多消费金融市场主体进入农村市场。

5.探索适合农民生产方式的消费金融发展模式

在风险可控前提下，降低农民消费金融使用成本和信用损失风险。

6.加大力度在农村普及消费金融知识

提高农民利用消费金融的安全意识和积极性。

附　　录

Appendices

B.12

2016～2017年"三农"互联网
金融行业大事记

李丰丽　吕亚楠　何佳婧　赵爽

2016年

1月

证监会介绍资本市场服务三农情况

1月8日，证监会新闻发言人邓舸介绍了证监会关于的推进资本市场服务三农的定点扶贫工作开展情况。工作主要包括：一是建立健全资本市场支持扶贫开发工作的长效机制，进一步完善支持扶贫开发工作。二是大力支持三农发展，2007～2015年，共有21家农业企业首次公开募股，融资额159亿元。2009～2015年底，资本市场涉农企业重大资产重组22项，涉及金额

360亿元。三是重点加大对少数民族地区的支持力度。减免西藏等5个少数民族自治区企业在新三板挂牌的有关服务费。

首届互联网金融消费者权益保护工作经验交流在京举行

1月9日,首届互联网金融消费者权益保护工作经验交流在国家会议中心举行,来自全国各地十余位专家、86家P2P企业、10家三方服务机构、30家媒体就在指导意见出台后如何切实保护金融消费者的合法权益、互联网金融领域自律、企业社会责任、投资者教育以及行业发展趋势等方面以主题演讲、圆桌对话等形式进行交流分享。

《2015年互联网金融投融资报告》发布

1月25日,《2015年互联网金融投融资报告》发布。报告显示,2015年,中国互联网金融投融资市场上发生的投融资案例一共253起,获得融资的企业数为238家。融资金额约为59.10亿美元;美元融资48起,融资金额约为274660美元,占总金额的46.47%;人民币融资175起,融资金额约为2079878.2万元人民币,占总金额的53.53%;未披露投资币种及金额的有31起。

中央一号文件发布

1月27日,中共中央国务院授权新华社发布题为《关于落实发展新理念加快农业现代化实现全面小康目标的若干意见》的中央一号文件,连续13年聚焦"三农"问题,连续4年主题为加快推进农业现代化。"互联网金融"一词也首次被中央一号文件提及。文件指出,要引导互联网金融、移动金融在农村规范发展。

2月

安徽P2P平台欠6亿赎回款被刑事立案调查

2015年12月底,安徽金实资产管理有限公司旗下的"三农资本"陷入挤兑风波,之后被合肥警方查封。截至案发时,交易量位居2015年安徽P2P交易量第一的"三农资本"的累计交易金额超过22亿元,而拖欠投资者的赎回款总额已高达约6亿元。

3月

互联网金融三度写入政府工作报告

3月5日，国务院总理李克强在政府工作报告中提出，要加快改革完善现代金融监管体制，提高金融服务实体经济效率，实现金融风险监管全覆盖。要规范发展互联网金融，大力发展普惠金融和绿色金融。对互联网金融首次表态为"规范发展"，也较之往年有所变化。

中国互联网金融协会公布《互联网金融信息披露规范（初稿）》

3月10日，即将挂牌成立的中国互联网金融协会召开互联网金融信息披露标准研讨会。此次研讨会公布的《互联网金融信息披露规范（初稿）》（简称《规范》），要求P2P从业机构每天更新至少涉及交易总额、交易总笔数、借款人数量、投资人数量、人均累计借款额度等21项平台运营信息。

李克强关注"三农"问题　为农民增收支着

3月16日上午，国务院总理李克强会见采访十二届全国人大四次会议的中外记者并回答记者提出的问题。李克强表示，国家对农业扶持力度和对农民支持力度不会减。中国问题的最终解决还在于农民问题从根本上解决，让他们能够富裕起来，过上现代文明的生活。

中国互联网新兴金融规模占亚太地区99%

3月中旬，剑桥大学新兴金融研究中心等发表报告称，2015年亚太地区互联网新兴金融规模达到1028亿美元，中国占99%；人均来看，2015年中国市场人均互联网新兴金融交易量为74.54美元，居亚太地区首位。

中国互联网金融协会在沪成立　P2P平台代表仅16家

3月25日上午，中国互联网金融协会在上海成立。第一次会员代表大会代表共计437名。其中来自银行机构84名，来自证券、基金、期货公司44名，来自保险公司17名，来自其他互联网金融新兴企业及研究、服务机构292名，其中P2P网贷平台只有16家。而在最终提出的142名第一届理事会员候选人中，来自银行机构30名，来自证券及相关企业12名，来自保险及相关企业6名，来自其他互联网金融企业94名。

4月

农行出台2016"三农"信贷政策

4月初，农业银行制定出台《中国农业银行2016年"三农"信贷政策指引》，明确了2016年"三农"和县域信贷投放重点领域，具体包括现代农业、扶贫开发、农村一二三产业融合、重大涉农工程、新型城镇化和"美丽宜居乡村"建设以及县域优势产业、民生服务、县域个贷等八大领域。据了解，这是该行连续第8年出台专项"三农"信贷政策指引。

截至2015年末P2P平台坏账规模超400亿元

4月12日，国内首例互联网+不良资产处置报告发布，相关数据显示，截至2015年末网贷行业总体贷款余额约4253亿元，P2P平台的坏账规模为425～638亿元。

"三农"互联网金融受非洲经济大国关注

4月25日，非洲第一大经济体尼日利亚询问翼龙贷模式。该国财政部、银行系统、外经贸部等19位官员就如何在广袤的农村开展互联网金融业务与翼龙贷负责人王思聪进行交流，探讨互联网金融在尼日利亚推广的可能性。

《农村绿皮书：中国农村经济形势分析与预测（2015～2016）》发布

4月27日，中国社会科学院农村发展研究所、社会科学文献出版社在北京联合举行了《农村绿皮书：中国农村经济形势分析与预测（2015～2016）》发布会。农村绿皮书指出，2015年，中国财政收入增长明显放缓的情况下，国家继续把解决"三农"问题放在突出位置，确保农业农村建设投入和农民生活状况改善。根据国家发展改革委员会资料，2015年，中央预算内投资用于"三农"的比重已经第五年连续超过50%。

中国平安为农村金融背大书

中国平安成立"农村金融服务发展委员会"（简称"农金会"），全面启动农村金融服务体系工作，将利用现代技术发展农村普惠金融，为广大低收入者、农村消费者，提供全面、便捷、低成本、个性化的综合金融服务。

据悉，平安农金会将重点聚焦四大业务板块，即保险下乡、医保下乡、银行下乡及互联网金融下乡。"互联网金融下乡"业务方面，平安普惠、陆金所等平台将为农民、农户、小微企业提供小额信贷、P2P、理财、农产品、农场众筹及咨询、支付清算服务，将城镇资金引向广大农村市场。陆金所2015年全年的总交易量为15252.72亿元，个人零售端交易量6464.92亿元。其资金来源70%以上是一线城市，而超过60%的资金投向三线以下城市及农村。

5月

日本 NHK 关注翼龙贷

5月3日，国内"三农"互联网金融企业翼龙贷获得日本最大的广播电视机构 NHK 的关注。在为期一周的时间里，日本 NHK 电视台对翼龙贷创始人、业务部门、投资人等进行了详尽拍摄，甚至赶赴山西运城农村，专程采访翼龙贷地方运营中心如何运转、借款农户如何借助翼龙贷购买农用无人机等，同时引入相关经济专家的解读，力图以翼龙贷为代表，向日本民众全面剖析中国农村网络借贷事业的现状、运作模式及发展前景。

中合三农集团内蒙古建立 10 万头肉牛无风险养殖项目

5月6~9日，由内蒙古对外交流促进会支持，中合三农集团（内蒙古）有限公司通过众筹的方式和金融部门、保险公司合作，牵头组织实施的内蒙古建立 10 万头肉牛无风险养殖项目近期完成前期工作，并完成首批 300 头肉牛入户工作。

6月

未来无纯粹网贷平台 真正的大平台显现

6月21日，盈灿咨询发布的《2015 中国网络借贷行业蓝皮书》（以下简称《蓝皮书》）预计在 2016 年，P2P 网贷行业体量仍将迅速扩大，年成交量或达 2 万亿元，贷款余额达 1.5 万亿元。2016 年网贷行业将出现以下几种发展趋势：持牌传统金融机构开始大举进场，与 P2P 网贷擦出火花；

网贷资本市场之路越来越清晰，预计会出现更多并购、借壳上市，甚至IPO；行业体量成就万亿市场；真正的大平台出现，多数网贷平台终极目标显现"互联网＋泛资管"；创新的互联网技术促进供给侧改革，从而缓解资产荒的现象。

教育部关注校园贷　发文警示不良网络借贷陷阱

6月23日，教育部发布信息提醒青年学生：警惕校园不良网络借贷陷阱。大学生"裸条"事件引发广泛关注。教育部郑重提醒广大青年学生，要充分认识网络不良借贷存在的隐患和风险，增强金融风险防范意识；要树立理性科学的消费观，养成艰苦朴素、勤俭节约的优秀品质；要积极学习金融和网络安全知识，远离不良网贷行为。

2016年上半年P2P平台锐减246家

截至2016年6月底，正常运营平台数量已经下降至2349家，半年时间减少了共246家正常运营平台，2015年底，全国正常运营平台数量有2595家。从具体的数值来看，2016年1月至6月，网贷平台数量呈依次递减态势。整个6月，P2P网贷行业共发生包括银票网等在内的8例融资事件，且融资轮次普遍不高，以A轮融资为主，在规模上差异较大，单次融资规模从千万元到10亿元不等。经估算，2016年6月，P2P网贷行业共吸引了近15亿元人民币资金。

7月

复星集团牵手蚂蚁金服

7月4日，蚂蚁金融服务集团与复星集团在上海正式签署战略合作协议。未来，双方将在"互联网＋商业"领域带动传统业务升级，提升消费转化；在"互联网＋医疗"领域提供以人为本的便捷就医体验；在"互联网＋旅游"领域通过大数据营销打造旅游服务闭环，以上合作可以不断促进消费和体验的升级。

国务院再提"引导和规范互联网金融发展"

7月27日，中共中央办公厅、国务院办公厅印发《国家信息化发展战略纲要》。第四章节"着力提升经济社会信息化水平",在培育信息经济,促进转型发展,推进服务业网络化转型中提到,"引导和规范互联网金融发展,有效防范和化解金融风险"。这是继今年两会政府工作报告中首次出现"规范发展互联网金融"后,国务院层面再次针对互联网金融的态度。

数字普惠金融指数发布　地区间"贫富差距"正在缩小

7月30日,首份披露城乡普惠金融发展水平的《北京大学数字普惠金融指数》(2011～2015)在第三届互联网金融外滩峰会上发布。该指数综合测量了除港澳台地区外,全国内地31个省(包括直辖市、自治区)、337个地级以上城市,以及1754个县的数字普惠金融发展状况,时间跨度为2011～2015年。指数显示,2011～2015年,通过数字普惠技术,地区间的发展差异在逐渐缩小。

8月

中国支清会发布年度报告　P2P成交破万亿大关

8月,中国支付清算协会编著的《中国支付清算行业运行报告(2016)》,正式在全国发行。报告显示,以互联网支付为基础的互联网金融在发展中规范。2015年,全国P2P网络借贷成交金额1.18万亿元,同比增长2.59倍,日均成交额32.34亿元,较上年增加23.32亿元。2015年年末,全国贷款余额5582亿元,同比增长3.03倍。

恒大集团5.7亿收购集付通　金融帝国野心渐显

在申请网络小贷牌照消息发布后不久,8月16日有消息称,恒大集团收购了一家老牌第三方支付公司集付通。在分析人士看来,第三方支付+网络小贷的组合对于地产公司而言十分必要,另外,"不差钱"的恒大对于金融各类牌照均有兴趣,旨在完成金融全牌照的目标。

《网络借贷资金存管业务指引(征求意见稿)》下发

8月14日,银监会向各家银行下发了《网络借贷资金存管业务指引(征求意见稿)》,此份征求意见稿从公开披露、备案制、第三方联合存管等方面下手规范网贷平台。征求意见稿共5章26条,其中对P2P平台存管业务划定了五大门槛。

中国首部"三农"互联网金融蓝皮书发布

8月18日，中国首部"三农"互联网金融行业蓝皮书——《中国"三农"互联网金融发展报告（2016）》，由社会科学院财经战略研究院于正式发布。书中指出，自2014年起，我国"三农"金融缺口超过3万亿元，以网络借贷为代表的互联网金融手段，将成为缓解中国"三农"领域的金融供给短缺问题的主要出路。在"三农"P2P领域，行业领军企业翼龙贷市场占有率达到80%。

四部委联合发布P2P管理办法

8月24日，中国银监会、工业和信息化部、公安部、国家互联网信息办公室联合发布《网络借贷信息中介机构业务活动管理暂行办法》，P2P网贷行业首部业务规范政策正式面世。《办法》共八章四十七条，采用负面清单制的监管方式，提出了13条禁止行为，包括不得吸收公共存款、不得归集资金设立资金池、不得自身为出借人提供任何形式的担保或承诺保本保息、不得发售金融理财产品、不得开展类资产证券化等形式的债权转让等。

国家互金安全技术专委会成立

8月26日，国家互联网金融安全技术专家委员会在北京正式成立，同时，国家互联网金融风险分析技术平台正式落地。该平台能够实现对互联网金融总体情况的摸底、实时监测预警企业异常和违规情况等功能。翼龙贷等十余家企业成为首批试点接入企业。

9月

G20发布普惠金融新指标

9月4~5日，二十国集团第十一次领导人峰会在中国杭州成功举行。G20框架下的普惠金融全球合作伙伴（GPFI）负责起草了《G20数字普惠金融高级原则》，并更新了《G20普惠金融指标体系》。作为G20的一员，中国的普惠金融发展理念、经验以及中国重点关注的内容也被合理地融入了《G20数字普惠金融高级原则》。

邮储银行三农金融事业部正式成立

9月8日，邮储银行贯彻落实中央一号文件要求，正式成立三农金融事业部。

10月

国务院办公厅公布《互联网金融风险专项整治工作实施方案》

10月13日，国务院办公厅公布了《互联网金融风险专项整治工作实施方案》，对互联网金融风险专项整治工作进行了全面部署安排。开展互联网金融风险专项整治，旨在规范各类互联网金融业态，形成良好的市场竞争环境，促进行业健康可持续发展；旨在更好发挥互联网金融在推动普惠金融发展和支持大众创业、万众创新等方面的积极作用；旨在防范化解风险，保护投资者合法权益，维护金融稳定。

十五部委联合发布《P2P网络借贷风险专项整治工作实施方案》

10月13日，为贯彻落实党中央、国务院决策部署，促进网贷行业规范有序发展，根据《关于促进互联网金融健康发展的指导意见》和《互联网金融风险专项整治工作实施方案》，银监会会同工业和信息化部、公安部、工商总局、国家互联网信息办公室等十四个部委联合印发了《P2P网络借贷风险专项整治工作实施方案》。

京东农村金融一周年业绩发布

10月22日，京东农村金融在天津郭家沟揭晓了成立一周年以来的业绩，并宣布京东农村金融将积极迭代、升级已有服务，更好地用金融科技实力服务于农村市场。在这一年的积累中，为配合"农产品进城"的上行通路，京东农村金融开发出了京农贷和农村众筹产品线，成立了重庆小贷公司，专注于农村信贷；同时，为打通"电商下乡"的下行通道，京东农村金融推出乡村白条和农村理财，解决农户在农资采购、农业生产以及农产品加工销售环节中的融资难问题，全面服务各类种养殖农户，覆盖了包括黑龙江、新疆、内蒙古、河南、河北、山东、山西、海南、四川、重庆、天津、湖北、湖南等在内的17个省、市、自治区。

农行淮安分行试点"悦农贷"移动互联网融资平台

10月27日，为提高农户贷款操作便利，由农行江苏分行研发、在全国农行系统首次试点开办的"悦农贷"移动互联网融资平台于在淮安分行上线运行。"悦农贷"是以大数据分析信贷风险，以社交平台获取客户资源，以质押、抵押、多户联保等多种担保的方式保证贷款质量，具有信息披露、产品推送、数据分析、报表统计、在线监管、征信系统接入、交易变动提醒等功能。

《互联网金融信息披露个体网络借贷》标准发布

10月28日，中国互联网金融协会正式发布《互联网金融信息披露个体网络借贷》标准，《互联网金融信息披露个体网络借贷》标准（T/NIFA 1 - 2016）定义并规范了96项披露指标，包括强制性披露指标逾65个、鼓励性披露指标逾31项，分为从业机构信息、平台运营信息与项目信息三方面。

互联网金融协会正式发布信息披露标准与配套自律制度

10月31日，中国互联网金融协会正式发布了《互联网金融信息披露个体网络借贷》标准（T/NIFA 1 - 2016）和《中国互联网金融协会信息披露自律管理规范》，这是协会按照中国人民银行等10部门发布的《关于促进互联网金融健康发展的指导意见》中"制订经营管理规则和行业标准"要求下发的首部标准。标准与配套自律制度的正式出台，将有效规范互联网金融行业的信息披露行为，为建立互联网金融风险治理长效机制发挥重要作用。

11月

贵阳与翼龙贷等38家企业"结盟"打造大数据金融新中心

11月4日下午，2016年贵阳大数据金融信用体系建设和风险控制系列活动正式落下帷幕。经过推介，共有包括翼龙贷、好贷网、新华金控集团、万惠集团、国培机构等在内的38家企业"牵手"贵阳，与贵阳市相关部门以及各区（市、县）签署了涉及大数据、金融等领域的各类合作项目，为打造全国大数据金融新中心迈出重要一步。38家意向企业中有17家来自

IFC1000 互联网金融千人会推介。

农村合作金融机构互联网综合金融服务平台上线

11 月 15 日，由农信银资金清算中心、中国银行业协会农村合作金融工作委员会、全国农村合作金融机构共同建立的全国农村合作金融机构互联网综合金融服务平台正式启动。

农村经济发展"十三五"规划印发

11 月 17 日，国家发改委印发了《全国农村经济发展"十三五"规划》（以下简称《规划》）。《规划》突出加强了重大工程、重大改革、重大政策方面的谋划。"十三五"时期，在健全农村金融体系方面，将坚持商业性金融、合作性金融、政策性金融相结合，加快建立多层次、广覆盖、可持续的现代农村金融体系。鼓励国有和股份制金融机构拓展"三农"业务。完善农村信用社治理结构，开展农村信用社省联社改革试点。创新村镇银行设立模式，扩大覆盖面。坚持社员制、封闭性原则，以具备条件的农民合作社为依托，稳妥开展农民合作社内部资金互助试点。强化国家开发银行、中国农业发展银行职能定位，加大中长期"三农"信贷投放力度。引导互联网金融、移动金融在农村规范发展。

《网络借贷信息中介备案登记管理指引》出台

11 月 28 日，银监会联合工信部、工商局联合发布《网络借贷信息中介备案登记管理指引》（以下简称《备案指引》），对现存和新设的 P2P 网贷平台的金融办备案登记做出管理指引。随着《备案指引》的下发，网贷行业的合规进程再次迈出实质性的一步，P2P 合规化路径也逐步落地。

《中国互联网金融年报（2016）》发布

中国互联网金融协会在第三届世界互联网大会乌镇峰会"互联网＋普惠金融"论坛上发布了。据了解，年报涵盖互联网金融支付、个体网络借贷、互联网基金销售、互联网保险、互联网股权融资、互联网消费等七个主要业态的发展情况。这是我国第一份由全国性互联网金融行业组织编写发布的行业年报。

12月

互联网金融进入清理整顿期　多家 P2P 停业

12月9日，中国人民银行副行长潘功胜安排部署了下一步清理整顿工作重点和要求。他指出，第二阶段清理整顿工作是专项整治的核心和关键，要聚焦重点地区和重点对象，以点带面、稳步推进清理整顿工作，并做好跨区域、跨领域整治工作协调。根据网贷之家数据显示，截至2016年11月底，P2P网贷行业正常运营平台数量为2534家，相比10月底减少了90家。其中，11月新上线的平台仅为8家。另外，由于问题平台数量出现了较大的下降，11月的问题平台发生率仅为0.86%，截至11月底，累计停业及问题平台达到3345家。

中央农村工作会议在京召开

中央农村工作会议19日至20日在北京召开，提出要坚持新发展理念，把推进农业供给侧结构性改革作为农业农村工作的主线，培育农业农村发展新动能，提高农业综合效益和竞争力。习近平强调，要始终重视"三农"工作，持续强化重农强农信号；要准确把握新形势下"三农"工作方向，深入推进农业供给侧结构性改革；要在确保国家粮食安全基础上，着力优化产业产品结构；要把发展农业适度规模经营同脱贫攻坚结合起来，与推进新型城镇化相适应，使强农惠农政策照顾到大多数普通农户；要协同发挥政府和市场"两只手"的作用，更好引导农业生产、优化供给结构；要尊重基层创造，营造改革良好氛围。李克强要求，要持续抓好"三农"工作，大力推进农业供给侧结构性改革，加快现代农业建设，积极调整农业结构，发展多种形式适度规模经营，深入开展农村"双创"，推动新型城镇化与农业现代化互促共进。深入推进脱贫攻坚，提高贫困地区和贫困群众自我发展能力。促进农业提质增效和农民持续增收，拓展农村发展空间。

农业部与农发行合作支农成效显著

9月农业部与中国农业发展银行签订《支持农业现代化全面战略合作协议》后，双方紧密协作，积极开展工作机制建立、项目推荐和人员培训等工作，取得了较好成效。截至 2016 年 12 月底，通过双方点对点合作，已先期落实各类农业融资项目 247 亿元，其中已完成贷款投放 135.5 亿元。已投放的贷款涵盖种植、养殖、加工、流通、服务等领域，承贷主体以国家级农业产业化代表企业为主，单个企业平均贷款规模约 1 亿元。

蚂蚁金服全面开启农村金融战略　将发放万亿信贷

12 月 20 日，蚂蚁金服在北京宣布全面开启农村金融战略，未来 3 年，将联合 100 家代表企业，为大型种养殖户提供金融服务。与合作伙伴共同为 1000 个县提供综合金融服务，包括支付、信贷、保险等；面向国内所有"三农"用户，拉动合作伙伴及社会力量提供累计 1 万亿元信贷。与此同时，蚂蚁金服还宣布战略投资中和农信，与中华保险成立合资公司"农联中鑫科技股份有限公司"。

四川省率先发布普惠金融发展规划

12 月 28 日，四川省人民政府办公厅正式发布《四川省推进普惠金融发展规划（2016～2020 年)》（以下简称《规划》），这是 2016 年 1 月《国务院关于印发推进普惠金融发展规划（2016～2020 年）的通知》下发以来，全国首份省级发展规划。《规划》从健全金融监管、发挥多层次资本市场的作用、发挥保险公司保障优势、规范发展各类新型机构、创新金融产品和服务手段、健全信用信息体系、加强普惠金融教育和金融消费者权益保护等方面，全方位对该省构建普惠金融服务体系做出了因地制宜的顶层设计。

2017年

1月

京东金融支付成为中国银联收单成员

1 月 4 日，京东金融和中国银联达成合作。支付层面合作包括银联力推的云闪付和目前互联网公司主流支付模式第三方互联网支付。京东还将和商业银行共同开发联名卡。此外，农村金融方面双方合推助农取款，并在国际市场合作。

资本加速布局农村金融　雷军等亿元投资农分期

1月4日，农业生产领域互联网金融企业"农分期"宣布完成亿元级B轮融资，BAI（贝塔斯曼亚洲投资基金）领投，雷军的顺为资本、徐小平的真格基金都参与跟投。这也是迄今为止农金创业企业获得的最大的一笔融资。

农泰金融荣膺中国公益节互联网金融企业社会责任奖

1月10至11日，第六届中国公益节暨"因为爱"2016致敬盛典在北京举行。作为致力于我国三农产业发展的互联网金融平台，农泰金融被评委会授予"互联网金融企业社会责任奖"。

2月

中央一号文件删除支持互联网金融发展首提打击农村非法集资

2月5日，指导"三农"工作的第14份中央一号文件发布。这份文件题为《中共中央、国务院关于深入推进农业供给侧结构性改革加快培育农业农村发展新动能的若干意见》，共分6个部分33条。在金融方面，与上年"加快推动金融资源更多向农村倾斜，发展农村普惠金融，降低融资成本"相比，本年目标是"加快农村金融创新确保'三农'贷款投放持续增长"。

农行：突出做好"三农"重点领域金融服务

2月8日，为贯彻《中共中央、国务院关于深入推进农业供给侧结构性改革加快培育农业农村发展新动能的若干意见》精神，进一步深化"三农"和县域金融服务，提升服务能力和水平，农业银行近日印发《关于贯彻落实中央一号文件精神　服务"三农"做强县域的若干意见》（农银发〔2017〕1号，以下简称《意见》）。《意见》指出，服务"三农"、做强县域，是党中央、国务院赋予农业银行的政治责任，是农业银行安身立命之本、竞争优势之源。农行全行要认真贯彻落实中央一号文件精神，紧紧围绕推进农业供给侧结构性改革主线，突出做好"三农"重点领域金融服务。

《中国互联网金融安全发展报告 2016》在京发布

2 月 17 日，由北京市金融工作局、北京市网贷行业协会、北京互联网金融安全示范产业园、南湖互联网金融学院联合策划推出的《中国互联网金融安全发展报告 2016》白皮书在北京互联网金融安全示范产业园发布。该报告分别阐述了互联网金融的整体概况、互联网金融的前沿挑战、互联网金融安全的风险分析、互联网金融安全所面临的挑战和互联网金融安全的三道防线。

银监会正式发布《网络借贷资金存管业务指引》

2 月 23 日，银监会官网正式对外公布《网络借贷资金存管业务指引》（以下简称《存管指引》）。据悉，《存管指引》已经国务院审批，全文内容共计五章二十九条。这意味着网贷行业迎来了继备案登记之后又一合规细则的最终落地。三农金服对《存管指引》进行了及时了解和认真解读。

3月

互联网金融第四年被纳入政府工作报告

3 月 5 日上午 9 时，第十二届全国人民代表大会第五次会议在人民大会堂开幕，会议听取国务院总理李克强作政府工作报告。李克强表示，抓好金融体制改革。要发挥好政策性开发性金融作用，强化农村信用社服务"三农"功能。深化多层次资本市场改革，完善主板市场基础性制度，积极发展创业板、新三板，规范发展区域性股权市场。拓宽保险资金支持实体经济渠道，大力发展绿色金融。

开鑫金服布局互联网小贷

3 月 20 日，开鑫金服集团又添新成员，将设立互联网小贷公司，重点支持三农与小微企业。开鑫金服设立互联网小贷正是合作共赢理念的成果，将联合有场景优势的农业电商，发挥各自在客户筛选、品牌流量、风险控制等领域的专业特长，为三农、小微企业提供更高效便捷的金融服务。

深圳福田推出地方政府首个金融科技发展政策

3 月 21 日，深圳市福田区率先出台《关于促进福田区金融科技快速健康创新发展的若干意见》。该政策成为我国地方政府首个发布的金融科技专项政策。该政策的出台为三农金服的发展又增添了一有利条件，总部位于深圳福田区海松大厦的三农金服，在这项政策的支持和得天独厚的环境下将更加快速有效地发展。

央行等五部委印发《金融支持制造强国意见》

3月28日，中国人民银行联合工业和信息化部、银监会、证监会、保监会下发《关于金融支持制造强国建设的指导意见》（银发〔2017〕58号）。意见指出，要高度重视和持续改进对"中国制造2025"的金融支持和服务，始终坚持问题导向，聚焦制造业发展的难点痛点，着力加强对制造业科技创新、转型升级的金融支持。要积极发展和完善支持制造强国建设的多元化金融组织体系。充分发挥各类银行机构的差异化优势，形成金融服务协同效应。

4月

互联网消费金融信披标准（意见稿）曝光

4月7日，中国互联网金融协会向会员单位下发了《互联网金融信息披露标准－消费金融（征求意见稿）》（以下简称《征求意见稿》）。据介绍，《征求意见稿》主要适用于从事互联网消费金融业务的各类从业机构，对该从业机构信息披露行为提出具体要求。这意味着国内首份互联网消费金融领域的官方规范性文件即将面世。

农泰"定制"化产业链金融服务成农资行业刚需

4月21日，农泰金融在"中国国际水溶性肥料高层论坛"上的主题报告首次提到了"定制"化产业链金融服务，成为引爆行业热议的新亮点。农泰金融将通过农业金融服务领域的创新，助力水肥一体化的转型升级，这也为水溶肥企业服务的形式增加了一个重要选项。

蚂蚁金服拟与日本当地支付企业合作以扩展业务

4月25日，中国蚂蚁金服表示，希望与至少一家支付企业联手以扩大在日本的业务。该公司正在迅速扩张亚洲业务，并且刚刚以12亿美元买下美国电子支付业者速汇金（Money Gram International）。

国内首个互联网金融行业区块链自律规则发布

4月28日，上海市互联网金融行业协会技术专业委员会在"上海并购金融集聚区第五期要素对接推进会"上揭牌，秘书长王喆正式发布"互联网金融从业机构区块链技术应用自律规则"。这是国内首个互联网金融行业的区块链自律规则。王喆表示，为引导、规范和促进互联网金融行业应用区块链技术更好服务实体经济，切实保护社会公众权益，协会一直持续关注区块链技术的发展与应用，并制定了自律规则。

网贷行业贷款余额突破万亿关口

截至2017年4月底，我国P2P网贷行业正常运营的平台数量为1495家，贷款余额达到1.029万亿元。4月，行业交易规模约2213亿元；平均投资利率继续降至9.12%；平均借款期限为112天。

5月

互联网协会首发网贷评级标准　保证公平性成关键

5月2日，由国家互联网应急中心和中国互联网协会主办的国家互联网金融安全技术专家委员会向社会首次发布"网贷企业综合测评指数（试行）"，同时也向互联网金融企业发出邀请，参与综合测评。在分析人士看来，这个网贷综合测评指数虽非官方指数，但能在一定程度上帮助小白投资人降低平台选择难度，从而有助于P2P投资被更多的人接受，走入大众市场。不过，如何保证公平性成为市场关注的焦点。

中国互金协会：集中式信息披露平台将上线

5月8日，中国互联网金融协会向协会会员单位下发了《关于召开集中式信息披露平台接入培训会议的通知》。该《通知》表示，由协会搭建的集中式信息披露平台将上线试运行，并会在5月18日对会员单位进行培训。培训内容为信息披露标准体系与内容定义，展示当前页面设计情况；通报当前系统建设情况，并上报数据，接入平台培训并答疑。

小米科技携手中国电信　在互联网金融方面合作

5月11日，中国电信与小米公司签署战略合作协议。双方将在互联网金融等多方面开展合作。翼支付将正式成为小米商城的五大支付通道之一，用户通过翼支付账户（包括红包等）可以在小米商城消费使用。小米商城链接也将嵌入翼支付客户端，为翼支付用户提供商品资源和服务。

中国互金协会成立互金网络与信息安全专委会

5月17日，中国互联网金融协会在北京召开互联网金融网络与信息安全专业委员会成立暨第一次工作会议。李东荣会长出席会议并向委员颁发聘书。人民银行科技司副司长姚前、中央网信办网络社会工作局曾嘉坤处长应邀出席会议。

6月

"一行三会"规划金融业　推进互金国际标准化

6月上旬，中国人民银行、银监会、证监会、保监会、国家标准委日前联合发布《金融业标准化体系建设发展规划（2016～2020年）》（银发〔2017〕115号，以下简称《规划》），明确了金融业标准化工作的四项主要任务和五项重点工程，重点强调互联网金融领域标准的建立。《规划》强调持续推进金融国际标准化，在移动金融服务、非银行支付、数字货币等重点领域，加大对口专家派出力度。

互金专项整治或延期一年　新整改大限在 2018 年 6 月

据媒体报道，原定于2017年3月完成的互联网金融风险专项整治工作，将延期一年左右，2018年6月作为最后的期限接受监管验收，届时若平台还没整改完就将被取缔。新的整治规划是：在速度服从质量的前提下，各地金融办在今年上半年完成对各家平台的分类，分为合规、整改和取缔三类，预计6月底出结果；在本年6月底各地金融局或金融办完成分类处置后，还留有12个月供整改类平台继续向合规转型，2018年6月作为最后的期限接受监管验收。

中国银行成立普惠金融事业部　四大行均布局

6月20日，中国银行普惠金融事业部正式揭牌成立。据悉，建行、工行、农行均已在总行层面成立了普惠金融事业部，承担全行普惠金融业务的牵头工作。交行也制定了普惠金融事业部制改革方案。

百度与中国农业银行签署战略合作协议

6月20日，中国农业银行与百度战略合作签约仪式在北京举行。按照双方战略合作协议，此次的合作主要围绕金融科技领域开展，包括共建金融大脑以及客户画像、精准营销、客户信用评价、风险监控、智能投顾、智能客服等方向的具体应用，并将围绕金融产品和渠道用户等领域展开全面合作。

7月

江苏规范 P2P 平台客户服务　出借实行分级管

7月上旬，江苏省互联网金融协会对外发布《江苏省网络借贷平台客户服务规范指引（征求意见稿）》（下文简称"征求意见稿"），用以规范江苏省网络借贷平台客户服务。征求意见稿全文共分五章十六条，适用对象为江苏省注册从事网络借贷信息中介业务的公司法人。根据征求意见稿，网络借贷平台不得向未进行风险评估的出借客户提供交易服务，且应当根据风险评估结果对出借客户实行分级管理，设置可动态调整的出借限额和出借标的限制。

北京发布网贷备案登记征求意见稿

7月7日，北京市金融工作局发布《北京市网络借贷信息中介机构备案登记管理办法（试行）（征求意见稿）》（以下简称《北京网贷备案办法》）。至此，作为网贷规模名列前茅的北上广深四地均已下发了备案登记监管文件，行业合规进程加速。

习近平：加强互金监管　设金融稳定发展委员会

全国金融工作会议7月14日至15日在北京召开。中共中央总书记、国家主席、中央军委主席习近平出席会议并发表重要讲话。他强调，金融是国家重要的核心竞争力，金融安全是国家安全的重要组成部分，金融制度是经济社会发展中重要的基础性制度。必须加强党对金融工作的领导，坚持稳中求进工作总基调，遵循金融发展规律，紧紧围绕服务实体经济、防控金融风险、深化金融改革三项任务，创新和完善金融调控，健全现代金融企业制度，完善金融市场体系，推进构建现代金融监管框架，加快转变金融发展方式，健全金融法治，保障国家金融安全，促进经济和金融良性循环、健康发展。

陆金所国际平台新加坡开业　将于第三季度上线

7月17日，中国平安在新加坡宣布，集团旗下陆金所的国际业务平台，陆国际金融资产交易所（新加坡）有限公司（简称"陆国际"）已获新加坡金融管理局（MAS）原则性批准"资本市场服务牌照"（Capital Market Securities License，简称CMS），正式在新加坡开业，并在2017年第三季度上线。

红岭创投计划 3 年内"清盘"

7月27日，老牌网贷平台红岭创投宣布3年内退出网贷市场。这家成立已有8年，累计交易规模超过2570亿元的深圳老牌平台，曾在中国首创本金垫付、股债双投、自动投标等模式，影响深远。中国互金协会信息披露平台显示，截至2017年6月30日，红岭创投公布的待偿余额为177亿元。

8月

网贷行业单月借款人数首超投资人数

8月1日，零壹财经·零壹智库发布的7月P2P网贷行业月度报告显示，7月，网贷行业出现了单月借款人数超过投资人数的现象，这是网贷行业在中国诞生以来首次出现。当月，活跃借款人数达到466万人左右，环比增长5.2%，投资人数453万人左右，环比减少1.0%。零壹数据观察到，近一年以来，特别是从2017年3月开始，各大平台陆续对接大量小额信贷资产，借款人数量呈现迅猛增长，最终导致了单月借款人数超过投资人数的现象。

点融网获 2.2 亿美元 D 轮融资

8月2日，点融网在上海黄浦区举行D轮融资发布会，现场宣布获得2.2亿美元融资，本轮融资由全球知名主权基金新加坡政府投资公司（GIC）

领投，中民投租赁集团旗下中民国际融资租赁股份有限公司，以及韩国 Simone 集团旗下 Simone 投资管理公司等跟投。点融网创始人、CEO 苏海德表示，D 轮融资资金将主要用于增加技术投入、增加市场扩张投入，以及全球化布局投入等。

广东互金协会下发征求意见稿：P2P 债权转让可在规范内开展

8 月 4 日，据媒体消息，广东互联网金融协会（下称"协会"）已向所属会员单位下发《关于规范我会广东省（不含深圳）网络借贷信息中介机构会员单位出借人之间债权转让业务的通知》（征求意见稿），对会员单位出借人之间的债转业务予以规范，明确要求平台设立债权转让专区。

互金整治办下发 84 号文　平台整改时间不超 1 年

8 月中旬，互联网金融风险专项整治工作领导小组办公室下发《关于落实清理整顿下一阶段工作要求的通知》（整治办函〔2017〕84 号文）。对整改类机构提交的整改计划，一是明确业务规模不能增长、存量违规业务必须压降、不再新增不合规业务；二是整改时间原则上不超过 1 年，超过 1 年的需经领导小组组长签字同意。

最高法：严打逃废债行为　严惩被执行人失信行为

8 月中旬，最高人民法院印发《最高人民法院关于为改善营商环境提供司法保障的若干意见》。该《意见》提出，严厉打击各类"逃废债"行为，加大对隐匿、故意销毁会计凭证、会计账簿、财务会计报告等犯罪行为的刑事处罚力度；持续完善公布失信被执行人名单信息、限制被执行人高消费等制度规范，严厉惩戒被执行人失信行为。

央行：我国农村金融发展还有很大的提升空间

8 月 24 日，央行在其官方发布《中国农村金融服务报告（2016）》，指出在推动普惠金融发展方面，央行鼓励传统金融机构和新兴互联网金融服务商积极利用互联网等现代科技手段，数字技术使用水平进一步提升，网上支付、移动支付使用率快速增长，助农取款服务点行政村覆盖率已超过 90%，银行网点密度等基础金融服务指标已达到国际中上游水平。央行称，我国农村金融发展无论是在覆盖面还是在深度上，都还有很大的提升空间。特别是对照农业供给侧结构性改革的要求，还有较大差距。

银监会发布 P2P 平台信息披露指引

8月25日，银监会官网发布《网络借贷信息中介机构业务活动信息披露指引》，至此，P2P网贷行业银行存管、备案、信息披露三大主要合规政策悉数落地。银监会方面表示，该信披指引与2016年8月24日发布的《网络借贷信息中介机构业务活动管理暂行办法》《网络借贷信息中介机构备案登记管理指引》《网络借贷资金存管业务指引》共同组成网贷行业"1+3"（一个办法三个指引）制度体系。

9月

中国互金协会成立信用建设专委会

9月22日，中国互联网金融协会信用建设专业委员会成立会议暨第一次工作会议在北京召开。信用建设专业委员会主要职责包括：在监管部门指导下，对协会互联网金融信用自律规则和公约框架的建立及其实施、行业信用标准、信用信息公示和共享等提出建议和指导等。中国互联网金融协会信用建设专业委员会的成立，有助于服务国家社会信用体系建设的大局，科学有序地开展行业信用建设工作，加强行业相关自律规则和标准的研制。

全国首个 P2P 平台退出指引出炉

9月29日，深圳互金协会起草了《深圳市网络借贷信息中介机构业务退出指引》，并向行业公开征求意见。《P2P退出指引》明确了"退出"的定义，即指网贷机构终止经营网贷业务，包括但不限于清算注销、业务转型等。还规定了网贷平台业务退出的"八大程序"：1. 成立退出工作领导小组；2. 制定退出计划和退出方案；3. 向协会报备退出计划及退出方案；4. 协会提出指导意见并不定期组织相关培训；5. 执行退出方案，按照计划稳妥推进退出工作；6. 每周向协会汇报退出情况，并就疑难问题及时与协会沟通；7. 落实出借人资金清退工作，全部结清存量项目；8. 全面终止网贷业务。

北京互金协会发文打击“羊毛党”模

9 月 30 日，北京互金协会发出反羊毛党风险提示通知。通知基于推动互联网金融行业健康可持续发展的原则，坚决反对网贷机构采取“羊毛党”运营模式，坚决反对任何个人或机构以“羊毛党”模式投资网贷平台以获取不正常的高收益。通过打击羊毛党等不当获利群体降低网贷机构的运营成本及流动性风险，促进网贷行业合规、健康发展。

10月

北京互金协会成立打击“羊毛党”联盟

10 月 14 日，北京市互联网金融行业协会联合包括宜信、翼龙贷、网信普惠在内的 40 余家互联网金融行业机构共同成立了“打击羊毛党联盟”，旨在通过打击羊毛党联盟和信息盲交换系统，预防流动性风险、解决多头借贷等问题，推动互联网金融规范发展。

趣店赴美上市

北京时间 2017 年 10 月 18 日，趣店正式在美上市，成为继信而富之后 2017 年第二个成功在美上市的互金公司。趣店目前已开展消费分期和现金分期两项业务，累计用户突破数千万，以年轻的蓝领和白领人群为主。2017 年上半年，趣店的总营收达 18.33 亿元，与去年同期的 3.72 亿元相比增 393%，增近 4 倍；趣店实现净利润 9.74 亿元，与去年同期的 1.22 亿相比增 698%，增近 7 倍，并且 2017 上半年实现的净利润已远超过上年全年水平。

中国互联网金融协会发布两项团体标准

10 月 17 日，中国互联网金融协会发布《互联网金融　信息披露　互联网消费金融》及《互联网金融　信息披露　个体网络借贷》团体标准。负责中国互金协会团体标准审查的专家表示：《标准》的出台有利于指引广大从业机构规范开展信息披露工作，在保护消费者个人信息和从业机构商业秘密的前提下公开、透明地向公众披露从业机构信息和产品信息，便于社会各方监督、体现各方权益保护，从而促进互联网消费金融的健康有序发展。

11月

国务院金融稳定发展委员会成立

11月8日，经党中央、国务院批准，国务院金融稳定发展委员会成立，并召开了第一次全体会议，今后的工作重点将放在加强金融监管协调、补齐监管短板等方面。

三家互金企业赴美上市

11月以来，共有拍拍贷、和信贷、融360等在内的3家中国互联网金融企业赴美上市，"赴美上市"已然在中国互金企业中掀起一轮热潮。据业内专家分析，中国互金企业纷纷选择赴美上市，一方面是因为美国市场对上市企业不做盈利要求，能够尽快满足投资方获利退出的需求；另一方面，国内互联网金融平台成功上市带来巨大的示范效应，加上近期美国资本市场表现活跃，互联网公司价值也较受认可。

厦门公示 4 家备案平台

11月16日，厦门市金融工作办公室在其官网发布《关于网贷机构备案公示的通知》，通知对5家拟备案的企业予以公示。厦门这5家P2P网贷平台是全国首批进行金融办备案公示的平台，其中京东旭航为新设立公司，暂未开业，其他4家公司对应的P2P网贷平台分别为农金宝互金、日日进、乾方位和易利贷。从业务规模来看，已开业的四家平台均属于中小平台，其中上线时间最长的为2014年上线的易利贷，其余3家平台均仅上线1～2年。

互联网巨头京东涉足 P2P 网贷

11月16日，一家携带京东基因的网贷公司"京东旭航（厦门）网络借贷信息中介服务有限公司"出现在厦门金融办网贷机构备案公示名单里。京东金融赶在蚂蚁金服、百度金融、腾讯金融之前抢先创立P2P平台，意味着京东成为BATJ中首个明确涉足P2P网贷的互联网巨头。在京东P2P平台出现之前，P2P一直是BATJ巨头布局互联网金融中唯一未被开垦的领域。

B.13

中国"三农"互联网金融样本企业主要数据

王弢 姜源*

表1 2016年翼龙贷运营总体数据

月份	新增成交金额(亿元)	新增投资笔数	平台平均年化收益率(%)
1月	23.4474	312081	9.32
2月	22.3703	293475	9.86
3月	18.7275	257676	8.77
4月	14.4366	214696	8.28
5月	19.5461	218574	8.22
6月	18.3577	181606	8.23
7月	23.3870	244037	8.32
8月	23.2236	221368	8.20
9月	21.9060	324434	7.68
10月	19.7561	230642	8.08
11月	18.8834	268626	7.40
12月	28.3082	450094	7.80

新增投资成交额前5名区域				
月份	1	2	3	4	5
1月	北京市	天津市	上海市	重庆市	河北省
2月	北京市	浙江省	江苏省	广东省	上海市
3月	北京市	浙江省	江苏省	上海市	广东省
4月	北京市	浙江省	江苏省	广东省	上海市
5月	北京市	浙江省	江苏省	上海市	广东省

---

* 王弢,北京农业职业学院副教授,博士;姜源,中国社会科学院产业经济学硕士。

新增投资成交额前 5 名区域					
月份	1	2	3	4	5
6 月	北京市	浙江省	上海市	江苏省	广东省
7 月	北京市	浙江省	江苏省	上海市	广东省
8 月	北京市	浙江省	上海市	广东省	江苏省
9 月	北京市	浙江省	上海市	广东省	江苏省
10 月	北京市	浙江省	广东省	上海市	江苏省
11 月	北京市	浙江省	广东省	江苏省	上海市
12 月	北京市	浙江省	广东省	江苏省	上海市

表 1-1 2016 年总借款规模（按省级单位划分）

省/自治区/直辖市	新增借款金额(万元)	省/自治区/直辖市	新增借款金额(万元)
河北省	168857.07	天津市	13809.00
内蒙古自治区	164750.56	安徽省	13283.25
河南省	158530.47	宁夏回族自治区	13246.56
山西省	101022.85	湖北省	12688.94
浙江省	87227.30	广东省	10140.10
江西省	78071.30	吉林省	9174.40
福建省	76942.81	北京市	8897.44
江苏省	56120.45	重庆市	4728.90
山东省	53598.91	上海市	4115.00
辽宁省	36129.76	云南省	3527.00
陕西省	30696.48	贵州省	1989.50
黑龙江省	24890.64	海南省	1076.00
湖南省	19941.80	广西壮族自治区	957.00
四川省	19571.13	总计	1189478.50
甘肃省	15493.88	平均借款	42481.375

---

① 截至 2017 年 11 月底，翼龙贷在西藏地区还没有展开业务，该数据不含西藏自治区。

表1－2　2016年总借款规模（按行业类型划分）

A 农、林、牧、渔业

01 农业	借款金额（万元）	02 林业	借款金额（万元）	03 畜牧业	借款金额（万元）	04 渔业	借款金额（万元）
粮食作物类	42654.17	经济林业类	87346.17	大型牲畜类	147093.72	水产养殖类	22013.67
经济作物类	17547.19	—	—	小型牲畜类	29910.26	—	—
果类	54641.72	—	—	禽类	26800.73	—	—
蔬菜作物类	48926.32	—	—	特种养殖类	1233.70	—	—
药用作物类	4203.19	—	—	其他畜牧业	971.40	—	—
花卉类	3060.30	—	—	—	—	—	—
其他种植类	11917.85	—	—	—	—	—	—
合计	182950.74	合计	87346.17	合计	206009.80	合计	22013.67
F 批发零售业	借款金额（万元）	H 住宿和餐饮业	借款金额（万元）	K 房地产业	借款金额（万元）	O 居民服务和其他服务业	借款金额（万元）
百货类	35074.59	餐饮类	58922.68	房类	570909.20	装修类	111836.40
服装类	43239.75	—	—	—	—	婚庆类	3324.74
生活用品类	75017.67	—	—	—	—	其他类	136044.67
车类	130818.87	—	—	—	—	—	—
家电类	12169.93	—	—	—	—	—	—
电脑数码类	6626.40	—	—	—	—	—	—
箱包皮草类	5131.00	—	—	—	—	—	—
机器设备配件类	119487.74	—	—	—	—	—	—
电子商务类	1861.19	—	—	—	—	—	—
合计	429427.14	合计	58922.68	合计	570909.20	合计	251205.81

注：本表中的行业分类参照国民经济行业分类（国家统计局官网），对其中个别行业分类进行了调整。例如，将农业分为粮食作物类（小麦、玉米、水稻），经济作物类（茶类、烟草类），果类（水果、核桃），蔬菜作物类、药用作物类、花卉类和其他种植类。畜牧业分为大型牲畜类（牛、羊、马、驴、骆驼），小型牲畜类（猪、兔、犬），禽类（鸡、鸭、鹅、鸽子），特色养殖类（狐狸、貂）和其他畜牧业等。并且，按行业划分会出现交叉重叠的部分，因此上表加总数会超过按地区划分的借款金额。

表2 2016年总借款规模及变化率
（按地区、地市级划分）

省/自治区/直辖市	市/区	2016年新增借款金额（万元）	2015年新增借款金额（万元）	变化率（%）
河北省	邯郸市	41616.10	38923.50	6.92
河北省	承德市	27374.87	26973.00	1.49
河北省	保定市	26978.80	19946.40	35.26
河北省	廊坊市	19732.80	17320.00	13.93
河北省	邢台市	16517.10	12482.00	32.33
河北省	沧州市	11769.40	0	—
河北省	石家庄市	11652.00	3586.50	224.88
河北省	张家口市	7707.00	8902.75	-13.43
河北省	衡水市	2672.00	7603.00	-64.86
河北省	秦皇岛市	2131.00	2245.50	-5.10
河北省	唐山市	706.00	793.00	-10.97
河北省 汇总		168857.07	138775.65	21.68
内蒙古自治区	通辽市	50712.39	52907.93	-4.15
内蒙古自治区	赤峰市	50199.90	49935.10	0.53
内蒙古自治区	兴安盟	20993.90	14868.00	41.20
内蒙古自治区	包头市	14722.25	14210.00	3.60
内蒙古自治区	锡林郭勒盟	11108.74	12978.20	-14.40
内蒙古自治区	呼和浩特市	6115.00	6343.50	-3.60
内蒙古自治区	乌兰察布市	5252.27	5556.00	-5.47
内蒙古自治区	巴彦淖尔市	3361.41	3837.26	-12.40
内蒙古自治区	阿拉善盟	2284.70	2457.00	-7.01
内蒙古自治区 汇总		164750.56	163092.99	1.02
河南省	商丘市	21791.38	15183.00	43.52
河南省	周口市	21195.30	15077.00	40.58
河南省	三门峡市	15260.06	8685.50	75.70
河南省	濮阳市	14879.00	7680.70	93.72
河南省	洛阳市	13113.49	8756.00	49.77
河南省	安阳市	12431.20	5921.70	109.93
河南省	驻马店市	12122.60	10912.20	11.09

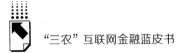

续表

省/自治区/直辖市	市/区	2016年新增借款金额(万元)	2015年新增借款金额(万元)	变化率(%)
河南省	新乡市	11689.14	8626.40	35.50
河南省	开封市	7782.00	5010.40	55.32
河南省	平顶山市	6571.90	6025.00	9.08
河南省	漯河市	5884.50	2573.00	128.70
河南省	郑州市	5444.09	2112.60	157.70
河南省	焦作市	5051.83	3751.50	34.66
河南省	信阳市	2071.39	1029.50	101.20
河南省	鹤壁市	1578.00	0	—
河南省	许昌市	940.60	0	—
河南省	南阳市	724.00	103.00	602.91
河南省 汇总		158530.47	101447.50	56.27
山西省	晋中市	24505.68	32799.30	−25.29
山西省	吕梁市	23678.35	22266.00	6.34
山西省	运城市	18912.10	8829.40	114.19
山西省	太原市	10341.77	15626.60	−33.82
山西省	晋城市	9973.70	11790.50	−15.41
山西省	朔州市	3861.22	5815.30	−33.60
山西省	临汾市	3293.30	3345.10	−1.55
山西省	忻州市	2860.73	2055.10	39.20
山西省	大同市	2368.30	1124.00	110.70
山西省	阳泉市	915.70	24.00	3715.42
山西省	长治市	312.00	347.00	−10.09
山西省 汇总		101022.85	104022.30	−2.88
浙江省	杭州市	27558.56	16376.50	68.28
浙江省	金华市	13969.80	4381.30	218.85
浙江省	丽水市	12538.40	10611.60	18.16
浙江省	衢州市	10705.05	6708.00	59.59
浙江省	台州市	5881.05	3580.50	64.25
浙江省	宁波市	3940.00	425.50	825.97
浙江省	嘉兴市	3915.90	2462.20	59.04
浙江省	湖州市	2787.50	98.00	2744.39
浙江省	绍兴市	2728.04	2154.50	26.62
浙江省	温州市	2390.00	852.50	180.35
浙江省	舟山市	813.00	0	—

续表

省/自治区/直辖市	市/区	2016年新增借款金额(万元)	2015年新增借款金额(万元)	变化率(%)
浙江省　汇总		87227.30	47650.60	83.06
江西省	南昌市	22918.40	24138.90	-5.06
江西省	九江市	20572.45	16607.20	23.88
江西省	萍乡市	9427.00	5601.80	68.29
江西省	宜春市	7589.75	6224.40	21.94
江西省	上饶市	5637.20	3471.60	62.38
江西省	赣州市	5395.90	5328.50	1.26
江西省	抚州市	2513.60	1402.00	79.29
江西省	新余市	1623.00	669.00	142.60
江西省	吉安市	1584.00	0	—
江西省	鹰潭市	810.00	0	—
江西省　汇总		78071.30	63443.40	23.06
福建省	泉州市	43257.91	41858.00	3.34
福建省	福州市	16117.30	13166.70	22.41
福建省	三明市	6744.20	6965.20	-3.17
福建省	漳州市	6009.20	3705.00	62.19
福建省	莆田市	2350.00	0	—
福建省	南平市	1814.20	1432.00	26.69
福建省	宁德市	650.00	0	—
福建省　汇总		76942.81	67126.90	14.62
江苏省	苏州市	11913.55	12704.45	-6.23
江苏省	淮安市	7592.00	4749.40	59.85
江苏省	宿迁市	7431.50	4256.90	74.58
江苏省	无锡市	6960.75	7645.00	-8.95
江苏省	泰州市	6921.00	3733.00	85.40
江苏省	镇江市	5073.50	4732.50	7.21
江苏省	常州市	4466.30	4060.50	9.99
江苏省	南京市	3748.00	3931.00	-4.66
江苏省	扬州市	2013.85	1698.00	18.60
江苏省	南通市	0	11.00	-100.00
江苏省　汇总		56120.45	47521.75	18.09
山东省	济宁市	27238.41	33661.20	-19.08
山东省	日照市	8062.50	10230.00	-21.19
山东省	菏泽市	5264.70	5558.50	-5.29

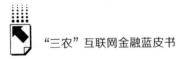

省/自治区/直辖市	市/区	2016 年新增借款金额(万元)	2015 年新增借款金额(万元)	变化率(%)
山东省	聊城市	4306.00	7394.50	-41.77
山东省	济南市	3604.30	0	—
山东省	淄博市	1837.50	880.00	108.81
山东省	烟台市	1085.50	3668.50	-70.41
山东省	潍坊市	1068.00	485.00	120.21
山东省	临沂市	840.00	18.00	4566.67
山东省	青岛市	292.00	0	—
山东省　汇总		53598.91	61895.70	-13.40
辽宁省	朝阳市	7610.00	7597.40	0.17
辽宁省	锦州市	6359.00	10182.60	-37.55
辽宁省	沈阳市	6188.60	6780.60	-8.73
辽宁省	铁岭市	3636.80	4802.70	-24.28
辽宁省	大连市	3434.00	2428.00	41.43
辽宁省	辽阳市	2988.00	1203.00	148.38
辽宁省	葫芦岛市	2552.00	6048.40	-57.81
辽宁省	阜新市	1999.36	1144.00	74.77
辽宁省	丹东市	920.00	399.00	130.58
辽宁省	鞍山市	424.00	2275.30	-81.37
辽宁省	营口市	18.00	264.00	-93.18
辽宁省	盘锦市	0	1410.00	-100.00
辽宁省　汇总		36129.76	44535.00	-18.87
陕西省	咸阳市	9505.98	6102.80	55.76
陕西省	安康市	8501.80	7827.90	8.61
陕西省	西安市	5513.50	4262.10	29.36
陕西省	渭南市	5337.50	1766.50	202.15
陕西省	榆林市	1570.70	702.80	123.49
陕西省	延安市	267.00	0	—
陕西省　汇总		30696.48	20662.10	48.56
黑龙江省	佳木斯市	8004.07	4564.30	75.36
黑龙江省	哈尔滨市	3127.47	3918.20	-20.18
黑龙江省	双鸭山市	2950.50	869.00	239.53
黑龙江省	鹤岗市	2235.50	950.00	135.32
黑龙江省	牡丹江市	1774.00	1182.00	50.08
黑龙江省	绥化市	1728.50	670.00	157.99

续表

省/自治区/直辖市	市/区	2016年新增借款金额(万元)	2015年新增借款金额(万元)	变化率(%)
黑龙江省	齐齐哈尔市	1685.00	899.00	87.43
黑龙江省	黑河市	1627.50	386.20	321.41
黑龙江省	鸡西市	956.00	941.00	1.59
黑龙江省	七台河市	457.60	438.00	4.47
黑龙江省	大庆市	344.50	0	—
黑龙江省　汇总		24890.64	14817.70	67.98
湖南省	长沙市	13454.40	13148.00	2.33
湖南省	岳阳市	4313.40	3691.70	16.84
湖南省	株洲市	2019.00	1372.00	47.16
湖南省	益阳市	155.00	289.00	-46.37
湖南省　汇总		19941.80	18500.70	7.79
甘肃省	兰州市	7605.58	5822.78	30.62
甘肃省	白银市	3681.00	2989.00	23.15
甘肃省	平凉市	3118.30	2865.00	8.84
甘肃省	庆阳市	901.00	109.00	726.61
甘肃省	酒泉市	188.00	255.00	-26.27
甘肃省　汇总		15493.88	12040.78	28.68
湖北省	襄阳市	10163.44	9851.20	3.17
湖北省	随州市	1225.00	135.00	807.41
湖北省	恩施土家族苗族自治州	634.00	51.00	1143.14
湖北省	宜昌市	380.50	0	—
湖北省	荆门市	286.00	0	—
湖北省　汇总		12688.94	10037.20	26.42
四川省	自贡市	9588.30	6045.55	58.60
四川省	宜宾市	3472.13	1664.50	108.60
四川省	南充市	2175.70	1374.40	58.30
四川省	巴中市	1572.50	2362.80	-33.44
四川省	泸州市	1053.00	446.00	136.10
四川省	内江市	927.50	0	—
四川省	成都市	532.00	85.50	522.22
四川省	眉山市	250.00	583.30	-57.14
四川省	雅安市	0	676.00	-100.00
四川省　汇总		19571.13	13237.75	47.84
天津市	天津市	13809.00	5760.00	139.74

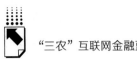

续表

省/自治区/直辖市	市/区	2016 年新增借款金额(万元)	2015 年新增借款金额(万元)	变化率(%)
天津市 汇总		13809.00	5760.00	139.74
安徽省	黄山市	5382.90	3609.50	49.13
安徽省	芜湖市	3537.49	2946.50	20.06
安徽省	宿州市	1675.66	1271.00	31.84
安徽省	亳州	1499.00	36.00	4063.89
安徽省	宣城市	611.40	0	—
安徽省	淮北市	576.80	98.00	488.57
安徽省 汇总		13283.25	7961.00	66.85
宁夏回族自治区	固原市	4751.38	4024.90	18.05
宁夏回族自治区	吴忠市	4501.88	3073.00	46.50
宁夏回族自治区	银川市	3600.30	3303.90	8.97
宁夏回族自治区	石嘴山市	393.00	182.00	115.93
宁夏回族自治区 汇总		13246.56	10583.80	25.16
广东省	珠海市	4809.80	4146.00	16.01
广东省	阳江市	2695.60	3709.40	−27.33
广东省	广州市	1852.50	1286.00	44.05
广东省	茂名市	589.00	0	—
广东省	惠州市	118.70	0	—
广东省	湛江市	41.00	20.00	105.00
广东省	汕头市	33.50	60.50	−44.63
广东省 汇总		10140.10	9221.90	9.96
吉林省	长春市	4515.50	4369.10	3.35
吉林省	四平市	2013.60	737.00	173.22
吉林省	松原市	1968.70	4348.20	−54.72
吉林省	延边朝鲜族自治州	462.60	1087.70	−57.47
吉林省	通化市	214.00	0	—
吉林省 汇总		9174.40	10542.00	−12.97
北京市	北京市	8897.44	24103.00	−63.09
北京市 汇总		8897.44	24103.00	−63.09
重庆市	重庆市	4728.90	3256.40	45.22
重庆市 汇总		4728.90	3256.40	45.22
上海市	上海市	4115.00	6305.00	−34.73
上海市 汇总		4115.00	6305.00	−34.73
云南省	曲靖市	2135.00	3748.00	−43.04

省/自治区/直辖市	市/区	2016年新增借款金额(万元)	2015年新增借款金额(万元)	变化率(%)
云南省	昭通市	1185.00	0	—
云南省	红河哈尼族彝族自治州	207.00	1201.60	-82.77
云南省	昆明市	0	632.00	-100.00
云南省	普洱市	0	6.00	-100.00
云南省　汇总		3527.00	5587.60	-36.88
贵州省	黔西南布依族苗族自治州	1717.00	60.00	2761.67
贵州省	贵阳市	272.50	0	—
贵州省	安顺市	0	4181.10	-100.00
贵州省　汇总		1989.50	4241.10	-53.09
海南省	琼海市	1076.00	0	—
海南省　汇总		1076.00	0	—
广西壮族自治区	南宁市	957.00	95.00	907.37
广西壮族自治区　汇总		957.00	95.00	907.37
西藏自治区	日喀则地区	20.00	20.00	0
西藏自治区	阿里地区	1.55	0	—
西藏自治区　汇总		21.55	20.00	7.75
总计		1189500.05	1016484.82	17.02

注:"—"表示该地区为2016年新增覆盖地区。

表3　2016年翼龙贷消费者分类汇总(抽样)

表3-1　投资人样本

序号	性别	年龄	所在区域	投资金额(元)	2016年投资频数(个)
1	女	20	北京市	616965	23
2	女	20	四川省	36131	9
3	男	21	安徽省	48000	53
4	女	21	北京市	10800	38
5	女	21	山西省	1400	1
6	女	22	北京市	23700	25
7	女	22	广东省	26000	5

续表

序号	性别	年龄	所在区域	投资金额(元)	2016 年投资频数(个)
8	男	22	江苏省	62300	13
9	男	22	福建省	3000	1
10	男	22	广西壮族自治区	1500	3
11	男	22	河北省	12400	46
12	女	22	河南省	98654	59
13	男	22	辽宁省	636483	107
14	女	22	山东省	3140	17
15	女	23	北京市	200	2
16	女	23	湖北省	566000	166
17	男	23	湖南省	9500	2
18	女	23	江苏省	465100	20
19	女	23	浙江省	73567	39
20	男	23	山西省	38400	14
21	女	23	河北省	942386	68
22	男	23	河南省	12600	10
23	男	23	辽宁省	600	6
24	男	23	内蒙古自治区	56800	4
25	男	23	山东省	19500	6
26	男	23	新疆维吾尔自治区	900	1
27	男	23	重庆市	16867	51
28	男	24	北京市	13900	65
29	女	24	广东省	300	3
30	男	24	广东省	6000	3
31	男	24	广东省	900	4
32	女	24	广东省	749300	87
33	男	24	广东省	10600	87
34	男	24	湖北省	56800	24
35	女	24	湖北省	3900	9
36	男	24	湖北省	503613	11
37	男	24	湖北省	1100	2
38	男	24	江苏省	113900	19
39	男	24	浙江省	670545.59	50

序号	性别	年龄	所在区域	投资金额(元)	2016 年投资频数(个)
40	女	24	浙江省	17000	6
41	男	24	浙江省	300	1
42	女	24	北京市	329887	20
43	女	24	山西省	376861	104
44	男	24	山西省	3000	1
45	女	24	山西省	48600	7
46	男	24	上海市	300	1
47	男	24	上海市	60000	2
48	男	24	福建省	5000	1
49	男	24	福建省	31100	14
50	男	24	河北省	16100	4
51	女	24	江苏省	410000	27
52	男	24	江西省	159000	9
53	男	24	江西省	400	2
54	女	24	内蒙古自治区	2200	9
55	男	24	山东省	54	1
56	男	24	四川省	10000	2
57	男	24	重庆市	12900	27
58	男	24	重庆市	1500	2
59	男	25	湖南省	60400	2
60	男	25	广东省	827900	13
61	男	26	浙江省	55675	16
62	男	26	广西壮族自治区	52100	3
63	男	26	江苏省	57701	28
64	男	27	北京市	231521	81
65	男	27	海南省	19800	10
66	男	27	福建省	2000	2
67	男	28	浙江省	1493500	10
68	男	28	北京市	233100	59
69	女	28	北京市	113500	35
70	男	28	福建省	9700	13
71	男	28	山东省	21100	92

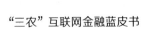

续表

序号	性别	年龄	所在区域	投资金额(元)	2016 年投资频数(个)
72	女	28	天津市	836900	125
73	男	29	浙江省	37998	6
74	男	29	北京市	933800	109
75	女	29	北京市	27800	4
76	男	29	广东省	86200	14
77	男	29	河北省	3709500	30
78	女	29	辽宁省	388900	8
79	男	29	山东省	19000	29
80	女	29	福建省	105650	16
81	男	29	新疆维吾尔自治区	100	1
82	男	30	安徽省	32700	14
83	女	30	北京市	5008490	422
84	男	30	广东省	20900	8
85	男	30	浙江省	177406	29
86	女	30	河北省	200800	20
87	男	30	江苏省	471100	249
88	男	30	江苏省	101700	2
89	男	30	山东省	950	10
90	男	30	四川省	300	1
91	男	31	湖北省	15800	11
92	男	31	湖南省	7000	3
93	女	31	北京市	1178500	176
94	女	31	上海市	3540200	375
95	男	31	辽宁省	391300	13
96	男	31	天津市	665350	179
97	男	32	安徽省	57800	37
98	男	32	安徽省	228900	38
99	男	32	北京市	35500	6
100	男	32	广东省	1085950	181
101	男	32	山西省	1400	2
102	男	32	甘肃省	112467	169
103	男	32	新疆维吾尔自治区	249100	106

续表

序号	性别	年龄	所在区域	投资金额(元)	2016 年投资频数(个)
104	男	33	北京市	1680100	305
105	男	33	陕西省	151800	22
106	男	33	浙江省	87400	34
107	男	33	江苏省	2800	11
108	男	33	天津市	1700	1
109	男	34	北京市	562700	13
110	男	34	北京市	555368	65
111	女	34	广东省	41835	45
112	男	34	上海市	68600	4
113	男	34	北京市	1028077	516
114	男	34	福建省	550600	11
115	女	34	福建省	51858	16
116	女	34	浙江省	12930747	1763
117	男	34	江苏省	24800	19
118	男	34	山东省	8000	1
119	男	34	重庆市	61300	13
120	男	35	湖北省	3200	4
121	男	35	湖北省	497800	70
122	男	35	广东省	202100	4
123	男	35	广东省	275300	31
124	男	35	上海市	10100	2
125	男	35	北京市	11860	8
126	男	35	北京市	11860	8
127	男	35	浙江省	157071	14
128	女	35	广西壮族自治区	80000	8
129	男	35	河北省	68400	11
130	男	35	河南省	1400	12
131	男	35	江苏省	29700	6
132	男	36	湖北省	1223300	451
133	男	36	广东省	85054	37
134	男	36	陕西省	1065700	34
135	男	36	北京市	367199	679

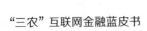

续表

序号	性别	年龄	所在区域	投资金额(元)	2016年投资频数(个)
136	男	36	河北省	1138100	91
137	男	36	江苏省	336500	40
138	男	36	天津市	116300	3
139	男	37	安徽省	39600	13
140	男	37	黑龙江省	1600	2
141	女	37	湖南省	2400	12
142	男	37	广东省	992500	132
143	男	37	上海市	74300	26
144	女	37	浙江省	100000	1
145	男	38	湖北省	13300	1
146	男	38	广东省	4400	2
147	男	38	上海市	69967	379
148	女	38	北京市	155861	9
149	女	38	北京市	535850	47
150	男	38	福建省	150028	36
151	男	38	福建省	852044	406
152	男	38	浙江省	199600	25
153	女	39	北京市	285200	3
154	女	39	浙江省	950164	73
155	男	40	广东省	127700	52
156	男	40	上海市	476100	160
157	男	40	北京市	22700	2
158	女	40	浙江省	19000	8
159	男	41	安徽省	4000	13
160	男	41	广东省	2600	2
161	男	41	上海市	300	1
162	男	41	北京市	641700	308
163	男	41	浙江省	155400	43
164	男	41	江西省	80097	187
165	男	41	山东省	102400	27
166	男	41	上海市	31000	125
167	男	42	陕西省	170471	154

续表

序号	性别	年龄	所在区域	投资金额(元)	2016年投资频数(个)
168	女	42	北京市	262000	5
169	男	42	浙江省	829000	138
170	男	42	江西省	828400	45
171	男	43	北京市	459700	170
172	男	44	安徽省	167100	19
173	男	44	黑龙江省	377074	325
174	男	44	陕西省	266300	75
175	女	44	北京市	2187100	103
176	女	44	浙江省	422500	23
177	男	44	浙江省	3766213	550
178	男	44	山东省	3000	9
179	男	44	天津市	679800	92
180	男	45	河北省	1889100	71
181	男	45	江苏省	144922	25
182	男	45	山东省	19500	28
183	女	45	重庆市	2307450	132
184	男	46	福建省	691503	369
185	女	46	浙江省	130000	3
186	男	46	浙江省	55000	2
187	男	46	河北省	26500	12
188	男	46	江苏省	127354	185
189	男	46	内蒙古自治区	27200	12
190	男	46	云南省	2068800	10
191	男	47	北京市	990600	13
192	女	47	北京市	387400	27
193	男	47	北京市	1200	2
194	男	47	甘肃省	439300	13
195	男	47	浙江省	916500	34
196	男	47	浙江省	22500	30
197	男	47	广东省	30200	10
198	男	47	广西壮族自治区	190162	375
199	男	47	上海市	3350	3
200	男	47	四川省	146026	28

表 3 - 2　借款户样本（抽样）

个人代码	性别	年龄（岁）	经营项目	家庭年均收入（万元）	累计借款金额（元）	累计借款次数（次）	利率（%）	逾期率（%）	借款类型
NW01	男	29	国企	2.1～6	60000	1	18	0	翼农贷
NW02	男	34	畜牧业	2.1～6	40000	1	18	0	翼农贷
NW03	女	29	种植业	2.1～6	30000	1	18	0	翼农贷
NW04	男	44	个体经营	6.1～12	60000	1	16	0	credit +
NW05	男	28	种植业	6.1～12	40000	1	19	0	credit +
NW06	男	36	种植业	6.1～12	20000	1	18	0	联保贷
NW07	女	36	个体经营	6.1～12	90000	2	18	0	翼农贷
NW08	女	45	经营太阳能	6.1～12	60000	2	18	0	翼农贷
NW09	女	44	煤炭	6.1～12	60000	2	18	0.06	翼农贷
NW10	女	40	绿地环保	6.1～12	60000	2	18	0	翼农贷
NW11	男	24	餐饮业	6.1～12	60000	2	18	0	翼农贷
NW12	女	38	个体经营	6.1～12	60000	1	18	0	翼农贷
NW13	男	45	公职人员	6.1～12	60000	2	18	0	翼农贷
NW14	女	32	餐饮	6.1～12	60000	2	18	0	翼农贷
NW15	男	25	婚庆	6.1～12	60000	1	18	0	翼农贷
NW16	男	34	餐饮	6.1～12	60000	1	18	0	翼农贷
NW17	男	46	林业	6.1～12	60000	1	18	0	翼农贷
NW18	男	44	种植	6.1～12	40000	2	18	0	翼农贷
NW19	男	38	种植业	6.1～12	60000	1	18	1	翼农贷
NW20	男	30	服务业	6.1～12	40000	1	18	0	翼农贷
NW21	男	30	畜牧业	6.1～12	50000	1	18	0	翼农贷

续表

个人代码	性别	年龄（岁）	经营项目	家庭年均收入（万元）	累计借款金额（元）	累计借款次数（次）	利率（%）	逾期率（%）	借款类型
NW22	女	27	保险公司	6.1~12	50000	1	18	0	翼农贷
NW23	男	37	个体经营	12.1~24	40000	1	14	1	翼车贷
NW24	男	56	药材种植	12.1~24	90000	3	18	0	翼农贷
NW25	男	28	工程车司机	12.1~24	70000	2	18	0	翼农贷
NW26	男	27	建筑业	12.1~24	60000	1	18	0	翼农贷
NW27	男	45	运输	12.1~24	60000	2	18	0	翼农贷
NW28	男	27	餐饮业	12.1~24	60000	1	18	1	翼农贷
NW29	男	37	个体经营	12.1~24	60000	2	24	0	翼农贷
NW30	男	40	养殖业	12.1~24	60000	2	24	0	翼农贷
NW31	女	26	零售业	12.1~24	60000	1	18	0	翼农贷
NW32	男	37	种植业	12.1~24	60000	1	18	0	翼农贷
NW33	男	39	个体经营	12.1~24	90000	3	18	0	翼农贷
NW34	男	44	务农	12.1~24	60000	2	18	0	翼农贷
NW35	男	53	个体经营	12.1~24	60000	1	18	0	翼农贷
NW36	男	25	门窗加工	12.1~24	60000	1	18	0	翼农贷
NW37	男	34	养殖业	12.1~24	60000	1	18	0	翼农贷
NW38	男	51	种植业	12.1~24	40000	1	18	0	翼农贷
NW39	男	52	服务业	12.1~24	60000	1	18	0	翼农贷
NW40	男	30	个体经营	12.1~24	150000	2	18	0	翼商贷
NW41	男	26	建筑业	24.1~39	150000	3	14	0	翼车贷

续表

个人代码	性别	年龄（岁）	经营项目	家庭年均收入（万元）	累计借款金额（元）	累计借款次数（次）	利率（%）	逾期率（%）	借款类型
NW42	女	46	建筑业	24.1~39	180000	1	14	0	翼车贷
NW43	男	44	个体经营	24.1~39	90000	2	18	0	翼农贷
NW44	男	27	经营宾馆	24.1~39	60000	1	18	0	翼农贷
NW45	女	45	餐饮	40以上	60000	2	18	0	翼农贷
NW46	男	38	个体经营	40以上	60000	2	18	0	翼农贷
NW47	男	47	个体经营	40以上	60000	2	18	0	翼农贷
NW48	男	44	个体经商户	40以上	60000	2	18	0	翼农贷
NW49	男	31	个体经营	40以上	60000	1	18	0	翼农贷
NW50	男	33	家具制造业	40以上	150000	1	18	0	翼商贷
NE01	男	28	育林，树苗种植销售	2.1~6	20000	1	17	0	credit+
NE02	男	61	畜牧业	2.1~6	30000	1	18	0	联保贷
NE03	男	31	家政服务	6.1~12	20000	1	14	0	credit+
NE04	男	23	日用品销售	6.1~12	40000	1	13	0	credit+
NE05	男	40	装修工	6.1~12	30000	1	18	0	联保贷
NE06	男	49	建筑	6.1~12	60000	3	18	0	翼农贷
NE07	男	42	个体经营	6.1~12	60000	1	18	1	翼农贷
NE08	男	28	核桃树种植	6.1~12	50000	1	18	0	翼农贷
NE09	男	53	服务中介	6.1~12	45000	2	21	0	翼农贷
NE10	男	30	运输拉货	6.1~12	40000	3	18	0	翼农贷
NE11	男	27	种植大棚	6.1~12	20000	2	17	0	翼农贷

续表

个人代码	性别	年龄（岁）	经营项目	家庭年均收入（万元）	累计借款金额（元）	累计借款次数（次）	利率（%）	逾期率（%）	借款类型
NE12	男	27	纺织业	6.1～12	40000	1	18	0	翼农贷
NE13	男	30	木材板生产	6.1～12	40000	2	21	0	翼农贷
NE14	男	49	养鹅	6.1～12	40000	1	18	0	翼农贷
NE15	男	34	养殖业	6.1～12	70000	3	18	0	翼农贷
NE16	男	46	种植业	12.1～24	60000	2	13	0	credit +
NE17	男	54	养殖业	12.1～24	40000	1	19	0	credit +
NE18	男	40	沙厂	12.1～24	60000	1	18	0	翼农贷
NE19	男	22	电动车销售	12.1～24	40000	1	18	0	翼农贷
NE20	男	37	厨卫电器销售	12.1～24	90000	2	17	0	翼农贷
NE21	男	44	养殖生猪	12.1～24	90000	1	18	0	翼农贷
NE22	男	42	超市	12.1～24	90000	1	18	0	翼农贷
NE23	女	35	水果批发	12.1～24	60000	1	18	0	翼农贷
NE24	男	29	货车运输	12.1～24	60000	1	18	0	翼农贷
NE25	男	27	玻璃生产	12.1～24	70000	2	17	0	翼农贷
NE26	女	31	工程建筑	12.1～24	60000	1	18	0	翼农贷
NE27	男	33	门业	12.1～24	60000	1	18	0	翼农贷
NE28	男	52	运输	12.1～24	60000	1	18	0	翼农贷
NE29	男	48	烟酒礼品	12.1～24	60000	1	18	0	翼农贷
NE30	男	46	个体经营	12.1～24	60000	1	18	0	翼农贷
NE31	男	54	畜牧业	12.1～24	60000	1	18	0	翼农贷

续表

个人代码	性别	年龄（岁）	经营项目	家庭年均收入（万元）	累计借款金额（元）	累计借款次数（次）	利率（%）	逾期率（%）	借款类型
NE32	男	28	修路供料	12.1～24	50000	1	18	0	翼农贷
NE33	男	31	卷闸门加工销售	12.1～24	60000	1	18	0	翼农贷
NE34	男	26	茶叶销售	12.1～24	60000	1	18	0	翼农贷
NE35	男	27	玉米、葡萄	12.1～24	60000	1	18	0	翼农贷
NE36	男	54	个体经营	12.1～24	90000	1	18	0	翼农贷
NE37	女	25	零售业	12.1～24	80000	1	18	0	翼商贷
NE38	男	34	个体户	24.1～39	33000	1	14	0	翼车贷
NE39	男	43	畜牧业	24.1～39	90000	1	18	0	翼农贷
NE40	男	29	灯具销售	24.1～39	90000	2	17	0	翼农贷
NE41	男	35	童车销售	24.1～39	90000	2	17	0	翼农贷
NE42	男	35	餐饮业	24.1～39	90000	3	17	0	翼农贷
NE43	男	39	批发零售	24.1～39	90000	2	18	0	翼农贷
NE44	男	48	农林服务业	24.1～39	90000	1	18	0	翼农贷
NE45	男	29	酒吧、KTV	24.1～39	60000	1	18	0	翼农贷
NE46	男	36	水暖建材	24.1～39	60000	2	17	0	翼农贷
NE47	男	32	主持人	24.1～39	80000	3	21	0	翼农贷
NE48	女	37	纺织面料鞋的制造	40以上	150000	2	15	0	翼农贷
NE49	男	33	婚纱摄影	40以上	90000	3	18	0	翼农贷
NE50	男	36	中草药收购	40以上	90000	1	18	0	翼商贷
SW01	女	47	种植业	2.1～6	20000	1	20	0	credit +

续表

个人代码	性别	年龄（岁）	经营项目	家庭年均收入（万元）	累计借款金额（元）	累计借款次数（次）	利率（%）	逾期率（%）	借款类型
SW02	男	43	古建筑材料	2.1~6	40000	2	16	0	credit +
SW03	男	26	房地产业	6.1~12	60000	1	16	0	credit +
SW04	男	27	渔业	6.1~12	60000	1	19	0	credit +
SW05	女	50	种植苹果	6.1~12	40000	1	19	0	credit +
SW06	女	43	种植玉米	6.1~12	20000	1	17	0	credit +
SW07	男	40	摄影,摄像服务	6.1~12	40000	1	22	0	credit +
SW08	女	38	文化传媒	6.1~12	30000	1	18	0	联保贷
SW09	男	35	IT	6.1~12	60000	2	24	0	翼农贷
SW10	女	44	食用菌种植	6.1~12	60000	2	24	0	翼农贷
SW11	男	34	汽车维修	6.1~12	60000	2	18	0	翼农贷
SW12	男	52	零售业	6.1~12	60000	1	18	0	翼农贷
SW13	男	33	农业,种植业	6.1~12	20000	1	15	0	翼农贷
SW14	男	25	广告制作	6.1~12	10000	1	18	0	翼农贷
SW15	男	40	—	12.1~24	130000	4	14	0	翼车贷
SW16	男	36	纺织品,针织品零售	12.1~24	20000	1	17	0	credit +
SW17	女	54	种植业	12.1~24	40000	2	19	0	credit +
SW18	女	30	服务业	12.1~24	60000	1	22	0	credit +
SW19	男	28	建筑装饰业	12.1~24	60000	1	19	0	credit +
SW20	男	40	药品销售	12.1~24	60000	2	16	0	credit +
SW21	男	38	装卸搬运	12.1~24	60000	1	16	0	credit +

续表

个人代码	性别	年龄（岁）	经营项目	家庭年均收入（万元）	累计借款金额（元）	累计借款次数（次）	利率（%）	逾期率（%）	借款类型
SW22	女	23	正餐服务	12.1~24	60000	1	19	0	credit +
SW23	男	55	种植业	12.1~24	60000	1	16	0	credit +
SW24	男	49	种植,其他	12.1~24	30000	1	18	0	翼农贷
SW25	男	52	木材加工及木制品业	12.1~24	60000	1	15	0	翼农贷
SW26	男	32	种植业	12.1~24	60000	1	18	0	翼农贷
SW27	男	30	畜牧业	12.1~24	60000	1	18	0	翼农贷
SW28	男	31	美容美发行业	12.1~24	60000	1	18	0	翼农贷
SW29	男	32	建材批发和零售	12.1~24	60000	1	18	0	翼农贷
SW30	男	32	防盗门批发,零售	12.1~24	60000	1	15	0	翼农贷
SW31	男	27	技术总工	12.1~24	60000	1	18	0	翼农贷
SW32	男	32	建材批发和零售	12.1~24	60000	1	18	0	翼农贷
SW33	男	28	房屋和土木工程建筑业	12.1~24	60000	1	15	0	翼农贷
SW34	男	35	乳胶漆加工和销售	12.1~24	60000	1	18	0	翼农贷
SW35	男	39	建筑安装业	24.1~39	60000	1	16	0	credit +
SW36	女	43	—	24.1~39	100000	2	15	0	翼房贷
SW37	男	34	个体家用电器	24.1~39	60000	1	18	0	翼农贷
SW38	女	41	健身	24.1~39	60000	2	24	0	翼农贷
SW39	男	39	食品批发零售	24.1~39	60000	1	18	0	翼农贷
SW40	女	45	手工业制造	24.1~39	60000	2	18	0	翼农贷
SW41	男	34	养殖业	24.1~39	60000	1	18	0	翼农贷

续表

个人代码	性别	年龄（岁）	经营项目	家庭年均收入（万元）	累计借款金额（元）	累计借款次数（次）	利率（%）	逾期率（%）	借款类型
SW42	女	30	餐饮	24.1~39	60000	1	18	0	翼农贷
SW43	女	41	健身	24.1~39	60000	2	24	0	翼农贷
SW44	女	46	杂货店	24.1~39	60000	2	19	0	credit+
SW45	男	30	畜牧业	40以上	60000	1	16	0	credit+
SW46	男	45	室内装修装饰,建材销售	40以上	60000	1	18	0	翼农贷
SW47	男	51	种植业	40以上	60000	1	18	0	翼农贷
SW48	女	33	副食品批发零售	40以上	60000	2	18	0	翼农贷
SW49	男	26	石材加工零售	40以上	60000	1	18	0	翼农贷
SW50	男	30	百货,日杂批发零售	40以上	60000	1	18	0	翼农贷
SE01	男	28	经营冷冻食品	2.1~6	30000	1	18	0	翼农贷
SE02	女	26	设计师	2.1~6	50000	2	18	0	翼农贷
SE03	男	33	钢材公司	6.1~12	50000	1	18	0	翼农贷
SE04	男	28	种植业	6.1~12	50000	1	18	0	翼农贷
SE05	男	36	汽车装潢	6.1~12	80000	2	18	0	翼农贷
SE06	男	39	种植竹笋	6.1~12	30000	1	18	0	翼农贷
SE07	男	31	油漆工	6.1~12	50000	1	18	0	翼农贷
SE08	男	39	建筑业	6.1~12	50000	1	18	0	翼农贷
SE09	男	23	种植莲子	6.1~12	30000	1	18	0	翼农贷
SE10	男	52	教师	6.1~12	30000	1	18	0	翼农贷
SE11	男	37	个体经营	6.1~12	50000	2	18	0	翼农贷

续表

个人代码	性别	年龄（岁）	经营项目	家庭年均收入（万元）	累计借款金额（元）	累计借款次数（次）	利率（%）	逾期率（%）	借款类型
SE12	女	50	针织业	6.1～12	50000	1	18	0	翼农贷
SE13	男	39	汽车租赁	6.1～12	30000	1	18	0	翼农贷
SE14	男	28	汽车行业	6.1～12	30000	1	18	0	翼农贷
SE15	男	52	出租车	6.1～12	60000	1	18	0	翼农贷
SE16	男	52	经商	12.1～24	100000	2	24	0	翼农贷
SE17	男	51	种植业	12.1～24	90000	2	18	0	翼农贷
SE18	男	37	杨梅销售	12.1～24	90000	1	18	0	翼农贷
SE19	男	44	工程承包	12.1～24	80000	2	18	0	翼农贷
SE20	男	42	家庭农场	12.1～24	60000	2	18	0	翼农贷
SE21	男	24	经营汗蒸馆	12.1～24	60000	2	18	0	翼农贷
SE22	男	45	零售业	12.1～24	60000	1	18	1	翼农贷
SE23	男	46	承包鱼塘	12.1～24	60000	1	18	0	翼农贷
SE24	男	49	网络公司	12.1～24	50000	1	18	0	翼农贷
SE25	男	48	种植草莓	12.1～24	60000	1	18	0	翼农贷
SE26	男	43	种植业	12.1～24	70000	1	18	0	翼农贷
SE27	女	45	消防器材	12.1～24	30000	1	18	0	翼农贷
SE28	男	47	房屋和土木工程建筑业	12.1～24	50000	1	18	1	翼农贷
SE29	男	57	开厂	12.1～24	150000	2	24	0	翼商贷
SE30	男	41	塑料	24.1～39	60000	1	19	0	credit＋
SE31	男	46	水性涂料产销	24.1～39	60000	2	18	0	翼农贷

续表

个人代码	性别	年龄(岁)	经营项目	家庭年均收入(万元)	累计借款金额(元)	累计借款次数(次)	利率(%)	逾期率(%)	借款类型
SE32	男	52	铜业	24.1~39	100000	2	18	0	翼农贷
SE33	男	38	个体工商户	24.1~39	100000	2	18	0	翼农贷
SE34	男	40	经营大货车	24.1~39	90000	1	18	0	翼农贷
SE35	男	46	海鲜养殖	24.1~39	50000	2	18	0	翼农贷
SE36	女	42	生产加工	24.1~39	50000	2	18	0	翼农贷
SE37	男	57	养殖虾	24.1~39	50000	1	18	0	翼农贷
SE38	女	42	酒业销售	24.1~39	30000	1	18	0	翼农贷
SE39	男	34	门窗产销	24.1~39	120000	2	18	0	翼商贷
SE40	男	39	电气	40以上	100000	2	14	0	翼车贷
SE41	男	37	制造业	40以上	60000	2	18	0	翼农贷
SE42	男	32	个体经营	40以上	90000	1	18	0	翼农贷
SE43	女	55	经营矿产公司	40以上	100000	2	18	0	翼农贷
SE44	女	37	苗木产销	40以上	60000	2	18	0	翼农贷
SE45	男	44	新旧红木家具	40以上	90000	1	18	0	翼农贷
SE46	男	40	餐饮	40以上	60000	1	18	0	翼农贷
SE47	男	53	经营碳酸钙系列产品	40以上	800000	2	18	0	翼企贷
SE48	女	58	制造、加工	40以上	250000	1	18	0	翼企贷
SE49	男	38	制造业	40以上	130000	2	18	0	翼商贷
SE50	男	42	快速消费品	40以上	150000	2	24	0	翼商贷

表4　2016年翼龙贷助力减贫和民族地区发展情况汇总[①]

省/自治区	市	县	借款金额（元）	平均借款利率（%）	借款分布区间				
					1万元以下	1万~5万元	5万~10万元	10万元及以上
黑龙江省	佳木斯市	同江市	20466000	15.80	0	37	144	49
黑龙江省	佳木斯市	抚远县	9927000	16.99	0	14	74	20
黑龙江省	佳木斯市	桦南县	8769000	16.86	0	41	108	4
黑龙江省	佳木斯市	桦川县	8955000	18.07	0	15	68	9
黑龙江省	佳木斯市	汤原县	3063000	17.84	0	2	20	3
黑龙江省	双鸭山市	饶河县	3190000	15.51	0	8	38	7
黑龙江省	哈尔滨市	延寿县	9420000	8.55	0	64	127	1
黑龙江省	鹤岗市	绥滨县	11425000	15.51	0	64	113	16
黑龙江省	齐齐哈尔市	拜泉县	10100000	17.37	0	16	153	3
黑龙江省	齐齐哈尔市	甘南县	5970000	18.53	0	15	93	0
内蒙古自治区	乌兰察布盟	兴和县	2820000	11.74	0	6	41	0
内蒙古自治区	乌兰察布盟	化德县	550000	10.80	0	1	9	0
内蒙古自治区	乌兰察布盟	卓资县	930000	13.20	0	1	14	0
内蒙古自治区	乌兰察布盟	商都县	19402000	18.00	0	23	261	4
内蒙古自治区	乌兰察布盟	四子王旗	12630600	16.68	0	34	189	0

①　本统计表按照按覆盖的国家级贫困工作县汇总数据。

续表

省/自治区	市	县	借款金额（元）	平均借款利率（%）	借款分布区间			
					1万元以下	1万~5万元	5万~10万元	10万元及以上
内蒙古自治区	乌兰察布盟	察哈尔右翼中旗	4401300	16.42	0	16	65	0
内蒙古自治区	乌兰察布盟	察哈尔右翼前旗	384000	15.00	0	1	5	0
内蒙古自治区	乌兰察布盟	察哈尔右翼后旗	7093000	11.92	0	13	97	1
内蒙古自治区	兴安盟	扎赉特旗	75766000	17.04	0	339	1085	0
内蒙古自治区	兴安盟	科尔沁右翼中旗	67280000	17.62	0	531	841	0
内蒙古自治区	兴安盟	科尔沁右翼前旗	46965000	16.77	0	224	666	0
内蒙古自治区	兴安盟	突泉县	19748000	17.79	0	39	301	1
内蒙古自治区	呼和浩特市	武川县	9499000	16.62	0	26	140	0
内蒙古自治区	赤峰市	喀喇沁旗	48112500	14.99	0	131	640	12
内蒙古自治区	赤峰市	宁城县	37548960	13.37	0	159	441	28
内蒙古自治区	赤峰市	巴林右旗	33716500	17.01	0	143	444	2
内蒙古自治区	赤峰市	巴林左旗	41679000	12.86	0	25	623	0
内蒙古自治区	赤峰市	敖汉旗	24270000	14.30	0	55	348	2
内蒙古自治区	赤峰市	林西县	30432000	16.34	0	87	433	2
内蒙古自治区	赤峰市	翁牛特旗	62888000	11.15	0	213	871	2
内蒙古自治区	赤峰市	阿鲁科尔沁旗	90566000	17.05	0	71	1446	0
内蒙古自治区	通辽市	奈曼旗	35136000	15.45	0	56	530	0
内蒙古自治区	通辽市	库伦旗	29223000	16.09	0	92	398	6
内蒙古自治区	通辽市	科尔沁左翼中旗	150147000	15.81	5	368	2189	4
内蒙古自治区	通辽市	科尔沁左翼后旗	1035515000	12.03	0	275	1509	3

续表

省/自治区	市	县	借款金额(元)	平均借款利率(%)	借款分布区间			
					1万元以下	1万~5万元	5万~10万元	10万元及以上
内蒙古自治区	锡林郭勒盟	太仆寺旗	365000	7.20	0	0	5	0
内蒙古自治区	锡林郭勒盟	正镶白旗	765000	9.92	0	0	12	0
内蒙古自治区	锡林郭勒盟	苏尼特右旗	13385000	13.90	0	20	177	1
河北省	保定市	唐县	32676000	18.86	0	218	382	24
河北省	保定市	涞源县	13500000	18.26	0	43	160	16
河北省	保定市	阜平县	6190000	17.60	0	56	68	5
河北省	保定市	顺平县	13490000	17.93	0	69	173	5
河北省	张家口市	万全县	6665000	15.66	0	16	90	3
河北省	张家口市	尚义县	1660000	11.42	0	4	21	1
河北省	张家口市	崇礼县	2370000	16.33	0	4	39	0
河北省	张家口市	康保县	4989000	14.92	0	16	75	0
河北省	张家口市	张北县	14950000	7.91	0	31	210	4
河北省	张家口市	怀安县	950000	18.00	0	5	13	0
河北省	张家口市	沽源县	4300000	18.07	0	21	60	0
河北省	张家口市	蔚县	4975000	17.03	0	53	55	0
河北省	张家口市	赤城县	3485000	11.24	0	32	41	1
河北省	承德市	丰宁县	31569000	11.94	0	16	431	24
河北省	承德市	围场县	81724700	15.41	0	49	896	125
河北省	承德市	平泉县	18245000	14.57	0	32	150	62
河北省	承德市	滦平县	29155000	15.61	0	88	402	4

续表

省/自治区	市	县	借款金额（元）	平均借款利率（%）	借款分布区间			
					1万元以下	1万~5万元	5万~10万元	10万元及以上
河北省	承德市	隆化县	26150000	17.14	0	65	347	10
河北省	沧州市	南皮县	1700000	18.14	0	1	27	0
河北省	沧州市	海兴县	8199000	14.30	0	8	120	1
河北省	沧州市	盐山县	7020000	15.19	0	11	106	2
河北省	石家庄市	平山县	2745000	18.00	0	12	27	6
河北省	石家庄市	灵寿县	6280000	17.45	0	67	55	8
河北省	秦皇岛市	青龙县	390000	18.00	0	0	5	0
河北省	衡水市	武强县	120000	18.00	0	0	2	0
河北省	衡水市	武邑县	300000	18.00	0	0	5	0
河北省	衡水市	阜城县	60000	18.00	0	0	1	0
河北省	衡水市	饶阳县	5970000	18.00	0	4	97	0
河北省	邢台市	临城县	3960000	16.79	0	45	44	0
河北省	邢台市	威县	15376000	16.75	0	54	223	2
河北省	邢台市	巨鹿县	6510000	15.99	0	46	86	0
河北省	邢台市	平乡县	6960000	17.58	0	15	102	0
河北省	邢台市	广宗县	3820000	17.60	0	18	50	0
河北省	邢台市	新河县	1860000	17.97	0	4	25	0
河北省	邯郸市	大名县	34565000	16.84	0	72	512	2
河北省	邯郸市	魏县	15645000	17.19	0	83	194	3
河南省	三门峡市	卢氏县	1570000	19.81	0	39	8	0

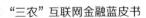

续表

省/自治区	市	县	借款金额（元）	平均借款利率（%）	借款分布区间			
					1万元以下	1万~5万元	5万~10万元	10万元及以上
河南省	信阳市	光山县	440000	15.63	0	2	6	0
河南省	信阳市	商城县	420000	19.67	0	5	4	0
河南省	信阳市	固始县	4170000	17.76	0	5	29	16
河南省	信阳市	淮滨县	1040000	18.80	0	8	12	0
河南省	南阳市	南召县	4980000	18.05	0	15	62	4
河南省	南阳市	桐柏县	180000	20.00	0	1	2	0
河南省	南阳市	淅川县	300000	0.00	0	3	3	0
河南省	周口市	沈丘县	20480000	16.65	0	11	263	1
河南省	周口市	淮阳县	28845000	15.57	0	38	403	1
河南省	商丘市	宁陵县	20162000	13.21	0	21	254	10
河南省	商丘市	民权县	43263900	15.88	0	32	541	26
河南省	商丘市	睢县	32475000	14.76	0	23	412	9
河南省	商丘市	虞城县	31278000	16.88	0	26	402	2
河南省	安阳市	滑县	40962000	17.82	0	38	661	1
河南省	平顶山市	鲁山县	11884000	13.88	0	14	188	0
河南省	开封市	兰考县	11596000	16.48	0	6	141	8
河南省	新乡市	封丘县	14300000	18.17	0	149	144	12
河南省	洛阳市	宜阳县	19369250	10.94	0	97	225	13
河南省	洛阳市	嵩县	13478000	12.47	0	38	147	18
河南省	洛阳市	栾川县	15124600	7.68	0	40	183	17

续表

省/自治区	市	县	借款金额（元）	平均借款利率（%）	借款分布区间			
					1万元以下	1万~5万元	5万~10万元	10万元及以上
河南省	洛阳市	汝阳县	8690000	10.84	0	6	80	16
河南省	洛阳市	洛宁县	7990000	15.44	0	28	100	5
河南省	濮阳市	台前县	22263000	15.28	0	38	315	11
河南省	濮阳市	范县	25862000	9.77	0	22	372	16
河南省	驻马店市	上蔡县	7980000	11.76	0	11	95	13
河南省	驻马店市	平舆县	3630000	17.74	0	3	31	12
河南省	驻马店市	新蔡县	4360000	15.90	0	2	59	2
河南省	驻马店市	确山县	10210000	16.47	0	27	77	16
山西省	临汾市	吉县	60000	0.00	0	0	1	0
山西省	临汾市	汾西县	500000	12.00	0	2	7	0
山西省	临汾市	隰县	60000	0.00	0	0	1	0
山西省	吕梁市	中阳县	22529500	14.58	0	48	276	22
山西省	吕梁市	临县	15813000	17.89	0	44	238	3
山西省	吕梁市	兴县	49454000	11.43	0	35	683	26
山西省	吕梁市	岚县	14265000	17.29	0	51	134	13
山西省	吕梁市	石楼县	4120000	18.54	0	27	46	3
山西省	大同市	天镇县	470000	17.63	0	0	8	0
山西省	大同市	广灵县	1384000	18.00	0	16	15	0
山西省	大同市	浑源县	8180000	15.85	0	18	127	0
山西省	大同市	灵丘县	2570000	18.16	0	25	30	0
山西省	大同市	阳高县	2460000	17.78	0	26	28	0

续表

省/自治区	市	县	借款金额（元）	平均借款利率（%）	借款分布区间			
					1万元以下	1万~5万元	5万~10万元	10万元及以上
山西省	太原市	娄烦县	9200000	10.28	0	22	138	2
山西省	忻州市	代县	6990000	18.68	0	53	72	7
山西省	忻州市	保德县	5251000	17.89	0	16	59	6
山西省	忻州市	静乐县	1232300	15.00	0	9	14	0
山西省	晋中市	和顺县	17087000	11.21	0	25	219	7
山西省	晋中市	左权县	17680000	15.32	0	51	212	20
山西省	朔州市	右玉县	210000	18.00	0	2	2	0
山西省	长治市	武乡县	2780000	13.16	0	6	32	6
湖北省	宜昌市	长阳县	3180000	21.78	0	78	22	0
湖北省	恩施自治州	利川市	6340000	17.50	0	3	75	12
湖南省	岳阳市	平江县	3530000	10.50	0	9	28	9
安徽省	宿州市	砀山县	16756600	18.63	0	27	200	21
江西省	上饶市	上饶县	9158000	15.76	1	0	143	3
江西省	上饶市	鄱阳县	5774000	19.54	0	61	40	15
江西省	九江市	修水县	47255000	16.74	0	178	406	81
江西省	吉安市	吉安县	820000	22.92	0	38	0	0
江西省	萍乡市	莲花县	7440000	18.00	0	0	114	4
江西省	赣州市	上犹县	330000	0.00	0	1	5	0
江西省	赣州市	于都县	9220000	12.64	0	76	94	4
江西省	赣州市	会昌县	400000	15.00	0	0	0	1
江西省	赣州市	兴国县	10180000	11.39	0	22	121	8

续表

省自治区	市	县	借款金额（元）	平均借款利率（%）	借款分布区间			
					1万元以下	1万~5万元	5万~10万元	10万元及以上
江西省	赣州市	安远县	3553000	3.68	0	4	49	0
江西省	赣州市	赣县	2320000	18.32	0	3	25	3
重庆市	重庆市	万州	10989000	14.01	0	34	148	6
重庆市	重庆市	云阳	100000	18.00	0	0	0	1
重庆市	重庆市	奉节	18390000	16.25	0	158	120	36
重庆市	重庆市	巫山	130000	18.00	0	0	2	0
重庆市	重庆市	巫溪	210000	18.00	0	0	1	1
重庆市	重庆市	开县	4720000	18.11	0	4	60	7
重庆市	重庆市	武隆	4920000	17.48	0	2	17	8
四川省	巴中市	南江县	1840000	16.55	0	4	27	0
四川省	巴中市	平昌县	1930000	15.29	0	3	28	0
四川省	巴中市	通江县	940000	18.65	0	3	14	0
四川省	泸州市	叙永县	1060000	20.38	0	40	2	0
四川省	泸州市	古蔺县	480000	21.00	0	20	0	0
云南省	昭通市	昭阳区	11850000	18.80	0	101	146	0
陕西省	咸阳市	旬邑县	6650000	21.25	0	91	71	0
陕西省	咸阳市	永寿县	15895000	21.55	0	315	122	0
陕西省	咸阳市	淳化县	6725000	21.54	0	133	52	3
陕西省	咸阳市	长武县	836500	20.96	0	20	3	1
陕西省	安康市	岚皋县	4120000	22.31	0	123	27	0
陕西省	安康市	旬阳县	11810000	21.83	0	240	106	2

续表

省/自治区	市	县	借款金额（元）	平均借款利率（%）	借款分布区间			
					1万元以下	1万~5万元	5万~10万元	10万元及以上
陕西省	安康市	汉滨区	20860000	14.73	0	92	209	13
陕西省	安康市	汉阴县	9030000	21.98	0	222	65	0
陕西省	安康市	白河县	120000	18.00	0	0	2	0
陕西省	安康市	石泉县	3513000	21.01	0	62	36	0
陕西省	安康市	紫阳县	30770000	21.17	0	360	335	6
陕西省	榆林市	定边县	12780000	17.97	0	14	180	13
陕西省	榆林市	横山县	180000	21.00	0	0	3	0
陕西省	渭南市	合阳县	11760000	20.02	0	220	106	2
陕西省	渭南市	富平县	3380000	16.46	0	6	47	3
陕西省	渭南市	澄城县	10070000	18.64	0	55	142	1
陕西省	渭南市	蒲城县	10845000	18.58	0	77	137	1
甘肃省	兰州市	榆中县	14719400	11.88	0	34	213	0
甘肃省	平凉市	庄浪县	12378000	11.71	0	88	128	15
甘肃省	平凉市	静宁县	5850000	18.33	0	10	90	2
甘肃省	白银市	会宁县	1550000	7.50	0	4	24	0
宁夏回族自治区	固原市	原州区	15534000	11.98	0	78	201	0
宁夏回族自治区	固原市	彭阳县	10301000	15.68	0	40	141	0
宁夏回族自治区	固原市	泾源县	1690000	17.91	0	13	20	0
宁夏回族自治区	固原市	西吉县	13465000	18.07	0	128	144	1
宁夏回族自治区	固原市	隆德县	6523800	14.53	1	36	85	0

社会科学文献出版社

皮书系列

❖ 皮书起源 ❖

"皮书"起源于十七、十八世纪的英国，主要指官方或社会组织正式发表的重要文件或报告，多以"白皮书"命名。在中国，"皮书"这一概念被社会广泛接受，并被成功运作、发展成为一种全新的出版形态，则源于中国社会科学院社会科学文献出版社。

❖ 皮书定义 ❖

皮书是对中国与世界发展状况和热点问题进行年度监测，以专业的角度、专家的视野和实证研究方法，针对某一领域或区域现状与发展态势展开分析和预测，具备原创性、实证性、专业性、连续性、前沿性、时效性等特点的公开出版物，由一系列权威研究报告组成。

❖ 皮书作者 ❖

皮书系列的作者以中国社会科学院、著名高校、地方社会科学院的研究人员为主，多为国内一流研究机构的权威专家学者，他们的看法和观点代表了学界对中国与世界的现实和未来最高水平的解读与分析。

❖ 皮书荣誉 ❖

皮书系列已成为社会科学文献出版社的著名图书品牌和中国社会科学院的知名学术品牌。2016年，皮书系列正式列入"十三五"国家重点出版规划项目；2013~2018年，重点皮书列入中国社会科学院承担的国家哲学社会科学创新工程项目；2018年，59种院外皮书使用"中国社会科学院创新工程学术出版项目"标识。

基本子库
SUB DATABASE

中国社会发展数据库（下设 12 个子库）

全面整合国内外中国社会发展研究成果，汇聚独家统计数据、深度分析报告，涉及社会、人口、政治、教育、法律等 12 个领域，为了解中国社会发展动态、跟踪社会核心热点、分析社会发展趋势提供一站式资源搜索和数据分析与挖掘服务。

中国经济发展数据库（下设 12 个子库）

基于"皮书系列"中涉及中国经济发展的研究资料构建，内容涵盖宏观经济、农业经济、工业经济、产业经济等 12 个重点经济领域，为实时掌控经济运行态势、把握经济发展规律、洞察经济形势、进行经济决策提供参考和依据。

中国行业发展数据库（下设 17 个子库）

以中国国民经济行业分类为依据，覆盖金融业、旅游、医疗卫生、交通运输、能源矿产等 100 多个行业，跟踪分析国民经济相关行业市场运行状况和政策导向，汇集行业发展前沿资讯，为投资、从业及各种经济决策提供理论基础和实践指导。

中国区域发展数据库（下设 6 个子库）

对中国特定区域内的经济、社会、文化等领域现状与发展情况进行深度分析和预测，研究层级至县及县以下行政区，涉及地区、区域经济体、城市、农村等不同维度。为地方经济社会宏观态势研究、发展经验研究、案例分析提供数据服务。

中国文化传媒数据库（下设 18 个子库）

汇聚文化传媒领域专家观点、热点资讯，梳理国内外中国文化发展相关学术研究成果、一手统计数据，涵盖文化产业、新闻传播、电影娱乐、文学艺术、群众文化等 18 个重点研究领域。为文化传媒研究提供相关数据、研究报告和综合分析服务。

世界经济与国际关系数据库（下设 6 个子库）

立足"皮书系列"世界经济、国际关系相关学术资源，整合世界经济、国际政治、世界文化与科技、全球性问题、国际组织与国际法、区域研究 6 大领域研究成果，为世界经济与国际关系研究提供全方位数据分析，为决策和形势研判提供参考。

权威报告·一手数据·特色资源

皮书数据库
ANNUAL REPORT(YEARBOOK)
DATABASE

当代中国经济与社会发展高端智库平台

所获荣誉

- 2016年，入选"'十三五'国家重点电子出版物出版规划骨干工程"
- 2015年，荣获"搜索中国正能量 点赞2015""创新中国科技创新奖"
- 2013年，荣获"中国出版政府奖·网络出版物奖"提名奖
- 连续多年荣获中国数字出版博览会"数字出版·优秀品牌"奖

成为会员

通过网址www.pishu.com.cn或使用手机扫描二维码进入皮书数据库网站，进行手机号码验证或邮箱验证即可成为皮书数据库会员（建议通过手机号码快速验证注册）。

会员福利

- 使用手机号码首次注册的会员，账号自动充值100元体验金，可直接购买和查看数据库内容（仅限使用手机号码快速注册）。
- 已注册用户购书后可免费获赠100元皮书数据库充值卡。刮开充值卡涂层获取充值密码，登录并进入"会员中心"—"在线充值"—"充值卡充值"，充值成功后即可购买和查看数据库内容。

数据库服务热线：400-008-6695
数据库服务QQ：2475522410
数据库服务邮箱：database@ssap.cn
图书销售热线：010-59367070/7028
图书服务QQ：1265056568
图书服务邮箱：duzhe@ssap.cn

社会科学文献出版社 皮书系列
SOCIAL SCIENCES ACADEMIC PRESS (CHINA)
卡号：827549396261
密码：

法律声明

　　"皮书系列"（含蓝皮书、绿皮书、黄皮书）之品牌由社会科学文献出版社最早使用并持续至今，现已被中国图书市场所熟知。"皮书系列"的相关商标已在中华人民共和国国家工商行政管理总局商标局注册，如 LOGO（▨）、皮书、Pishu、经济蓝皮书、社会蓝皮书等。"皮书系列"图书的注册商标专用权及封面设计、版式设计的著作权均为社会科学文献出版社所有。未经社会科学文献出版社书面授权许可，任何使用与"皮书系列"图书注册商标、封面设计、版式设计相同或者近似的文字、图形或其组合的行为均系侵权行为。

　　经作者授权，本书的专有出版权及信息网络传播权等为社会科学文献出版社享有。未经社会科学文献出版社书面授权许可，任何就本书内容的复制、发行或以数字形式进行网络传播的行为均系侵权行为。

　　社会科学文献出版社将通过法律途径追究上述侵权行为的法律责任，维护自身合法权益。

　　欢迎社会各界人士对侵犯社会科学文献出版社上述权利的侵权行为进行举报。电话：010-59367121，电子邮箱：fawubu@ssap.cn。

社会科学文献出版社